国家新型工业化产业示范基地发展报告（2022年）

工业和信息化部网络安全产业发展中心
（工业和信息化部信息中心）◎编

人民邮电出版社
北京

图书在版编目（CIP）数据

国家新型工业化产业示范基地发展报告. 2022年 / 工业和信息化部网络安全产业发展中心（工业和信息化部信息中心）编. -- 北京 : 人民邮电出版社, 2024. 10.
ISBN 978-7-115-64525-8

Ⅰ. F424.3

中国国家版本馆CIP数据核字第2024EL1056号

内 容 提 要

本报告全面介绍了国家新型工业化产业示范基地的总体发展情况，总结了各省、自治区、直辖市在培育示范基地方面的典型经验做法与发展亮点及成效。此外，本报告还遴选了24个典型案例，展示示范基地的发展亮点，以期为各地工业和信息化主管部门、各示范基地了解自身发展状况、对标先进、提高发展质量提供有益的参照和极有价值的借鉴。

本报告适合各地工业和信息化主管部门、各新型工业化产业示范基地的相关管理及技术人员阅读参考。

◆ 编　　　　工业和信息化部网络安全产业发展中心
　　　　　　（工业和信息化部信息中心）
　责任编辑　杨　凌
　责任印制　马振武

◆ 人民邮电出版社出版发行　　北京市丰台区成寿寺路11号
　邮编　100164　　电子邮件　315@ptpress.com.cn
　网址　https://www.ptpress.com.cn
　涿州市般润文化传播有限公司印刷

◆ 开本：787×1092　1/16
　印张：14　　　　　　　　2024年10月第1版
　字数：229千字　　　　　2024年10月河北第1次印刷

定价：248.00元

读者服务热线：(010)81055410　印装质量热线：(010)81055316
反盗版热线：(010)81055315
广告经营许可证：京东市监广登字20170147号

编委会

前　言

近年来，党中央、国务院高度重视我国制造业发展，围绕新型工业化提出多项重要指示。其中，党的二十大报告将基本实现新型工业化作为2035年基本实现社会主义现代化的一项重要目标，并提出“推进新型工业化，加快建设制造强国、质量强国、航天强国、交通强国、网络强国、数字中国”。2023年，在全国新型工业化推进大会上，习近平总书记作出重要指示，提出要深刻把握新时代新征程推进新型工业化的基本规律，积极主动适应和引领新一轮科技革命和产业变革，把高质量发展的要求贯穿新型工业化全过程，把建设制造强国同发展数字经济、产业信息化等有机结合，为中国式现代化构筑强大物质技术基础。同年，中央经济工作会议再次强调，要大力推进新型工业化，发展数字经济，加快推动人工智能发展。在以习近平同志为核心的党中央坚强领导下，我国新型工业化步伐显著加快，产业体系更加健全，产业链愈加完善，产业实力和质量效益不断提高，产业创新力、竞争力和抗风险能力持续提升，推动我国实体经济加速做强做优做大，为建设社会主义现代化提供了强大物质基础和技术支撑。综上所述，推进新型工业化，是以习近平同志为核心的党中央从党和国家事业全局出发，着眼全面建成社会主义现代化强国作出的战略部署，具有重大的现实意义和深远的历史意义。

产业集聚区作为国家重大经济发展战略、重大产业变革的主战场和试验田，是推进新型工业化的关键载体。为此，工业和信息化部从2009年起组织开展国家新型工业化产业示范基地（以下简称“示范基地”）工作。在十几年的建设过程中，示范基地紧跟时代步伐，始终践行不同历史时期的新型工业化内涵要求。尤其自党的十九大以来，面对严峻复杂的国际形势和接踵而至的巨大风险挑战，示范基地迎难而上、直面破题，大力推动高质量发展，主动构建新发展格局。截至 2022 年底，我国已有 10 批共 442 个示范基地，覆盖全国 31 个省（自治区、直辖市）和新疆生产建设兵团，涵盖装备制造、原材料、消费品、信息产业等主要行业和高技术转化应用、产业转移合作、新产业新业态等重点领域。

为进一步引导产业集聚区适应不同历史时期我国新型工业化的内涵要求，工业和信息化部于 2009 年颁布《创建国家新型工业化产业示范基地管理办法（试行）》（现已废止），随后逐步出台、修订相关管理文件，持续完善示范基地的创建和管理工作。在工业和信息化部的指导下，各省级工业和信息化主管部门积极响应、主动作为，将示范基地建设和培育作为工业和信息化系统推动产业集聚区新型工业化建设的重要抓手，加强科学顶层规划、建立协调联动工作机制、加大政策资金扶持、做好管理和培育，推动示范基地向着高质量发展目标持续迈进。2022 年，全国 442 个示范基地创造了全国三成以上的工业增加值、四成以上的进出口额和规模以上工业企业利润总额，多项重要经济指标增速远超全国工业平均水平，已成为引领我国工业经济发展、带动产业结构优化升级的重要载体。

为全面总结和分析示范基地的工作进展和成效，工业和信息化部网络安全产业发展中心（工业和信息化部信息中心）邀请地方工业和信息化主管部门的专家和学者组成编委会，合作编写了《国家新型工业化产业示范基地发展报告（2022 年）》。报告的主体部分分为总体情况、行业发展、区域发展、典型案例 4 篇，结合示范基地的发展数据，全面介绍示范基地的总体发展情况，总结各省（自治区、直辖市）在推进示范基地新型工业化建设方面积累的经验做法，并全面展示优秀示范基地代表的典型经验做法与发展亮点及成效，为各地工业和信息化主管部门、各示范基地了解自身发展状况、对标先进、提高发展质量提供参照和借鉴。

编者

2024 年 2 月于北京

目　录

|01　总体情况篇|

| 02　行业发展篇 |

|03　区域发展篇|

| 04　典型案例篇 |

| 05　附件篇 |

01

总体情况篇

截至 2022 年底，国家新型工业化产业示范基地（以下简称“示范基地”）已批复 10 批共 442 个[注]。示范基地以先进制造业和战略性新兴产业为主导，覆盖全部经济区域和 33 个细分行业。从分布行业看，装备制造工业 120 个，占 27.1%；原材料工业 94 个，占 21.3%；消费品工业 73 个，占 16.5%；电子信息产业 52 个，占 11.8%；高技术转化应用 39 个，占 8.8%；软件和信息服务业 18 个，占 4.1%；大数据 12 个；数据中心 11 个；工业互联网 8 个；产业转移合作 4 个；其他 11 个。从分布区域看，东部地区 193 个，占 43.7%；中部地区 90 个，占 20.3%；西部地区 121 个，占 27.4%；东北地区 38 个，占 8.6%。截至 2022 年底全国示范基地的行业和区域分布情况如图 1-1 所示。

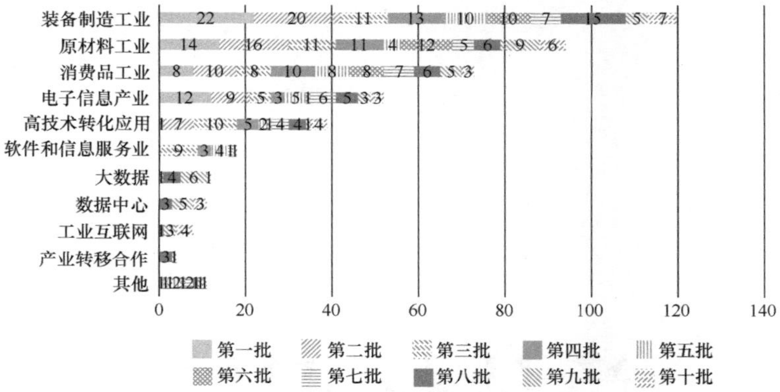

（a）示范基地的行业分布（单位：个）

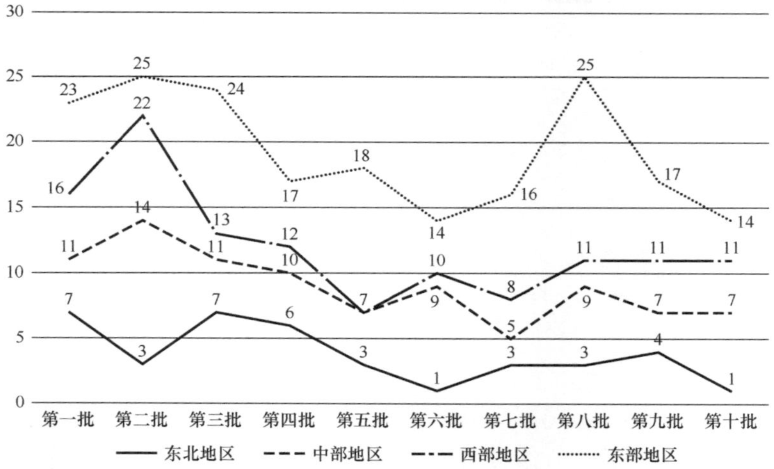

（b）示范基地的区域分布（单位：个）

图1-1　截至2022年底全国示范基地的行业和区域分布情况

注：　本报告中，基地数为截至 2022 年底的数据，其余经济数据和资料信息的统计时间均为截至 2021 年底。

一、加速推进新型工业化，踏上高质量发展新征程

（一）综合实力地位突出，支撑我国工业经济持续攀升

示范基地作为引领我国新型工业化发展的重要载体，多年来秉持“好中选优、优中择强”的原则，在全国优秀产业集聚区范围内开展择优培育。截至 2022 年底，已依托高新技术产业开发区（以下简称“高新区”）、经济技术开发区（以下简称“经开区”）、工业园区、产业科技园区等不同的产业集聚区创建了 442 个示范基地，其中，近三成示范基地依托国家高新区创建，覆盖了全部国家高新区的半数以上。

2021 年，面对复杂、严峻的国内外形势和全球经济下行的压力，442 个示范基地攻坚克难、稳中求进，充分彰显在各产业领域的综合实力地位，不断壮大规模效益，持续释放在产业实力、创新驱动、绿色低碳、数智化转型、开放合作等方面的示范引领作用，创造了全国三成以上的工业增加值和四成以上的规模以上工业企业利润总额，对国内生产总值的贡献率达 22.9%，创造的工业增加值增速高于全国 7.5 个百分点；全员劳动生产率是全国平均水平的 1.4 倍。442 个示范基地成为我国工业经济发展的强大支柱。

（二）集聚示范效应显著，带动区域经济发展提质增效

在“双循环”新发展格局下，示范基地作为各区域释放集聚示范效应的重要载体之一，坚持因地制宜发挥区域要素优势，推进产业协同集聚，不断促进产业集聚示范效应的最大化，有效支撑了区域经济的高质量发展。

2021 年，东部地区示范基地的经济体量高居四大地区榜首，占全国示范基地经济总量的六成以上。其中，长三角、京津冀等东部经济活跃区域内的示范基地同样展现出了不俗的实力，生产总值增速均领先于各自所在经济圈的总体发展水平。中部地区示范基地较为均衡地分布在 6 个省份，其中，湖北省以中部地区两成的示范基地数量，创造了四成的增加值，发展实力大幅领先其他五省。在西部大开发战略的推动下，西部地区示范基地实现了量的快速增长和质的稳步提升，

生产总值增速高达 12.6%，创造的工业增加值总量和增速均仅次于东部地区。其中，成渝经济圈作为西部地区发展活力最足和潜力最大的重点区域，已批复的 42 个示范基地的生产总值增速达到 12.1%。东北地区是我国最早建立的以重化工业为特色的老工业基地，依托丰富的化工业资源，将装备制造、原材料、消费品等重点产业发展壮大，相关产业的示范基地数量占了东北地区示范基地总数的八成以上。

二、产业链供应链韧性凸显，塑造经济平稳运行新保障

（一）坚持补链延链强链，补短板、锻长板，提高自主可控能力

示范基地聚焦重点产业链的薄弱环节和短缺环节，优化资源整合，强化产业协作，精准开展补链延链行动，加快补齐产业发展短板，拉长产业链条，促进产业链上下游紧密配套。江苏南通船舶与海洋工程装备产业示范基地针对高技术船舶与海洋工程装备产业链配套现状及短板，加强高技术船舶与海洋工程装备产业链雷达配套系统对接，吸引企业就雷达系统有关工作展开交流，探索出了良好的产业化合作机制，填补了基地民用船舶雷达配套领域的空白。

在补短板的同时，示范基地也在积极开展锻长板行动，围绕产业链关键节点，加强创新升级，提升产业链价值，产业发展的主动权得到了进一步强化。南京江宁区装备制造（智能电网装备）产业示范基地大力推动智能电网产业公共服务平台建设，支持企业强强联合，并积极依托南京智能电网产业联盟、中国智能电网产业技术创新战略联盟等资源，发挥区内高校、科研院所、龙头企业集中的优势，全面推动协同创新，加速技术突破、成果转化、企业孵化，产业链价值得到有效提升。

（二）突出龙头带动作用，产业链核心竞争力加速提升

示范基地持续做深做实企业培育工作，充分发挥头部企业对于产业链的引导带动、集聚整合作用，以“头雁效应”吸引产业链上下游企业加速汇集，形成产

业聚合优势，企业在产业链供应链的实施主体地位进一步强化，产业发展生态进一步完善。

截至2021年底，示范基地规模以上工业企业总数占全国总数的1/4，诸多知名企业、知名品牌迅速崛起。同时，示范基地内还培育发展了一批世界500强企业、独角兽企业、国家级制造业单项冠军企业、“小巨人”企业等引领行业发展变革的先锋企业。杭州高新区（滨江）电子信息（物联网）产业示范基地拥有世界500强企业2家、独角兽企业13家、国家级制造业单项冠军企业7家、“小巨人”企业44家、专精特新企业164家，海康威视、大华股份、宇视科技、新华三、阿里巴巴等知名企业均落户该示范基地。

三、数字化智能化转型提速换挡，奋楫扬帆数字经济新蓝海

（一）传统产业转型升级，“脱胎换骨”提升竞争实力

示范基地聚焦现代化产业体系建设全局，以数智化转型升级为目标，持续强化技改力度，加大技改投入，推动传统产业加速蝶变升级。2021年，示范基地技改投资同比增长10.9%。部分市、县（市、区）为更好地推进该地进行示范基地数智化改造，实现降本增效，同步配套出台了各类奖补政策。例如，浙江乐清装备制造（电工电气）产业示范基地出台“技改新十条”的普惠性政策，将对企业的补助门槛从200万元降低至100万元，最高补助比例从10%提高至30%，以降低企业的智能化技改成本，持续激发企业的智能化技改积极性。

充足的资金支持对工业企业技改起到了良好的撬动效用，示范基地的传统产业转型升级已取得显著成效。2021年，示范基地规模以上工业企业的关键工序数控化率达79.4%。成都经济技术开发区汽车产业示范基地近3年累计推动200余家企业开展数字化升级，撬动投资约30亿元，工业云平台应用率达60%，这些企业总体实现运营成本降低约13%，生产效率提升约15%，产品质量指标提高约17%，竞争力显著提升。福建泉州经济技术开发区纺织服装产业示范基地与阿里巴巴合作实施 C2M（用户直连制造）超级工厂计划，打造一批超级童装、食品

IP，10 家企业成为 C2M 超级工厂示范典型；推动开发区纺织服装产业实施工业互联网示范工程，鼓励企业“上云上平台”，建设“云上开发区”，2021 年新增“上云”企业 38 家。

（二）数字产业持续壮大，“强筋壮骨”打造增长引擎

示范基地在充分挖掘资源与区位优势的基础上，以科技创新为动力，以产业集聚为抓手，加速培育壮大新兴产业，推动新产业、新业态、新模式迅速成长。截至 2021 年底，以高技术制造业为主导的示范基地从第一批的 17 个增长到 100 个，2021 年工业增加值同比增长 17%，规模以上工业企业利润总额占全国的 15.7%。

在规模效益提速发展的同时，电子信息、工业互联网、数据中心、大数据等重要新兴领域的示范基地坚持产业发展速度与深度并济，持续加强技术革新突破，产业发展活力竞相迸发，产业实力加速壮大。湖北武汉工业互联网产业示范基地发挥国家数字化设计与制造创新中心的创新“极核”作用，开发自主可控工艺库、模型库、仿真库、核心工业软件等工业互联网底层关键技术，成功研发出国内外首台“测量—操作—加工”一体化机器人智能加工装备、国内首台印刷喷印设备。广州番禺汽车城汽车产业（新能源汽车）示范基地的科研成果 AION LX、ENO.146 获德国 iF 设计奖，广汽第三代 1.5TGDI 发动机获“‘中国心’2021 年度十佳发动机”称号，包括“人工智能安全可信理论及验证平台”在内的 9 个政府科技项目立项。

四、自主创新驱动力持续强化，点燃产业发展新引擎

（一）强化创新要素支撑，创新高地加快隆起

抓创新就是抓发展，谋创新就是谋未来。示范基地坚决贯彻落实创新驱动发展战略，加大人才、资金、平台等创新要素供给，让科技创新的源泉充分涌动。2021 年，示范基地研发人数同比增长 9.8%，每万名就业人员的比重高于全国平均水平；研发强度达 3.2%，超出全国平均水平近 0.7 个百分点。其中，北京市将

科学技术作为第一生产力，从市到示范基地，各级管理部门均围绕科技创新出台了财政、人才等方面的一揽子产业引导政策。2021 年，北京市示范基地研发强度达 6.1%，高出全国示范基地平均水平 2.9 个百分点，在 31 个省（区、市）中居首位。

示范基地围绕产业链部署创新链，加速打造有利于汇集优质创新资源、推动技术攻关、加速成果转化的产业技术创新载体，形成具有核心竞争力的科技高地。截至 2021 年底，示范基地主导产业省级及以上研发机构超 2 万家。深圳高新区深圳湾园区电子信息产业示范基地汇聚了包括深圳航天科技创新研究院在内的 20 家新型研发机构，以及包括中村修二激光照明实验室、马歇尔生物医学工程实验室、科比尔卡创新药物开发研究院、瓦谢尔计算生物研究院 4 个诺贝尔奖科学家实验室在内的一批高层次研发机构，高等院校和高层次研发机构云集，成为创新资源聚集、创新环境优越的高新技术产业和建设现代化产业体系的主阵地。

（二）着力推进成果转化，技术产品硕果累累

依托丰富多元的创新资源和产业集聚区雄厚的产业基础，示范基地在基础研究、关键核心技术攻关、科技成果转化等方面取得了一系列新突破。2021 年，全国示范基地企业有效发明专利总数占全国总数的近四成。上海宝山新材料（钢铁）产业示范基地的高效环保变压器用极低铁损取向硅钢、高铁转向架用轴承钢、内欠仪成套系统设备、无机自润滑钢板等产品及技术取得突破性进展，解决了我国相关材料、设备方面的“卡脖子”问题。山东潍坊高新技术产业开发区装备制造（内燃机）产业示范基地内的骨干企业先后推出了国内第一台拥有完全自主知识产权的高速大功率蓝擎发动机、第一台大功率缸内直喷天然气发动机、首款高压共轨电控系统、第一套自主 ECU（电子控制单元）系统；发布了全球首款突破 50%热效率的商业化柴油机；研发的 8AT 变速器填补了国内自动变速器市场空白。上海张江高科技园区生物医药产业示范基地原始创新成果突出，截至 2021 年底，研发申报并获批上市的国产 1 类新药累计 18 款（约占全国总数的 18%）；培育上市的国产 1 类新药 37 款（约占全国总数的 1/3），包括全国首款自主研发的肿瘤免疫治疗药物 PD-1 抑制剂特瑞普利单抗、全球首款靶向脑—肠轴的治疗

阿尔茨海默病的新药——甘露特钠胶囊、全国首款获批为 1 类生物制品的 CAR-T 产品——瑞基奥仑赛注射液等多款国内首创新药。

五、贯彻落实绿色低碳发展战略，铺就可持续发展新道路

（一）优化资源配置，提升集聚集约发展水平

示范基地坚持产业绿色发展理念，着力优化能耗要素配置，严控能耗强度，实现经济发展与绿色发展“同频共振”。2021 年，示范基地单位工业增加值能耗同比下降 7.9%，单位工业增加值用水量同比下降 13%，节能降耗取得显著成效。

在优化能耗要素配置的同时，示范基地积极发挥土地要素作用，合理规划园区用地红线，强化土地利用监管力度，加速“腾笼换鸟”盘活闲置低效土地，推进“二次开发”拓展土地利用空间，多措并举提升土地资源利用效率。

（二）锚定“双碳”目标，提速绿色转型升级

示范基地积极服务国家的“双碳”目标，合理运用数字化、智能化手段，进一步提升生产效率与能效水平，创新绿色技术、研制绿色产品、打造绿色工厂，实现产业绿色转型升级。福建晋江经济开发区轻纺（鞋服纸制品）产业示范基地大力推行智能化制造方式和绿色集成制造生产方式，打造数字化车间、智能化工厂；持续优化产品功能设计，降低产品使用时的能耗、水耗，其中，恒安集团使用可降解材料及 PLM（产品生命周期管理）系统，使产品节能 30%以上。江苏江阴临港经济开发区装备制造产业示范基地全力以赴建设低碳园区，全面实施能碳双控管理平台、零碳产业园、零碳综合保税区、零碳港口企业、零碳学校、近零碳政府、低碳工业转型 7 个不同领域的零碳示范工程，探索零碳开发区建设；率先在全国打造了首个分布式风电项目，沿江安装 14 台风机，装机容量为 31.6 兆瓦，辖区光伏发电装机容量达 200 兆瓦，2021 年“风光”发电量约为 2.5 亿千瓦时，绿色电能占全部用电量的 5%，天然气用量同比增长 17%，非电行业用煤量较上年减少 9.2 万吨。

六、坚持高水平对外开放合作，谱写互利共赢新篇章

（一）积极扩增进出口规模，对外贸易水平良好

面对不稳定、不确定的国际形势和需求收缩、供给冲击、预期转弱三重经济压力，示范基地坚持高水平对外开放合作，稳定外贸基本盘，充分彰显雄厚的外贸产业基础和强大的外贸韧性。2021 年，442 个示范基地进出口额同比增长 19.2%，增速较上年同期提高 19 个百分点。其中，江苏省示范基地的进出口规模在全国示范基地中排名第一，占江苏省全省进出口规模的六成以上。

（二）全力打造对外开放平台，赋能效应充分释放

示范基地积极搭建对外开放合作交流平台，畅通资金、项目、人才等产业发展要素的对外合作渠道，拓展产业发展机遇。厦门火炬高技术产业开发区电子信息（光电显示）产业示范基地积极布局金砖交流平台，与湖里区共同扶持“金砖+”科技加速器项目，与俄罗斯科技园、巴西帕克科技园等签订合作协议；设立“金砖人才创业基地”，建设“海外人才之家金砖工作站”；推动 IBM 创新中心等金砖国家资源对接与产业协作平台建设。江苏太仓汽车产业（关键核心零部件）产业示范基地依托基地内的德企优势，创建学校和企业并重的中德合作“双元制”产教融合发展机制，构筑双元制培训系列平台，向企业输送对口技术工人，为基地的汽车产业创新集聚区夯实人才地基；太仓高新区发布《太仓高新区深化对德合作三年行动计划》，瞄准德国隐形冠军企业，扩大高端装备制造、汽车零部件、航空航天、新能源智能网联汽车等产业领域的德企规模，扩大对德在金融保险、教育培训、健康养老等领域的合作，促进德企和当地民企在资本合作、市场对接、管理模式互动、研发创新等方面的深入交流合作。

02

行业发展篇

一、装备制造工业

以装备制造工业为主导产业的示范基地共有 120 个，其中，东部地区 59 个、中部地区 24 个、西部地区 24 个、东北地区 13 个。示范基地与数字经济融合进一步深入，高端化、智能化转型进一步加速，2021 年规模以上工业企业的关键工序数控化率达到 80.7%，两化融合贯标企业数连续 3 年以超过 20%的速度增长。示范基地加快绿色低碳转型步伐，单位工业增加值能耗降低 8.1%，单位工业增加值用水量降低 11.4%，工业固体废物综合利用率达到 94.7%。示范基地保障产业链畅通，推进基础和关键领域创新突破，深化行业管理和开放合作，研发、工程化、产业化协同发力，引领我国装备制造工业快速高质量发展。2021 年装备制造工业示范基地细分行业分布情况如图 2-1 所示。

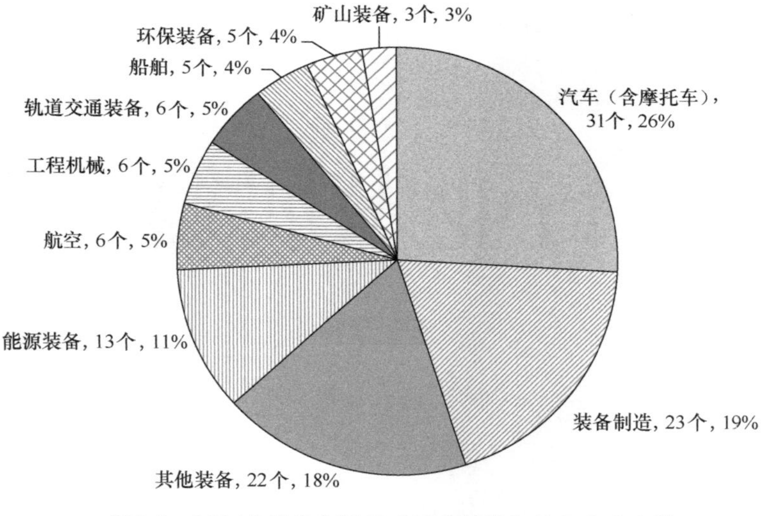

图2-1　2021年装备制造工业示范基地细分行业分布情况

从发展质量水平来看，示范基地总体处于四星级水平，其中产业实力、质量效益、创新驱动、融合发展维度的指数介于 3 和 4 之间，达到四星级水平，如图 2-2 所示。分领域看，汽车（含摩托车）、船舶、航空、工程机械、轨道交通装备等领域的示范基地均处于四星级水平，其中汽车（含摩托车）领域示范基地的发展水平最高。从星级分布来看，120 个示范基地中有 79 个处于四星级及以上水平，占比达到 65.8%，如图 2-3 所示。分经济带看，长三角、京津冀、成渝经济圈、粤港澳大湾区的示范基地均处于四星级及以上水平。

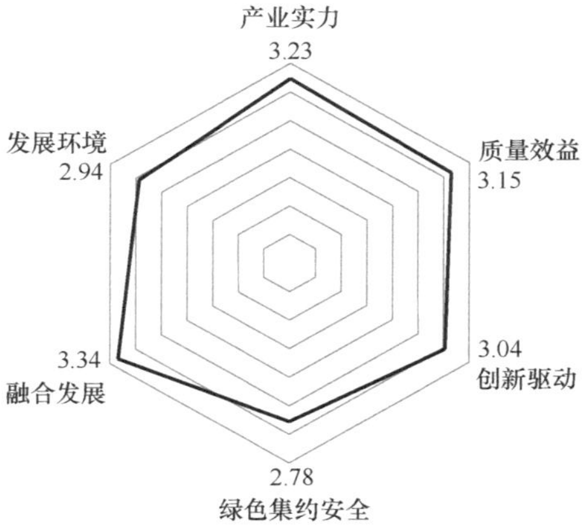

图2-2　2021年装备制造工业示范基地的六大维度指数

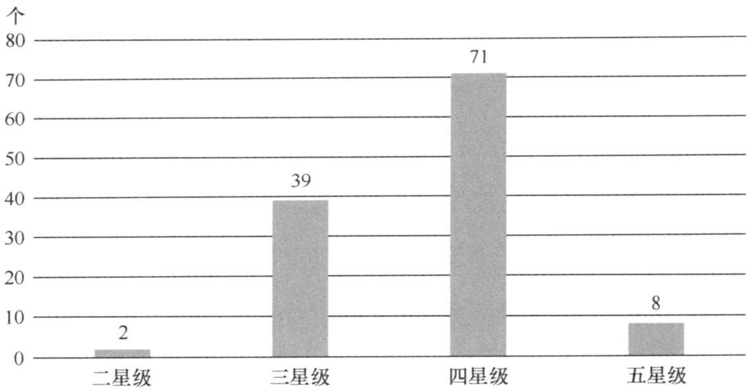

图2-3　2021年装备制造工业示范基地星级分布情况

（一）汽车（含摩托车）

以汽车（含摩托车）产业为主导产业的示范基地共有 31 个，其中东部地区 13 个，中部地区 8 个，西部地区 8 个，东北地区 2 个。从发展质量评价结果来看，其产业实力、质量效益、绿色集约安全、融合发展和发展环境 5 个维度已达到四星级水平。2021 年，面对全球新冠疫情持续演变、汽车芯片供应紧张等复杂严峻形势，示范基地全力保障稳定运行，产业发展基础持续筑牢，引领汽车工业平稳向好，工业增加值同比增长 11.9%，规模以上工业企业利润总额同比增长 12.9%。

一是创新引领作用不断增强。示范基地加强基于技术引进的技术模仿和自主创新，加大研发投入力度，技术进步显著，国产自给率迅速提高，产品竞争力稳步增强。**江苏常熟高新技术产业开发区汽车产业（零部件）示范基地**内的企业瞄准燃料电池核心“卡脖子”技术，自主研发和生产高性能、长寿命的催化剂、膜电极、电堆和燃料电池系统，各项技术指标均已达到国内领先、国际一流水平，将占据电堆系统成本七成的催化剂和膜电极成本降低 30%～50%。**江苏太仓汽车产业（关键核心零部件）示范基地**内企业生产的汽车涡轮增压器、汽车电子装置、电子控制系统部件、汽车燃油喷射系统等产品在全球市场的占有率超过 60%。该示范基地拥有国内引线框架汽车连接器领域唯一的部件供应商，占据了国内 70% 的市场份额。

二是数智转型不断提速。在新一代信息技术发展的背景下，示范基地多领域加速与信息技术融合发展，全产业链数字化转型提速明显，智能网联汽车的国产化和产业链构建加快推进。**武汉经济技术开发区汽车产业示范基地**内的企业完成 5G 全连接工厂建设，总装车间打通前端销售和生产后台数据，可以进行完全数字化运营，整车软件版本、配置、功能以及整车异常或正常的状况都能做到百分之百可追溯；基地内企业搭建数字化车间信息管理平台，自动化生产线、机器人使用率大幅提高，综合效率提升 10%，人工成本降低 30%。**湖北随州高新技术产业园区汽车（专用车）产业示范基地**的数字化研发设计工具普及率已达 100%，智能工厂占数字化车间的比例达到 75%，基地内企业建成全国首条智能柔性化生产线；研发的智能化混凝土搅拌运输车颠覆传统搅拌车技术，在国内首次运用电气化单发技术；研制的随车吊智能计重设备实现车联网、智能传感、大数据分析技术运用。

三是绿色发展不断巩固。示范基地推行绿色低碳发展，支持企业应用国内外先进的节能、节水、节材技术工艺，实施节能和清洁生产技术改造，推广工业产品绿色制造，普及成熟适用清洁生产技术，加快构建结构优化、技术先进、清洁安全、附加值高的现代产业体系。**上海嘉定汽车产业园区汽车产业示范基地**持续推动全球环境基金（GEF）“中国新能源汽车与可再生能源综合应用商业化推广”项目管理，撬动 18 家企业 20 个项目参与研究，可再生能源发电量达 26.7 亿千瓦时，峰谷差存储电量达 1528 万千瓦时，二氧化碳排放量减少约 13.8 万吨。

湖北襄阳高新技术产业开发区汽车产业示范基地内企业的智能焊装生产线采用工人和智能机器人无缝衔接作业，实现了23种基础车型400多种细分车型的共线生产，节约空间50%，节省能源60%，生产效率提高40%以上；基地内某项目将烧结工序在降温过程中释放的热量通过管道输送到磨洗工序的烘干环节，既可以加快烧结工序产品的降温速度，又可以实现能量的循环利用，7条磨洗线一年可节约用电120千瓦时左右。

（二）船舶

以船舶产业为主导产业的示范基地共有5个，其中东部地区4个，中部地区1个，分布在渤海湾、长三角、珠三角、长江沿线等的重要港口城市。从发展质量评价结果来看，其质量效益、创新驱动、融合发展和发展环境4个维度已达到四星级水平。2021年，示范基地持续深化结构调整和转型升级，加快改革和创新发展，涌现出了一批具有较强国际竞争力的大型企业和专业化配套企业，有力地支撑了我国船舶工业国际航运、对外贸易、海洋经济等的快速发展。示范基地出口额同比增长21%，主导产业销售收入同比增长27.3%，主导产业总产值同比增长25%。示范基地充分发挥行业引领作用，**江苏南通船舶与海洋工程装备产业示范基地**2021年全年造船完工量274万载重吨，新接订单量431.3万载重吨，至年底手持订单量742万载重吨，分别占全国总量的6.9%、6.4%、7.7%。

一是市场份额保持国际国内领先。2021年，示范基地骨干企业的实力尤其是国际竞争力进一步增强，多家龙头企业进入世界造船完工量、新接订单量和手持订单量前十强。**青岛经济技术开发区船舶与海洋工程装备产业示范基地**在矿砂船、散货船、修船、港口设备等多个领域的市场份额领先，矿砂船的全球占有率排名第一；拥有国内最大最长的30万吨修船坞、15万吨修船坞和10万吨浮船坞的修船区，修船总量及经济运行质量居国内行业前列，近年来完成了多项国际船舶改装工程，常规修船市场遍布30多个国家和地区；基地的龙门式起重机、门座起重机、岸边集装箱起重机、自动化轨道吊先后应用于国内外30多个港口码头。

二是船舶绿色化转型加速。为顺应全球的绿色低碳转型趋势，示范基地加快科技创新步伐，持续推进船舶生产过程、服务过程、产出产品的绿色化进程，绿色船厂、绿色修船、绿色船型建设成效显著。2021 年，**湖北武汉船舶与海洋工程装备产业示范基地**搭载国内首套大功率直流组网电力推进系统的 6000 吨级深海装备试验船开始试航；依托基地企业发展远程控制和无人驾驶技术打造试验船，推进智慧绿色船舶技术及规范落地，实现从传统燃油到清洁能源的根本转变；支持基地企业开展关键技术研发、实验船验证和产业化示范应用，实现全面信息感知、高度自主航行、超级节能环保、绝对安全可靠、群体智能协同。**江苏南通船舶与海洋工程装备产业示范基地**企业牵头的工业和信息化部"绿色修船表面处理关键装备研制"科研项目成果成功投入使用，标志着国内喷砂工艺改成超高压水工艺的首次实际成功应用；基地企业通过低挥发性有机化合物（VOC）涂料的替代使用、老涂装车间废气治理设备改造、焊接烟尘治理、高排放叉车设备更新等措施有效优化了 VOC 的治理模式，为同行企业的源头替代和末端治理提供了标杆性示范；基地还正式交付了5000 立方米双燃料全压式液化石油气（LPG）运输船，这是世界上第一型双燃料全压式 LPG 运输船，可满足最新的排放要求，超前达到了船舶能效设计指数（EEDI）的第三阶段标准，是一艘典型的环境友好型船舶，是双燃料船舶建造的典范和标杆，有望成为全球全压式 LPG 船队更新换代的首选船。

三是提质增效取得新突破。2021 年，示范基地及其企业面对紧张繁忙的生产任务及诸多不利因素，以协同发展为主线，狠抓生产运行管理，更加筑牢产业链的稳定性，典型船舶的建造效率明显提高，重点工程项目按时交付率达到 100%。**青岛经济技术开发区船舶与海洋工程装备产业示范基地**推动重点企业互为龙头，如北船重工优先采用基地内企业生产的船用发动机、船用电机等配套产品，海油工程与北船重工联合开发建设 FPSO（浮式生产储卸油装置）船体，中国船柴（现为"中船发动机"）优先使用海西重工生产的发动机曲轴；鼓励产业配套，聚焦基地核心企业、核心项目，发挥龙头引领作用，带动一批中小企业发展，如北船重工与中国船柴签订了 30 台（套）主机订货协议，合作额度约为 10 亿元，标志着船舶与海洋工程装备产业链的龙头企业之间已建立了长期稳定、互利共赢的合作关系。**湖北武汉船舶与海洋工程装备产业示范基地**内企业全面做好工艺创新和优化，着力解决成本、质量、效率等方面的瓶颈问题，大力开展连杆全模锻、曲柄热切割、汽缸盖余热淬火等独有技术创新项目，累计实现工艺降本2900万元以上。

（三）航空

以航空产业为主导产业的示范基地共有6个，其中东部地区4个，西部地区2个。从发展质量评价结果来看，其产业实力、质量效益、创新驱动、融合发展和发展环境5个维度已达到四星级水平。2021年，示范基地在复杂的国际市场环境下，积极开拓海外市场，进出口额增速达到25.7%，其中出口额增速高达37.7%，同时销售收入同比增长21.0%，工业增加值比上年同期增长13.6%。

一是服务新时代航天强国战略取得新成效。上海市航空产业示范基地全面落实国家航天强国战略，截至2021年底，ARJ21支线客机加快设计优化和系列化发展，累计下线100架；C919大型客机不断提升效率，保持大强度试飞，完成一批重大试飞科目；C929正式转入初步设计，实现首件开工，全面完成结构开工制造目标；长江系列发动机加快研制攻关。**广东珠海航空产业园航空产业示范基地**内企业研发的水陆两栖通用飞机“鲲龙”AG600于2021年成功完成飞行投水功能演示首秀。该机型是我国首次研制的大型特种用途民用飞机，是国家应急救援体系建设急需的重大航空装备，与C919大型客机、运-20大型运输机一同被称为国产“三个大飞机”。

二是带动低空经济新赛道发展取得新突破。上海市航空产业示范基地进行超长距离海岛场景物流运输实践，围绕无人机场景应用，建立了国内首个以海岛为应用场景的无人驾驶航空试验区，为无人机在海岛场景物流运输领域进行大规模商业化探索提供全方位支持。例如，上海峰飞自主研发的无人驾驶飞行器开展无人机海岛运输，装载梭子蟹、大黄鱼等海鲜特产，完成上海金山—浙江舟山的往返跨海飞行，往返总航程近200公里，单程用时仅为1小时，这次实践开启了海岛场景低空智慧物流运输新篇章。

三是促进开放合作、共享发展资源取得新进展。天津空港工业园区航空产业示范基地推动建设产业公共服务平台，为中小企业提供科研基础设施及大型科研仪器，降低中小企业的科研成本。2021年，天津港保税区中小企业创新创业公共服务平台正式上线，为区内企业提供技术、产品的展示窗口，支持大企业以开发战略性产品为牵引，将中小企业技术产品纳入自身的研发和供应体系，打造大中小企业间的供应链体系，平台已展示 270 家企业、502 种技术（产品）。**广东珠海航空产业园航空产业示范基地**的航空展览“中国国际航空航天博览会”已成功举办 13 届（截至 2021 年底），跻身世界五大航展之一，成为世界各国航空航天企业进入中国市场的最佳门户和展示平台。该基地率先建成珠海通航飞行服务站，服务站利用民航中南地区通用航空飞行计划服务系统和民航航空气象综合信息服务系统，帮助通航企业解决“飞行计划受阻”问题，保障飞行活动顺畅；截至 2021 年底，每月实际执飞 500 余架次，接待的空中游览体验人数上千；突破低空空域管理，开通了我国首条低空飞行航线（珠海—阳江—罗定）；开设无人机试飞场、无人机验证飞行空域，有效解决了无人机研发制造、验证维护、飞行培训等业务的空域需求。

（四）轨道交通装备

以轨道交通装备为主导产业的示范基地共有 6 个，其中东部地区 4 个，中部地区 1 个，东北地区 1 个。从发展质量评价结果来看，其产业实力、创新驱动、绿色集约安全和融合发展 4 个维度已达到四星级水平。2021 年，中央推动实施轨道交通装备等一批促进区域协调发展的重大工程项目，随着中国在建轨道交通线路规模的稳步增长，示范基地也在受新冠疫情影响后逐步复苏，上市及挂牌企业数量同比增长 14.3%。

一是市场竞争力不断提升。湖南株洲高新技术产业开发区装备制造（轨道交通装备）产业示范基地的主导产业在全国范围内规模最大、产品门类最齐全、产业链最完整，集聚了轨道交通产业企业 397 家，其中规模工业企业达到 167 家。为提升产业链韧性，示范基地优化布局了主机产业园、动力包产业园、物流产业园、创新创业园 4 个产业园，本地配套率达到 80%以上。示范基地的主要产品出口全球 70 多个国家和地区，电力机车的全球市场占有率达 27%，位居全球第一；城轨车辆的国内市场占有率为 30%；动车组、机车车辆电传动系统等多款产品产销量均为全国第一。

二是数智化转型成效显著。青岛城阳区装备制造（轨道交通装备）产业示范基地坚持以“互联网+制造业”和数字化车间建设为抓手，以打造一批具有特色的智能制造标杆企业为目标，大力提升企业的智能制造水平，推动工业经济高质量发展。示范基地龙头企业中车唐山机车车辆有限公司建设的“高速车车体制造新模式”项目积极开展自动化焊缝打磨、数字化工装等技术研发。在产能不变的情况下，该公司生产一线的操作工人减少约15%。得益于数字化柔性工装的推广，不同项目的车体生产转换时间节约97%，工艺装备投资减少50%，该项目成功获批工业和信息化部“高速动车组车体智能制造试点”项目。

三是在开放发展中立标杆。吉林长春绿园经济开发区装备制造（轨道交通装备）产业示范基地内企业借助“一带一路”倡议的东风，出口尼日利亚的NDJ3型内燃动车组参与拉伊铁路主线载客试运行；首台几内亚马西铁路CDA5C1型机车样车成功下线；示范基地企业今创集团抓住全球轨道交通高质量发展的时机，加快海外投资布局，已与庞巴迪、阿尔斯通、西门子等轨道交通装备技术水平和市场份额均较高的行业巨头达成了深度战略合作关系，并发展成为阿尔斯通内装最佳供应商，其海外“朋友圈”日益扩大。

二、原材料工业

以原材料工业为主导产业的示范基地共有94个，其中，东部地区24个，中部地区22个，西部地区37个，东北地区11个。2021年，伴随原材料产品市场价格高位运行，示范基地生产规模持续回升，投资稳定增长，进出口贸易增长，经济效益明显改善。示范基地的绿色智能水平稳步提升，规模以上工业企业的关键工序数控化率达到79.2%，单位工业增加值能耗降低9.2%，单位工业增加值用水量降低16.2%，工业固体废物综合利用率达到89.2%。同时，示范基地继续加大研发力度解决关键材料等方面的“卡脖子”难题，继续推进产业结构调整；充分发挥自身优势，新冠疫情期间有效保障国内外的口罩、防护服、消杀用品等抗疫物资的原材料生产，为全球抗疫和经济复苏提供了有力支撑。2021年原材料工业示范基地细分行业分布情况如图2-4所示。

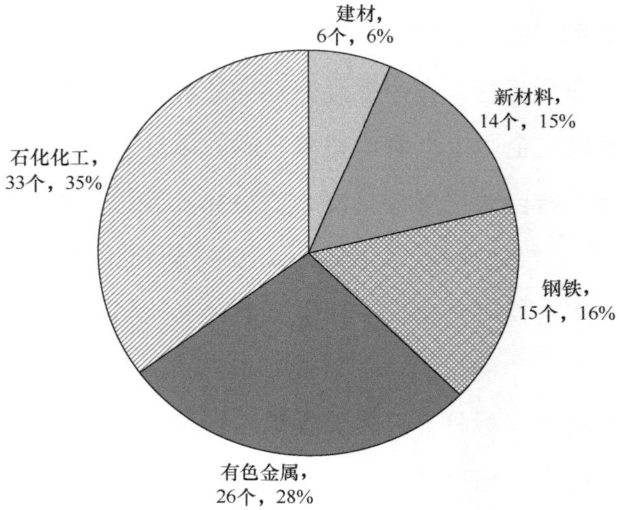

图2-4　2021年原材料工业示范基地细分行业分布情况

从发展质量水平来看，示范基地总体处于四星级水平，其中产业实力、质量效益、融合发展维度的指数介于 3 和 4 之间，达到四星级水平，如图 2-5 所示。分领域看，钢铁、石化化工、新材料、有色金属等领域的示范基地均处于四星级水平，其中新材料领域示范基地的发展水平最高。从星级分布来看，94 个示范基地中有 54 个处于四星级及以上水平，占比达到 57.4%，如图 2-6 所示。分经济带看，粤港澳大湾区、长三角、成渝经济圈、京津冀的示范基地均处于四星级及以上水平。

图2-5　2021年原材料工业示范基地的六大维度指数

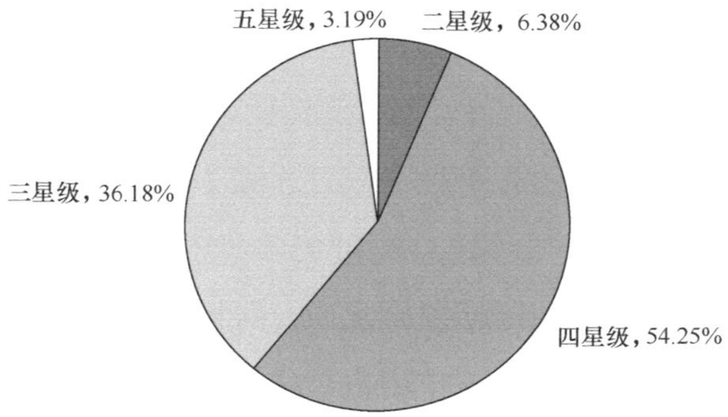

图2-6　2021年原材料工业示范基地星级分布情况

（一）钢铁

以钢铁为主导产业的示范基地共有 15 个，其中东部地区 4 个，中部地区 4 个，西部地区 6 个，东北地区 1 个。从发展质量评价结果来看，其产业实力、质量效益和融合发展 3 个维度已达到四星级水平。2021 年，示范基地继续深化供给侧结构性改革，进一步巩固钢铁去产能成果，推动行业绿色低碳转型，积极应对国内外需求形势变化，积极保供稳价，维护产业链供应链安全稳定，为钢铁行业的高质量发展奠定良好基础，主导产业销售收入同比增长 16.8%，工业增加值增速达 19.1%，规模以上工业企业的关键工序数控化率达 67.7%。

一是主导产业竞争优势更加凸显。四川攀枝花钢铁（钒钛）产业示范基地是我国最大的钛原料生产、供应地，以钒钛产品为代表性产品。2021 年，基地的海绵钛、钛精矿、钛白粉、钒产品等产品产量创历史新高，钒产品产量世界第一，海绵钛、钛渣、钛精矿产能、产量全国第一，钛精矿、钛白粉产值多年占钛产业总量的 80%以上。基地龙头企业是世界上产量最大的钒生产企业，其钒产品产量约占国内产量的 43%、全球产量的 25%。与世界其他利用钒钛磁铁矿资源的生产企业相比，该企业的研发创新能力和产品竞争能力都较强，转炉提钒回收率、钒资源全工艺流程回收率及钒产品开发技术保持世界领先水平，这使其在全球钒产品生产中具有成本比较优势。

二是优势产品高端化进程加快。江苏江阴高新技术产业开发区新材料（特钢制造）产业示范基地的优势产品涵盖线材、板材、管材、桥梁缆索、钢帘线等高端制品，其中，特钢原材料领域的高端轴承的市场占有率为 85%，连续 20 年全国第一，连续 11 年世界第一；超大规格连铸圆管胚钢的国内市场占有率达 80%以上；高档汽车用钢的市场占有率为 75%，连续 14 年全国销量第一；风电用钢、系泊链用钢的市场占有率分别达到 87%和 93%。特钢高端制品领域的超高强度耐久性桥梁缆索产品，技术达到国际领先水平，高强度运输带用钢丝绳产品在国内占据 80%以上的市场份额，在全球市场占有半壁江山；超高强度耐久性桥梁缆索产品已成功应用于沪苏通大桥、韩国仁川大桥、美国华盛顿机场等国内外 400 余个重特大桥梁和结构项目中。同时，为进一步推动特钢产品高端化，基地龙头企业实施精品化战略，在做优现有产品的基础上，大力发展先进轨道交通装备用转向架轴承、高铁用齿轮钢、新能源风电齿轮钢、工程机械用盾构机主轴承钢等高端产品，提升产品的质量稳定性和高端特钢的自给率。

三是行业数字化水平不断提高。安徽马鞍山经济技术开发区钢铁（钢铁及深加工）产业示范基地建立了检化验、计量一体化集中操控平台，合并计量司磅业务，实现 6 个原料实验室远程操作，3 个快速分析实验室和一条成品自动化线的远程监督运行、统一集中管理，新特钢实验室项目及后续的“宝罗”项目也将在建成后纳入集中操控平台；建立检验数据、信息流集中管控平台，使全年产生的 2000 万条检验数据、80 多类流程管控全部可视化，实现异常数据和周期智能预警，通过取样定位追踪、视频即传，变“事后追溯制”为“即时追踪制”，大幅提升内部的管控力度，最大限度地降低采购质量成本。基地企业应用数字化模型设计与工艺仿真技术进行产品设计、工艺设计及仿真，实现产品的数据管理，构建以模型化设计为导向的智慧设计体系，2021 年完成产品设计算法 249 项、产品模型 362 个，实现产品算法模型覆盖 100%，产品性能提升 15%，设计效率提升 30%。

（二）有色金属

以有色金属为主导产业的示范基地共有 26 个，其中东部地区 3 个，中部地区 8 个，西部地区 15 个。从发展质量评价结果来看，其产业实力、质量效益和融合发展 3 个维度已达到四星级水平。2021 年，示范基地克服新冠疫情影响，把握国内和国际市场复苏机遇，持续深化供给侧结构性改革，保障产业链供应链有效供给，加快推进传统产业智能化、绿色化、高端化，主导产业销售收入同比增长20.5%；主导产业总产值、工业增加值增速分别达到25.5%、24.1%；出口额同比增长43.5%。

一是技术创新能力进一步提升。安徽铜陵经济开发区有色金属（铜）产业示范基地内企业积极推进各项技术的超前研究，创新成果丰硕：在国内率先开发新能源汽车驱动电机专用电磁线以及铝基电磁线，实现“以铝代铜，降低能耗”；自主研发风力发电机用特种电磁线、高速直流变频电机专用电磁线等，替代进口；自主开发风力发电机、汽车用铝合金导线，实现“减重降本，低碳环保”；自主开发电磁线生产全过程智能检测技术；参与制定国家、行业标准30项；建有行业内唯一一家覆盖成型模具、杆材及终端产品全产业链的电磁线研制企业，以及行业内首家绿色工厂，单位产品能耗降低30%左右；建有行业内唯一的国家级技能大师工作室，传承工匠精神。

二是产业链进一步完善。山东龙口有色金属（铝加工）产业示范基地凭借“能源—铝土矿—氧化铝—电解铝—熔铸—热轧—冷轧—铝合金板带箔—建筑型材—工业型材—轻合金材料—铝精深加工—铝合金终端产品”的完整产业链，成为全球距离最短、产业链最完整的铝产业基地，完整的产业链提升了产品附加值。基地还拥有挤压、轧制、锻造、熔铸等铝合金压力加工全套技术，其生产的轨道交通车体型材、易拉罐材料和铝箔的国内市场占有率分别达到65%、81%和32%。

三是营商环境进一步优化。江西赣州经济技术开发区有色金属（稀土新材料）产业示范基地以“优化营商环境就是解放生产力、提升竞争力”为宗旨，不断深化“放管服”改革。首先安排30名县级及以上领导、364名干部参与挂点联系600余家重点企业，确保基地主要企业挂点帮扶全覆盖。每年定期组织有色金属产业上下游企业对接交流会、企业产品展示展销会，鼓励基地企业开发新工艺、运用新技术生产上下游企业需求产品，引导支持企业互相配套，延伸产业链和价值链。2021年，基地通过线上线下相结合的多元化问题处理方式共收集企业问题和需求1033个，已办结1011个，办结率达97.87%。其次开展“六减一增”专项行动，69项政务服务事项的审批时限压减53.62%；推行“容缺审批+承诺制”

改革，在全市范围内率先启动“不见面开标”和惠企政策“免申即享”；推行“招商项目落地马上办”，推动企业报建环节优化 85%、材料精简 85%；大力推进行政审批和政务服务事项“网上办”，“一次不跑”事项占比达 61%，全年为企业和群众办理事项 190 万项。

（三）石化化工

以石化化工为主导产业的示范基地共有 33 个，其中东部地区 10 个，中部地区 4 个，西部地区 13 个，东北地区 6 个。从发展质量评价结果来看，其产业实力、质量效益和融合发展 3 个维度已达到四星级水平。2021 年，示范基地的生产经营以稳为主，稳中提质，主要经济指标增长较快，规模以上工业企业利润总额同比增长 67.8%，进出口总额比上年增长 62.6%。同时，示范基地在创新驱动、绿色低碳方面也取得了长足进展。

一是数字化改革推动发展模式重塑。示范基地着力打造以产业大脑为支撑、以“未来工厂”为引领的数字经济体系，实现资源要素的高效配置和经济社会的高效协同。**宁波石化经济技术开发区石化化工（炼化、合成材料）产业示范基地**内的龙头企业建成了我国石化化工领域规模最大的 5G 专网并投入生产应用，网络时延低至 5～10 毫秒，可为智慧厂区建设提供高速、可靠、稳定的网络通道，满足企业的数字化、智能化发展需要，使各类仪器仪表、开关阀门、视频监控等方面的数据交互能力大幅提升，5G 防爆终端可将巡检数据报表实时上传，使得无人操作更加精准、安全。基地内企业完成 5G 专网的建设工作，利用 5G 网络大宽带、高速率、低时延、高可靠性的网络特性，搭建了 5G+AR 远程指导系统、现场高危作业布控系统、智能三级巡检系统、安全信息化人员定位系统等，并集成现有系统，为企业检修作业安全管控、应急抢险救援、专业管理智能化等方面的提升提供有力支撑。

二是安全生产建设筑牢发展屏障。示范基地坚持“开发建设是主线、安全环保是底线”。**广东惠州大亚湾经济技术开发区石化化工（炼化、合成材料）产业示范基地**建设了危险化学品应急救援基地，应急抢险救援队伍配备国际先进的特种抢险救援车 87 辆、海上应急救援船舶 27 艘，拥有拖车炮、消防机器人等 4000

多件灭火器材，各类抢险救援器材2000多件（套）；充分利用信息技术和智能化技术建成动态实时监控系统，可实现应急救援国家、省（区、市）各部门间的互联互通，以及政府与企业间的联防联控；投入6000多万元建造的大亚湾600吨级沿海消防船“惠湾消1号”正式投入执勤，大大提高了大亚湾辖区沿海区域的应急救援能力，实现应急救援保卫力量从陆域到海域的全面覆盖。

三是“双碳”目标催生低碳生产新工艺。示范基地在“双碳”目标的约束下加速低碳转型，持续推进系统优化，探索工艺过程降碳新途径，加强碳捕集和再利用。**内蒙古鄂尔多斯准格尔经济开发区大路产业园现代煤化工产业示范基地**内企业建设的万吨级二氧化碳制芳烃工业试验项目，以二氧化碳和氢气为原料，是世界首套万吨级以碳氢化合物为产品的二氧化碳利用项目，是真正实现用煤制备高端化学品（芳烃）的工业路线；成功开发国内首套煤间接液化工业化示范装置，这是我国煤炭间接液化技术发展的里程碑，该装置的各项经济技术指标均达到国际先进水平；10万吨煤化工渣资源化综合利用项目在固体废物资源回收利用领域具有国际竞争力，引进转化12项专利技术产品或工艺，转化的产品在吸附材料、橡塑填料制品、农业及建材领域均有非常重要的应用。

（四）新材料

以新材料为主导产业的示范基地共有14个，其中东部地区5个，中部地区4个，西部地区2个，东北地区3个。从发展质量评价结果来看，其产业实力、质量效益、创新驱动、融合发展和发展环境5个维度已达到四星级水平。2021年，示范基地立足自身发展优势，促进新材料产业高端化、品牌化、绿色化、生态化发展；企业培育亮点突出，新材料产业示范基地内上市及挂牌企业、规模以上工业企业数量占原材料工业示范基地总数的两成以上；创新实力强劲，研发投入占原材料工业示范基地总研发投入的1/4，规模以上企业的有效发明专利数占比达到36.5%；营商环境持续优化，国家级公共服务平台数占原材料工业示范基地平台总数的23.3%，平均每个示范基地将近5个。

一是产业循环形成绿色发展优势。示范基地着力促进产业纵向延伸和横向耦合，按照减量化、循环化、资源化发展的原则推动绿色低碳发展。**江苏泰兴经济**

开发区新材料（合成材料）产业示范基地以130公里管廊管网为纽带，集成企业清洁生产、企业产品前后配套、能源一体化供应、固体废物综合处置利用四大体系，构建企业小循环、产业中循环、区域大循环的三级循环模式，企业间通过管廊实现互为原料、隔墙供应、管道传输，确保生产经营更加稳定、安全、环保，66%以上的产品不出园区门实现内部消耗利用。**江西永修云山经济开发区新材料（有机硅）产业示范基地**是国家级循环经济试点园区，其在有机硅形成产业链的基础上，努力发展循环经济，基地内主要企业均因产品、副产物和废物的相互利用结成紧密共生关系，将资源"吃干榨净"，如卡博特公司处理星火有机硅产生的主要副产物一甲基三氯硅烷，并将自身产生的副产物氯化氢提供给星火有机硅用于废盐酸提浓。

二是开放合作构建区域协同格局。当前我国的新材料产业发展面临材料支撑保障能力弱、产业链自主可控性较差等棘手问题。**上海金山工业园区新材料（先进基础材料、关键应用材料）产业示范基地**充分发挥地缘优势，通过促进示范基地间协同联动，持续提升产业链的安全性。基地与毗邻的上海化学工业区石化化工（有机化工）产业示范基地协同发展，承接"邻居"基地丰富的上游化学原材料，连通水、蒸汽、氢气、排污及环氧乙烷、乙烯等相关基础物料管网，相辅相成；上海化学工业区主要发展以烯烃和芳烃为原料的中下游石油化工装置以及精细化工深加工系列技术。同时，基地积极联动上海张江高科技园区生物医药产业示范基地建设张江金山园，发展节能环保新材料、新型显示材料等产业，打造绿色生态高地；与张江平湖园共建长三角科技城，实现上海与浙江的资源共享与优势互补，打造沪浙融合创新发展示范区。

三是专项招商提升补链强链成效。示范基地围绕重点产业的龙头企业或核心产品培育发展方向，定向招引上下游企业，增强产业链的综合竞争力。**吉林经济技术开发区新材料（碳纤维及差别化纤维）产业示范基地**以吉林化纤集团为龙头，借助独特的原丝生产优势，延伸产业链，并通过混合所有制、并购重组等方式扩大碳化生产，实现关联企业纵向配套、横向协作，推动碳纤维产业优势资源整合和集聚式发展，现已吸引三一重能、厦门鸿基伟业、上海甄贝尤、扬州利宏等知名企业在基地内合资合作开展碳纤维复合材料及制品项目；同时立足风电、光伏、氢能、体育休闲等市场，结合吉林省汽车、轨道客车、冰雪装备等主导产业发展趋势，持续加大碳纤维复合材料及制品项目的谋划包装与招商引资力度，着力吸引中国恒瑞公司等下游领域的头部企业进入高端配套体系。

三、消费品工业

以消费品工业为主导产业的示范基地共有 73 个，其中，东部地区 35 个，中部地区 12 个，西部地区 18 个，东北地区 8 个。2021 年，示范基地规模进一步扩大，综合实力进一步增强，消费品生产供给质量和水平持续提升，主导产业销售收入同比增长 17.6%；工业增加值增速达到 19%。同时，示范基地用最短时间建成了全球最大规模的新冠病毒疫苗生产线，不仅充分保障国内的接种需求，也为支援全球抗疫做出积极贡献。2021 年消费品工业示范基地细分行业分布情况如图 2-7 所示。

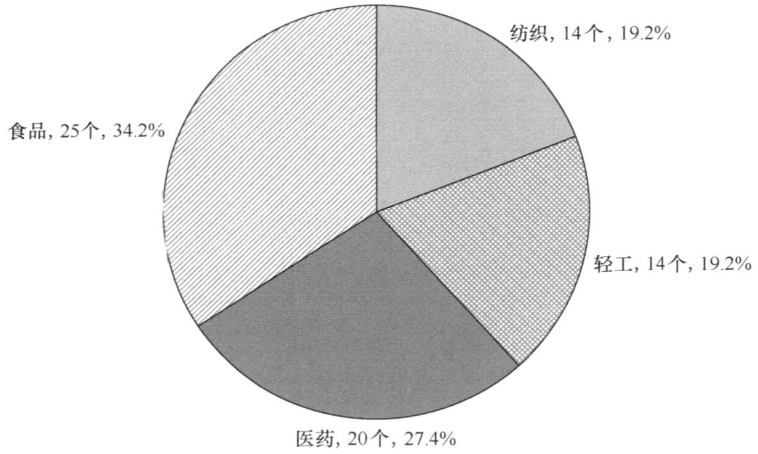

图2-7　2021年消费品工业示范基地细分行业分布情况

从发展质量水平来看，示范基地总体处于四星级水平，其中产业实力、质量效益、融合发展维度达到四星级水平，如图 2-8 所示。分领域看，轻工、纺织、医药、食品等领域的示范基地均处于四星级水平，其中轻工领域示范基地的发展水平最高。从星级分布来看，73 个示范基地中有 44 个处于四星级及以上水平，占比达到 60.3%，如图 2-9 所示。分经济带看，京津冀、长三角、成渝经济圈、“一带一路”核心区、粤港澳大湾区的示范基地均处于四星级及以上水平。

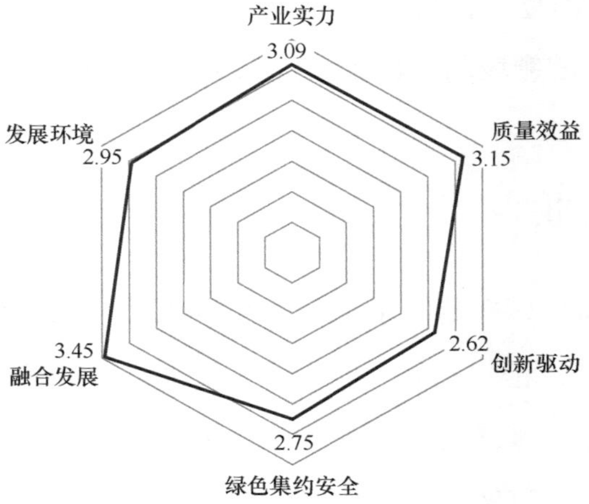

图2-8　2021年消费品工业示范基地的六大维度指数

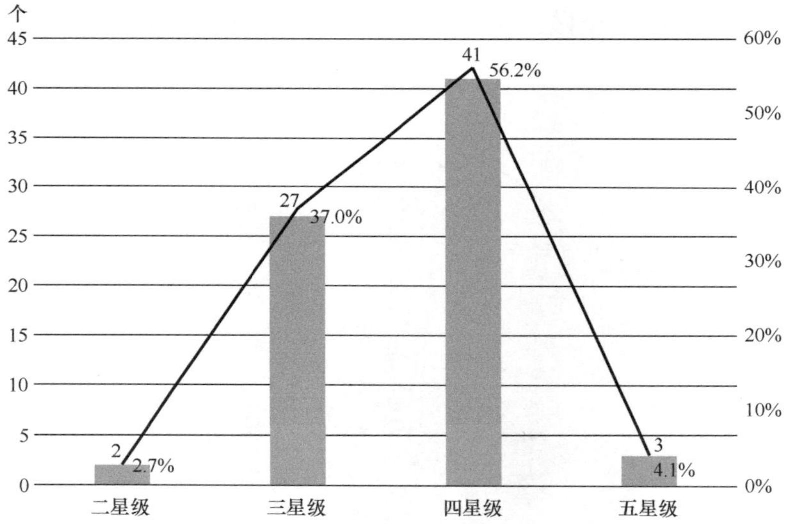

图2-9　2021年消费品工业示范基地星级分布情况

（一）医药

以医药为主导产业的示范基地共有 20 个，其中东部地区 12 个，中部地区 1 个，西部地区 5 个，东北地区 2 个。从发展质量评价结果来看，其产业实力、质量效益和融合发展 3 个维度已达到四星级水平。2021 年，示范基地面对持续扩大的国际、国内市场用药需求，叠加新技术新模式进行创新与变革，不断加快发展步伐，主导产业销售收入增速高达38.4%，主导产业总产值同比增长41.6%。

一是医药产业科创生态不断优化。示范基地着力构建与生物医药产业链相匹配的全生命周期公共服务体系，营造富有创新活力的产业生态氛围。**上海张江高科技园区生物医药产业示范基地**围绕生物医药全产业链共性需求，打造覆盖从新药探索、药物筛选、药理评估、临床研究、中试放大、注册认证到量产上市的完整产业链的专业技术服务平台近100个、开放式创新中心超过20个，为基地成功导入高质量项目超过60个，累计赋能企业超过200家。基地针对生物医药产业链不同环节的个性需求，充分发挥现有大科学装置、科研院校和临床机构等资源，为企业提供高端基础研发、源头创新和临床转化服务；与知名医疗机构建立合作机制，围绕互设联合工作站、建立联席办公制度、建立重大项目联合申报制度、组织开展学术交流、项目对接等方面，深入推进临床转化和转化医学的双向互动，加速实现创新成果的临床转化与应用。基地开展线下品牌活动——张江生命科学沙龙，加强与海内外园区、企业和行业组织的沟通交流，引入全球生命科学领域的前沿技术，为企业提供与前沿机构进行学术交流、技术对接的通道。

二是尖端企业和技术不断集聚。天津经济技术开发区生物医药产业示范基地的龙头企业为国内顶尖疫苗研发企业，研发了我国首支腺病毒载体新冠疫苗并成功上市。基地拥有国内规模最大的胰岛素生产基地和工业酶制剂生产基地，二者生产的产品的市场占有率均接近50%，其中某品牌胰岛素耐用注射器械供应全球70多个国家和地区。基地囊括了国内医药服务外包行业排名前三的3家企业，CRO（合同研究组织）、CDMO（合同研发生产组织）业务发展居于国内领先水平，海外业务占七成以上。**珠海高新区三灶科技工业园区医药产业示范基地**内企业生产的克林霉素连续6年市场占有率全国排名第一；“阿莫仙”“安必仙”“他唑仙”、克林霉素磷酸酯、阿奇霉素肠溶胶囊（微丸型）、厄贝沙坦胶囊等产品的市场份额在全国同类产品中排名均在前5位；糖尿病治疗药物胰岛素及类似物系列产品居国内市场领先地位；采血仪器及设备占据了国内80%以上的市场份额。

三是创新驱动力不断增强。江苏连云港经济技术开发区医药产业示范基地研发强度超过15%，远超全国平均水平，同时超出医药产业示范基地平均水平11.6

个百分点。基地拥有医药领域国家重大人才工程专家 18 人、高层次人才近 3000 人、享受国务院政府特殊津贴的医药行业人才 11 人，还培育了首位连云港本土的中国工程院院士。在创新驱动力的引领下，基地龙头企业跻身福布斯全球百家最具创新力公司，研发的创新药物在研数、新药证书获批数等重点指标保持国内领先，单品销售过亿元产品近 40 个，成功研发全球首个胃癌小分子靶向药阿帕替尼等明星产品，累计获得国家科技进步奖 9 项、中国专利金奖 5 项，承担国家级重大新药专项项目 147 个。

（二）纺织

以纺织为主导产业的示范基地共有 14 个，其中东部地区 10 个，中部地区 2 个，西部地区 1 个，东北地区 1 个。从发展质量评价结果来看，其产业实力、质量效益、绿色集约安全和融合发展 4 个维度已达到四星级水平。2021 年，国家各类保民生、促消费政策效果显现，加之国际市场对纺织品需求回暖、订单回流双重利好，示范基地的运行质效持续修复，生产增速稳中加固，工业增加值同比增长 8.1%；绿色低碳发展水平不断提高，单位工业增加值能耗和用水量持续下降，降幅分别达到 9.1%、4.0%。

一是品牌战略实施成效明显。福建泉州经济技术开发区纺织服装产业示范基地着力增强企业品牌培育和管理能力。基地内两家骨干企业参与编写质量信用档案；多家企业作为主要起草单位参与国家、行业标准制定；新增中国名牌产品 1 个、省著名商标 3 个，先后有 7 家纺织服装企业成功上市。九牧王全面推广其“全球销量领先的男裤专家”的全新品牌定位，“小黑裤传播推广”项目在第八届 ADMEN 国际大奖颁奖盛典上荣获“实战金案奖”；特步开创零售新业态——X-STREET（运动街区），集结旗下多个品牌，打造一站式潮流聚集空间。

二是绿色转型升级稳步推进。福建晋江经济开发区轻纺（鞋服纸制品）产业示范基地鼓励企业从产品制造工艺和产品功能设计两方面进行节能减排。在产品制造工艺上，使用环保材料，推行智能化制造方式和绿色集成制造生产方式，降低能耗和排放，如实施分布式光伏项目，实现污水集中处理率达 100%、工业“三废”排放达标率达100%、工业固体废物综合利用率达100%；在产品功能设计上，积极探索产品新结构，降低产品使用时的能耗、水耗。如恒安集团通过对可降解材料及PLM（产品生命周期管理）系统的使用，使产品节能30%以上；晋江市凤竹纺织6.00264MWp分布式光伏项目成功实现并网发电。

三是柔性生产模式成功构建。青岛即墨纺织服装产业示范基地内的龙头企业——即发集团注重借力智慧工厂新模式，助推企业转型升级。为适应多品种、小批量、短交期的国际市场新趋势，即发集团在信息化协同、智能化建设、柔性化生产方面进行了积极探索和实践，构建了基于B2B的涵盖棉纺、织布、染整、印花、成衣等环节的柔性生产、敏捷制造、批量生产、适合用户需求的智能体系，为批量定制生产模式提供了样本。即发集团不断加强以卓越绩效为核心的精细化管理，以信息化与工业化的深度融合为前提，积极探索并建立了基于信息化导向的卓越绩效管理模式，有效推动企业转型升级。

（三）轻工

以轻工为主导产业的示范基地共有14个，其中东部地区7个，中部地区5个，东北地区2个。从发展质量评价结果来看，其产业实力、质量效益、融合发展和发展环境4个维度已达到四星级水平。2021年，示范基地总体呈现恢复性增长态势，国内市场需求旺盛、对外出口额大幅提升，投资信心稳步恢复，轻工业销售收入同比增长10.2%；轻工业总产值同比增长10.1%；规模以上企业数比上年增加10.8%；规模以上工业企业利润总额同比增长36.0%。

一是绿色制造成果显著。浙江安吉家具及竹木制品产业示范基地深化国家级、省级绿色低碳园区建设，全面推进绿色工厂评价工作；实现规模以上企业星级绿色工厂全覆盖，拥有国家级绿色工厂4家（永艺股份、中源家居、大康控股、博泰家具）、工业产品绿色设计示范企业2家（永艺股份、恒林股份）；围绕绿色发展，立足椅业特色产业，开展传统产业质量提升行动，全年新增16家企业19款产品，获得全国绿色产品认证证书。**福建南安经济开发区五金制品（水暖厨卫）产业示范基地**内企业研发上市的马桶打破了传统智能马桶不能离电的限制，还可帮助人们实现无纸化如厕；打造“生态马桶”，回收人体尿液并将其过滤加工为冲洗马桶的液体，使用者仅用 0.1 升液体便可将马桶冲洗干净；推出虹吸节水坐便器、空气能花洒等畅销节水产品，通过应用双驱动超漩节水、涡轮双旋风冲水动力等技术，使节水量大大超过国际标准，在绿色智造领域具有国际竞争力。

二是智能制造建设加快。合肥经济技术开发区家电产业示范基地利用物联网、云计算、大数据、人工智能赋能，使传统家电向智能家居转型不断加快。合肥海尔已通过卡奥斯工业互联网赋能合肥五大互联工厂，实现行业引领技术 258 项；以智家云脑赋能智慧家庭，推出 4300 多个型号的智能产品，打造 U+智慧生活平台。2021 年，海尔洗衣机、海尔冰箱的国内市场占有率分别高达 46%、41.1%。长虹美菱实施智能化战略，发展“智汇家”智能家居互联平台，上市多款 CHIQ 智慧冰箱，持续推进产品智能化、高端化。**浙江安吉家具及竹木制品产业示范基地**突出数字赋能，深入推进绿色家居产业数字化智能化改造。以永艺股份为例，他们通过智能制造和数字化改造，相比原先物料损耗降低 30%以上，单位产出提升 25%以上，运营成本降低 40%以上，产品研发周期缩短 30%以上。

三是企业培育取得实效。浙江余姚家电产业示范基地以“资本+产业”为主线，以推进企业上市和并购重组为主要任务，基地内多家企业扎堆上市，上市企业数量增加到 16 家，新三板挂牌 6 家。在推动家电企业上市的基础上，基地梯队培育耀泰电器、佳音机电、大华电器、华远电子 4 家后备上市家电企业，推动上市企业高质量发展，形成以上市企业为龙头的产业集聚区，聚力做大资本市场“余姚板块”。**湖南醴陵经济开发区陶瓷制品产业示范基地**注重对区域品牌的保护，支持企业开展品牌经营和品牌输出，推动企业争创更多中国名牌产品、中国出口名牌等。基地拥有“醴陵釉下五彩瓷”“醴陵红瓷”等 4 个国家地理标志证明商标，“华联”“红官窑”等 11 个国家级商标或品牌，44 个省级著名商标或品牌，以及 16 个马德里国际注册商标；有“国大师”26 名、“省大师”159 名。

（四）食品

以食品为主导产业的示范基地共有 25 个，其中东部地区 6 个，中部地区 4 个，西部地区 12 个，东北地区 3 个。从发展质量评价结果来看，其质量效益和融合发展两个维度已达到四星级水平。2021年，示范基地的地方特色食品产业蓬勃发展，立足资源禀赋优势，持续做大做强优势产业，龙头企业持续发展壮大，主导产业销售收入的增长率达10.6%；规模以上工业企业利润总额同比增长16.5%。

一是“链上金融”助力中小企业发展。内蒙古呼和浩特食品（乳制品）产业示范基地涵盖乳制品加工全产业链，主导产业已向第一产业（农牧业）和第三产业（分销、物流）纵向深度延伸，大中小企业互利共生、融通发展，链主企业通过发展“链上金融”，帮助产业链相关企业解决融资难、贵、慢问题。如蒙牛通过供应链融资业务，为2000余家上下游合作伙伴累计放款超过200亿元。再如，伊利设立产业链金融中心，与金融机构合作研发针对专用饲料购买、集约型牧场建设等的特殊金融产品，推动上游产业现代化、产业化、集约化发展；设立融资担保公司，为产业链相关中小微、三农企业融资提供担保。

二是产业链协同助力区域带动效应倍增。青岛平度经济开发区食品产业示范基地依托龙头企业——青岛啤酒，吸引多家优质配套企业落户平度，直接拉动上下游实现产值46.1亿元、税收2.15亿元，增加就业1000多人，同时也推动龙头企业产能大幅提升至120万千升/年，主导产业相关产业链由单一的啤酒酿造拓展为原料生产、包装材料、物流仓储、商贸流通及时尚文旅、私人定制等多业态集聚，基本实现啤酒产业链各环节全覆盖。基地内企业天祥集团将当地的资源优势转变为经济优势，年加工转化花生、小麦、辣椒等农产品46余万吨，带动当地种植面积70万亩，农户超32万户。

三是质量品牌建设助力市场竞争力提升。黑龙江哈尔滨市食品产业示范基地深入实施质量提升行动，推动商标品牌建设，打造绿色有机农产品基地，获得认证绿色食品标识76个、有机食品标识66个，无公害农产品、绿色食品、有机农产品和农产品地理标志总数达170个，被评为“全国绿色食品原料（玉米）标准化生产基地”。基地拥有知名品牌标识55个、中华老字号2个，培育地方知名品牌30余个，“老村长”“龙江家园”等地方标识已成长为国内知名商标，“岗子峪”杂粮入选2017年“厦门金砖五国峰会”指定产品。基地形成了知名品牌集聚发展的良好态势，主导产业产值占地区工业产值的90%以上。

四、电子信息产业

以电子信息产业为主导产业的示范基地共有 52 个，其中，东部地区 32 个，中部地区 9 个，西部地区 9 个，东北部地区 2 个。在国际环境压力不断加大、行业转型主动性不断增强的关键阶段，我国的电子信息产业呈现出韧性强、创新推进快、转型升级稳的特点。2021 年，示范基地实现主导产业销售收入和利润总额分别同比增长 4.1%和 17.0%；研发人员数量和研发经费投入分别同比增长 11.6%和 11.0%。同时，示范基地坚持绿色发展，单位工业增加值能耗继续保持较低水平，同比下降 8.8%。

从发展质量水平来看，示范基地总体处于四星级水平，其中产业实力、质量效益、驱动创新、融合发展和发展环境维度达到四星级水平。从细分行业来看，电子信息、显示产业、终端设备、物联网、光伏等领域的示范基地均处于四星级水平。2021 年电子信息产业示范基地细分行业数量分布情况如图 2-10 所示。

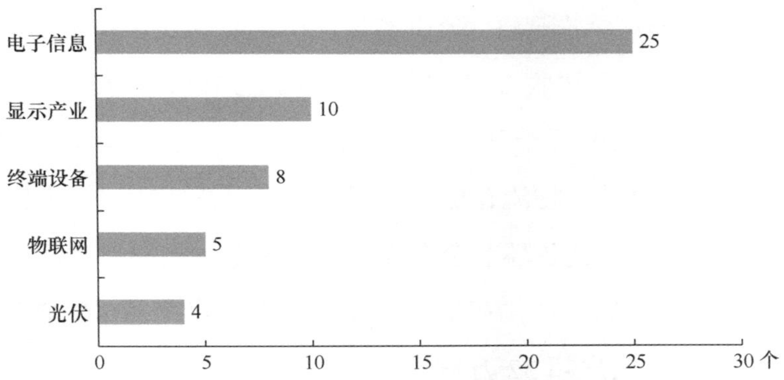

图2-10　2021年电子信息产业示范基地细分行业数量分布情况

（一）电子信息

以电子信息为主导产业的示范基地共有 25 个，分布于福建、广东、广西、河北、上海等 16 个省（区、市）。2021 年，示范基地主导产业总产值同比增长 9.1%；规模以上工业企业数同比增长 7.2%；研发经费投入同比增长 13.0%。从发展质量水平来看，示范基地总体达到四星级水平，在产业实力、质量效益、创新驱动、融合发展、发展环境 5 个方面均发展良好，处于四星级水平。从区域来看，电子信息产业在东部地区发展得最好。

一是产业集聚推动发展。成都高新技术产业开发区电子信息产业示范基地打造具有影响力的新经济技术策源地和产业集聚区，主要面向5G与人工智能、大数据与网络安全、网络视听与数字文创三大方向，聚集新经济企业11万家，新签约新经济重点项目35个，总投资超过230亿元，产业集聚推动电子信息领域发展。**苏州高新技术产业开发区电子信息产业示范基地**以计算机及网络设备产品集聚区、平板显示产品集聚区、新型电子元器件产品集聚区、软件和集成电路集聚区、太阳能光伏等产业集聚区为主，产业结构持续优化，推进生产过程和制造工艺智能化，并向定制化、服务化生产模式发展，提升产业集聚能力。

二是研发创新持续增强。深圳高新区深圳湾园区电子信息产业示范基地以电子信息技术领域为主导，集聚高等院校和高层次研发机构，创新资源比较独特，主要依托南山区技术人才充足、研发中心集聚的优势，持续加大国际企业创新中心、研发中心引进力度，增强应用技术研发实力，通过研发创新打造国际科技中心。**南京江宁经济开发区电子信息产业示范基地**致力于将电子信息产业打造成区内的主导产业，全年研发投入42.8亿元，占主营业务收入的4.6%，创新能力持续增强。基地加快推进网络通信与安全紫金山实验室、国家重大科技基础设施CENI、海外创新中心等项目，研发能力持续增强，助力行业发展。

三是人才培育促进发展。天津西青经济技术开发区电子信息产业示范基地发挥天津市半导体集成电路人才创新创业联盟的人才引育作用，积极推动科研院所、企业和区域高校联动，联盟已链接高校院所80家，聘请院士专家64位，联系领军企业1600家，汇集工程师3.5万名，已有330余个“揭榜挂帅”项目达成合作意向，攻克关键核心技术460余项，新落地项目近400个，总投资额300多亿元，以人才联盟建设为抓手，发挥合力作用，促进主导产业发展。**福建莆田高新技术产业开发区电子信息产业示范基地**在莆田实施“1+2+1”（建设1个综合众创空间、2个创业实践基地、1个电商创业园），通过平台引才，引导云度与吉林大学专家联合研发中心共建“博士后科研工作站”，通过与莆田学院共建装备制造产业学院、大学生校外实习和创新创业基地，建设院士工作站、企业技术中心、实验室等科技平台，助力产业创新发展。

（二）物联网

以物联网为主导产业的示范基地共有 5 个，分布于福建、江苏、江西、浙江和重庆。2021 年，示范基地工业增加值同比增长 13.5%，主导产业销售收入同比增长 14.0%，研发人数同比增长 11.3%。从发展质量水平来看，示范基地总体达到四星级水平，产业实力、质量效益、创新驱动、绿色集约安全、融合发展和发展环境维度均达到四星级水平。分区域看，物联网产业在东部地区发展得最好，总体处于四星级水平。

一是人才作为第一资源。杭州高新区（滨江）电子信息（物联网）产业示范基地坚定不移走“人才带技术、技术变项目、项目融资金、实现产业化”的路径，迭代升级“5050”计划，创新推出“5151”计划，全区人才总量超 43 万人，2021 年引进人才 36 927 人，其中硕博人才占比达 24.6%；引进专家 54 人；积极搭建干事创业平台，持续优化人才使用机制，拥有博士后科研工作站 65 个。

二是产融结合促创新。重庆南岸区电子信息（物联网）产业示范基地以创新驱动引领发展战略为契机，推进科技创新策源功能发展和科技成果转化，强化科技创新，为物联网产业高质量发展注入新动能，完善绿色科技创新投资平台，组建总规模达 60 亿元的广阳岛绿色发展基金、南山创新投资基金等，支持科技创新成果项目转化及科创企业项目孵化、引导、培育、上市。

三是推进创新载体建设。福州经济技术开发区电子信息（物联网）产业示范基地加快物联网开放实验室平台建设，建设了电磁兼容实验室、OTA 实验室、一致性实验室、安规实验室、可靠性实验室等，还与华为公司联合共建全国首个“5G 产业服务平台”，拥有自主可控可调的 5G 核心网及基站，能够为企业提供基于 5G 现网的测试验证环境，与企业共同搭建平台。

（三）显示产业

以显示产业为主导产业的示范基地共有 10 个，分布于安徽、北京、福建、广东、湖北、江苏、四川 7 个省（市）。2021 年，示范基地主导产业总产值同比增长 10.0%，主导产业销售收入同比增长 8.5%，上市及挂牌企业数同比增长 5.0%，研发经费投入同比增长10.4%。从发展质量水平来看，示范基地总体达到四星级水平，产业实力、质量效益、创新驱动、融合发展4个维度均达到四星级水平。分区域看，示范基地在东部地区发展得最好，总体处于四星级水平。

一是技术创新能力不断提升。武汉东湖新技术开发区电子信息（光电子）产业示范基地实现了一批“卡脖子”关键核心技术突破，2021年生产了国内首颗三维相变存储器测试芯片、1.6Tbit/s硅基光收发芯片、国内首款百万像素级双色双波段红外探测器，同时基地内的国家信息光电子创新中心与产业链关键企业合作，聚集国内优质的研发资源，建立了9家联合实验室，共同提升我国在光电子领域的研发能力和技术水平。**合肥新站区电子信息（新型平板显示）产业示范基地**积极推进产业结构调整，不断强化玻璃基板、掩模版、偏光片、光学薄膜等领域的技术优势地位，重点发展光刻胶、高性能PI、高纯度靶材、Ink、有机发光材料、高精度光罩等相关技术；加快推进北京航空航天大学合肥创新研究院、中法（合肥）科技创新中心等平台建设，支持产业龙头申建产业创新中心和制造业创新中心，助力基地内重点企业创新发展。

二是人才培养措施不断完善。北京经济技术开发区数字电视产业园电子信息（平板显示）产业示范基地重点引进创新性研发设计人才、开拓型经营管理人才、高级技能人才等专业人才来京发展，在落户、住房、配偶安置、子女入学等方面给予政策支持，同时制订人才培养计划，建立高等院校、高级技工学院等与企业合作机制，多项人才培养措施助力基地发展。**厦门火炬高技术产业开发区电子信息（光电显示）产业示范基地**完善高层次人才政策，在全市率先上线人才政策智能匹配系统，并联合高校院所搭建“百城千校万人”（火炬高新区专场）云端招聘平台，启动“炬火种•燃新薪”2021首届高校专业新星挑战大赛，与南开大学、合肥工业大学、中南大学共建就业实习实践基地，共同培养适合电子信息领域的技术人才。

三是产业链生态不断壮大。江苏昆山经济技术开发区电子信息（光电显示）产业示范基地聚焦平板显示产业，以高新技术为导向，是国内唯一按照光电产业链布局进行规划、建设和发展的光电产业园区，已形成“设备—原材料—面板—模组—整机”的完整产业链，着力提升光电显示产业的高端竞争力和自主可控力，不断完善产业链。**福建福清融侨经济技术开发区电子信息（显示器）产业示范基地**深入推进园区标准化建设，围绕电子信息、汽车部件、光学器件三大产业，实行产业链“链长制”，持续补链延链强链，不断培育壮大产业集聚区。

五、软件和信息服务业

以软件和信息服务业为主导产业的示范基地共有 18 个，其中，东部地区 13 个，中部地区 2 个，西部地区 2 个，东北地区 1 个。2021 年，软件和信息服务业示范基地的产业实力不断增强，主导产业总产值同比增长 47.8%，主导产业销售收入同比增长 23.0%，利润总额同比增长 33.6%。示范基地将提升创新能力作为主要发展方向，规模以上企业的有效发明专利数同比增长 46.3%，研发投入同比增长 23.9%，主导产业国家级研发机构数量同比增长 2.8%。

从发展质量水平来看，软件和信息服务业示范基地总体达到四星级水平，产业实力、质量效益、创新驱动、融合发展、发展环境 5 个维度均达到四星级水平，如图 2-11 所示。

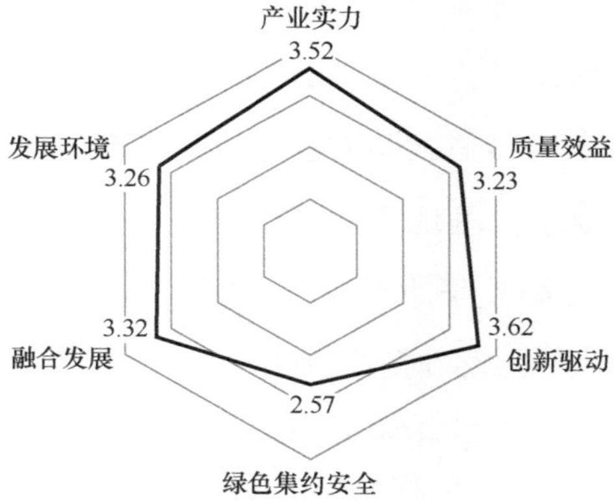

图2-11　2021年软件和信息服务业示范基地的六大维度指数

从星级分布来看，处于四星级及以上水平的示范基地所占比重达 83%。从地区来看，东部、中部、东北地区的示范基地均达到四星级水平，其中东部地区的示范基地发展得最好。从经济带来看，珠三角、粤港澳大湾区、京津冀的示范基地的平均发展质量水平最高。

一是不断搭建产学研协同平台。合肥高新技术产业开发区软件和信息服务（智能语音）产业示范基地与中国科学技术大学、清华大学、北京大学等 21 家高校院所共建 26 个协同创新平台，组建联合实验室或技术中心近百个，引进创新团队超百个，实施名校名所名企合作战略，构建长效政产学研合作体系，共同提升示范基地在软件和信息服务领域的能力水平。**齐鲁软件园软件和信息服务产业示范基地**与山东大学共建国家示范性软件学院齐鲁软件学院、微电子学院，并与山东大学微电子学院合力打造“集成电路产学研融合协同育人设计实践平台”，推动骨干企业技术专家与高校开设特色领域的专业化课程和进行技术研讨，从而形成校、企、园合作模式，打造人才培养体系。

二是不断完善人才引进策略。北京中关村科技园区海淀园软件和信息服务产业示范基地持续实施“海英计划”升级版，将支持范围拓展至产品经理、技术经纪人、财务人员、法务人员等科技服务人才，支持 11 家单位新设立园区博士后工作站分站，博士后进站 99 名、出站 61 名，十余名博士后获得国家、北京市各类资助项目支持。**西安高新区软件园软件和信息服务产业示范基地**组织了社会招聘、高层次人才引入、网络招聘、反转招聘、外地招聘等人才引进活动，为企业引进高端人才拓展渠道、搭建桥梁；联手知名机构和企业举办主题培训 40 场次，参与企业代表累计超过 3000 人；与西安交通大学等 8 所院校和西安大学生青年职业发展促进联盟合作，对接各方资源，赋能产业发展。

三是不断搭建产业创新平台。厦门软件园软件和信息服务产业示范基地搭建多个产业协作平台，定期开展技术论坛、合作沙龙、人才培训等各类交流活动，并围绕基地重点发展产业，鼓励企业实施技术标准、专利品牌战略，推动基地人工智能、半导体等有共性需求的技术服务平台为企业发展提质增效。**天津滨海高新区软件园软件和信息服务产业示范基地**积极推进国家先进计算产业创新中心、国家应用示范天津基地等重大创新平台建设，支撑和培育区域信创企业发展；成立信创海河实验室和先进操作系统创新中心，完善信创产业（人才）联盟建设。

六、新兴领域产业

新兴领域产业示范基地涉及大数据、数据中心、工业互联网等领域，其中大数据产业示范基地 12 个，数据中心产业示范基地 11 个，工业互联网产业示范基地 8 个，如图 2-12 所示。2021 年，新兴领域产业示范基地的主导产业实力不断增强，主导产业销售收入同比增长 13.0%。为加速推进产业数字化转型、促进经济总量大幅提升，大数据、数据中心、工业互联网等产业示范基地着力构建以数据为核心的新型工业体系。

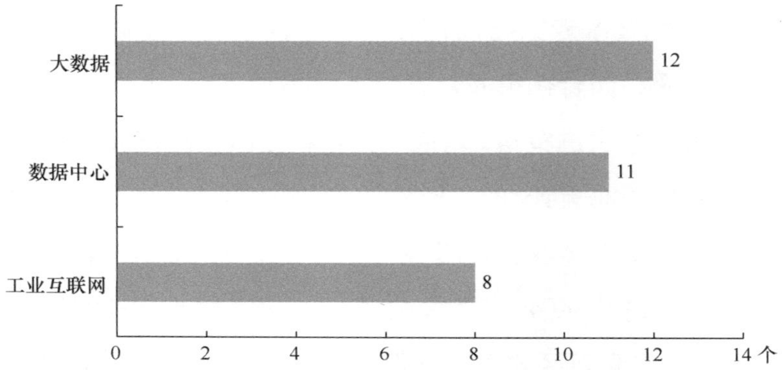

图2-12　2021年新兴领域产业示范基地各行业数量分布情况

从发展质量水平来看，大数据、工业互联网产业示范基地总体达到四星级水平；数据中心产业示范基地总体达到三星级水平，其中 4 个达到四星级水平。

一是前沿技术推动资源对接，促进大数据产业数智化发展。济南高新技术产业开发区大数据产业示范基地集聚产业链供应链企业，主动融入全市前沿产业布局，引进未来导航项目，运营天地一体化星座系统，打造关键单机器件生产基地，推动产业链快速建强。**贵阳高新技术产业开发区大数据产业示范基地**以航天智慧农业、电子商务云等领域的重点企业为依托，进一步加快推进农产品生产数字化建设、农产品电商平台建设，努力在深化农业产销智慧对接方面实现重大突破，推动产业数智化发展。

二是能源结构优化调整，发展绿色低碳数据中心。上海外高桥自贸区数据中心产业示范基地的万国数据上海四号数据中心通过持续优化完善能源结构、全生命周期绿色低碳设计、AI 赋能运维管理，以及对锂电池储能电站、太阳能发电系统等先进技术的积极实践，不断提升自身能效水平，同时结合水电直购方式，使绿电比例达到 95%，在 IT 负载增长 30%的基础上，实现二氧化碳排放量同比下降超过 10%，综合利用能源促进低碳减排。

三是推动工业互联网加快发展，支撑工业企业数字化转型。辽宁沈阳中德装备园、和平区、沈北新区工业互联网产业示范基地加快推进工业互联网与装备制造业的深度融合，依托清华紫光、SAP 等实施智能化改造项目 59 个，“上云”企业突破 200 家，重点企业的数字化研发设计工具普及率达到 77%。**湖北武汉工业互联网产业示范基地**深化数智赋能，打造四级未来工厂体系，基本实现规模以上工业企业智能化诊断全覆盖，改造 765 条数字化产线，建成智能工厂 82 家，全市两化融合贯标企业超过 400 家，建设工业互联网平台 10 个。

七、其他领域产业

其他领域产业示范基地共有 15 个，涉及资源综合利用、产业转移合作、工业设计、工业物流等行业。2021 年其他领域产业示范基地的各行业数量分布情况如图 2-13 所示。

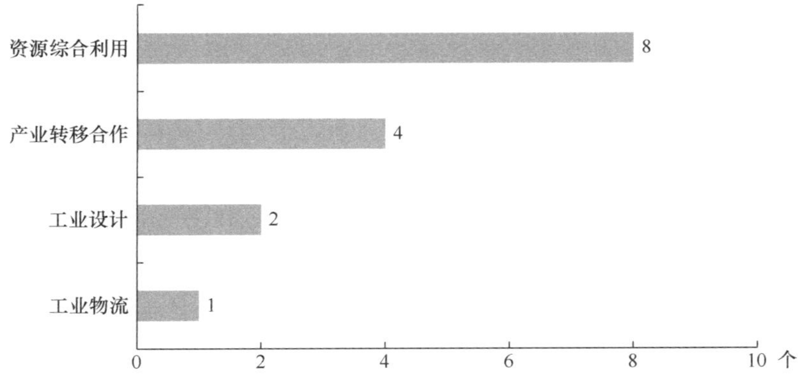

图2-13　2021年其他领域产业示范基地的各行业数量分布情况

从发展质量水平来看，工业设计产业示范基地总体达到四星级水平，产业转移合作、工业物流、资源综合利用产业示范基地总体达到三星级水平，其中 5 个达到四星级水平。从维度来看，其他领域产业示范基地的产业实力、质量效益、创新驱动、绿色集约安全、融合发展、发展环境维度均处于三星级水平，六大维度指数较上年有所下降。

一是多平台产业转移合作模式，激发区域发展潜力。中新天津生态城产业转移合作产业示范基地依托中新、京津合作平台，带动生态城市、智慧城市发展建设，持续导流新产业、新业态、新动能，发挥中新联合协调理事会的作用，聚焦花园城市、智慧城市、中小城市可持续发展等课题，联合多方展开战略研究、标准研制，智慧城市建设的国际影响力持续提升；与文化和旅游部、朝阳国家文化产业创新实验区、中关村等地开展对接合作，提升动漫园、科技园等产业园区的承载能力，围绕“数据汇津”打造“一中心两院”，持续推动清华系、国网系等创新主体本地产业化，以多平台合作模式促进区域有效发展。

二是工业设计示范基地应用场景不断拓展。广东佛山顺德区工业设计产业示范基地在“设计+数字”领域，在与中国电信、华为、快手、佛山电台新媒体中心以及天猫、淘宝达成海外合作的基础上，持续引进数字化平台，探索工业设计与数字化结合的内容及形式；在“设计+教育”领域，整合创意资源，孵化新型文旅产品，打造集思维拓展、项目实训、文化体验于一体，具备顺德特色的工业设计研学基地。

三是工业物流对外开放合作程度持续提升。长沙金霞经济开发区工业物流产业示范基地加快建设陆港型国家物流枢纽，实现长沙新港三期铁路专用线项目通车运行，中南国际陆港集装箱拼箱中心一期项目投入试运营，积极申报长沙国际铁路港一类口岸和中欧班列集结中心长沙示范工程；紧密联动湖南自贸试验区，建设金霞跨境孵化中心，搭建跨境综合服务平台，助力省内生产制造企业“出海”销售；引进一批成长性好、综合服务能力强的外贸供应链企业和外向度高、带动性强的生产加工型企业，其中，新引进跨境电商企业 35 家，新增进出口额在 3000 万美元以上的跨境电商企业 6 家，不断提升开放型经济质效。

四是资源综合利用示范基地助推绿色产业发展。安徽阜阳界首高新技术产业开发区资源循环利用产业示范基地依托产业资源优势，大力发展先进环保装备制造、绿色服务业等增量绿色产业，已涌现出高端轻量化铝基复合材料、高强度纳米改性大型管材、启停电池、高端铅酸电池等一批高新技术产品。示范基地围绕绿色产业集聚发展，打造资源循环利用产业集聚区，成立上海、深圳离岸科创中心，组织双招双引工作专班，聚焦绿色产业，重点在长三角、珠三角地区招引项目，2021 年共招引亿元以上绿色产业项目 13 个，总投资 40 亿元，重点支持绿色产业项目落地发展，加快实现园区低碳发展。

03

区域发展篇

截至 2022 年底，工业和信息化部已公布的 442 个示范基地中，东部地区 193 个、中部地区 90 个、西部地区 121 个、东北地区 38 个，覆盖了全国 31 个省（自治区、直辖市）和新疆生产建设兵团。各区域的示范基地培育建设工作有序推进，示范带动作用显著增强，2021 年，东、中、西、东北地区的工业增加值分别同比增长 20.6%、11.8%、14.2%、7.7%，对于地方乃至全国实现经济高质量发展发挥了重要作用。

一、东部地区

东部地区共有 193 个示范基地，占全国示范基地总数的 43.7%，主要覆盖了装备制造工业（59 个）、消费品工业（35 个）、电子信息产业（32 个）、原材料工业（24 个）、软件和信息服务业（13 个）、高技术转化应用（11 个）、数据中心（6 个）、工业互联网（5 个）、大数据（4 个）、产业转移合作（1 个）等重点领域，以及资源综合利用、工业设计等其他领域（3 个）。

（一）北京市

1. 总体发展情况

在新冠疫情反复、全球经济增长放缓、经济承压前行的大背景下，北京市面对复杂、严峻的外部环境，坚持新发展理念，推动示范基地平稳发展。北京市现有示范基地 9 个。

2. 典型经验做法

优化产业布局。北京市坚持把产业定位和空间布局作为产业规划的核心，面向前沿科技，进一步优化北京市产业布局。2021 年，发布《北京市“十四五”时期高精尖产业发展规划》，构建“2441”高精尖产业体系，促进高精尖产业迈向创新发展、提质增效的新阶段：积极培育形成两个国际引领支柱产业（新一代信息技术和医药健康）、4 个有特色优势的“北京智造”产业（集成电路、智能网联汽车、智能制造与装备、绿色能源与节能环保）、4 个创新链接的“北京服务”产业（区块链与先进计算、科技服务业、智慧城市产业、信息内容消费）以及一批未来前沿产业。产业空间布局强调“产业向园区集中”，各示范基地结合各区规划，进一步明确细分领域，如《北京工业互联网发展行动计划（2021—2023年）》围绕顺义区、海淀区、朝阳区、石景山区工业互联网产业示范基地，对工业互联网发展提出了多项目标：突破一批工业软件关键核心技术，形成一批在重点行业基本可用的国产研发设计类工业软件，打造一批市场化服务能力突出的高端工业软件产品，培育一个具有国际影响力的工业软件开源社区；形成10个以上面向重点行业的国内一流工业互联网平台，培育50个以上具有全国影响力的系统解决方案供应商；形成50款以上工业互联网安全关键技术产品，培育50家具有核心竞争力的网络安全企业；推动京津冀工业互联网协同发展，建设高水平产业集聚区，形成龙头企业带动、合作共赢的产业生态。如北京中关村科技园区海淀园软件和信息服务产业示范基地重点加强基础前沿布局。围绕新一代信息技术发展，建立产业重点园区清单，对增量产业空间按照“先定产业，后供空间”的原则实现精准供地，从环保、安全、效益等方面对入园项目进行评估，提升园区的专业服务水平，引导高精尖企业入驻，增强企业黏性。

夯实基础建设。鼓励示范基地夯实基础设施建设，着力提升示范基地的综合承载能力，助推园区高质量发展。如北京房山区石化化工（炼化、合成材料、电子化学品）产业示范基地启动基地控制性详细规划工作，完成基地供热、有线电视及通信等方面的规划，完善基地及周边道路交通专项规划。北京经济技术开发区数字电视产业园电子信息（平板显示）产业示范基地配套建设工业标准厂房、污水处理厂、变电站、供热厂、倒班宿舍等设施，引入越海、万达两家国内优秀的综合物流服务商，为入驻企业提供全方位的服务保障。

提升服务能力。完善中小企业服务平台网络体系建设，为企业提供高品质服务，助力示范基地发展趋于安全化、效益化。如北京经济技术开发区数字电视产业园电子信息（平板显示）产业示范基地为企业提供具有多种服务功能、可满足企业多种服务需求的综合性公共服务平台，在助力企业提升产业层次和竞争力方面发挥了巨大作用；北京雁栖经济开发区食品产业示范基地重视创新创业服务，创新小镇已引入中关村信息谷、海创产业技术研究院等4个创新创业服务平台，在激活创新资源、促进创新成果转化和推动企业等创新主体发展的过程中发挥了载体作用；北京中关村科技园区丰台园装备制造（轨道交通装备）产业示范基地成立了产业发展服务平台，以产业服务、项目导入和政策研究为主要方向，推动轨道交通产业在丰台区集聚。

创新招商模式。创新招商方式，精准对接，扎实推进招商引资工作。如北京顺义区汽车产业示范基地在产业媒介和直播平台上发布招商推介视频，探索“互联网+精准招商”新模式，打破时间和空间的限制，将发展优势、投资环境、资源禀赋、扶持政策等宣传到位；北京顺义区、海淀区、朝阳区、石景山区工业互联网产业示范基地按照《京津冀工业互联网协同发展示范区建设方案（2021—2023 年）》的工作部署，2020 年、2021 年连续两年在全球数字经济大会期间举办京津冀工业互联网协同发展论坛，指导京津冀工业互联网协同发展工作组秘书处，组织三地企业开展京津冀工业互联网协同发展企业深度行北京站、天津站、河北站活动，高水平举办全球数字经济大会工业互联网创新发展论坛、服贸会工业互联网高峰论坛、中关村论坛工业互联网论坛、工业互联网大会、工业互联网标识解析系列联盟标准宣贯会、北京工业 App 和信息消费创新大赛等活动，示范基地通过系列活动积极“撮合”供需双方精准对接，推动工业互联网协同发展进程。

强化资金引导。完善资金支持体系，充分发挥资金引导作用，以产业基金推动示范基地发展。如北京中关村科技园区丰台园装备制造（轨道交通装备）产业示范基地设立两支产业基金，总规模分别高达 100 亿元、1000 万元。基金主要围绕轨道交通智能运营、智能感知、智能检测等关键技术，支持高校院所团队进行研发攻关；北京雁栖经济开发区食品产业示范基地通过政银平台，帮助 100 余家企业融资约 13 亿元。北京顺义区、海淀区、朝阳区、石景山区工业互联网产业示范基地购买京津冀工业云服务并免费提供给北京市中小企业，发挥中小企业发展专项资金的引导作用，借助“服务券”形式引导中小企业“上云上平台”。

3. 发展亮点及成效

加强主导产业集聚，促高质量发展。示范基地持续加强主导产业集聚，提升产业链供应链的韧性，促进上下游协同高质量发展。北京大兴区生物医药产业示范基地已形成以研发试验为主导板块，生物制药、现代中药、创新化药、医疗器械为主体板块，大健康、动物药为拓展板块的“1+4+2”产业格局，2021 年新注册企业647家，其中规模在1000万元以上的企业134家，包括沃森生物、华诺奥美等；新储备项目175个。北京顺义区汽车产业示范基地聚集了以理想汽车、北汽集团、北汽研究院、长城华冠等为代表的整车制造、新能源汽车研发龙头企业，以及以图森未来、北京现代摩比斯、延锋座椅为代表的智能网联汽车及汽车零部件企业，初步形成了智能汽车研发、整车制造、充电桩生产、关键零部件生产等核心技术产业链条，以纯电驱动和智能协同为发展方向，打造了集研发设计、智能制造、汽车金融、检验检测、创新应用、展示体验六大生态功能于一体的智能新能源汽车生态产业示范基地。

提升自主创新能力，实现技术突破。示范基地提升自主创新能力，大力推进产研合作，攻克产业发展的关键核心技术难关。北京雁栖经济开发区食品产业示范基地深入落实怀柔科学城科技创新专项工作，支持中国科学院、北京大学、清华大学等高校及科研院所研发成果落地实施。北京经济技术开发区数字电视产业园电子信息（平板显示）产业示范基地在显示领域加强自主技术研发，实现创新突破。其龙头企业京东方，是中国境内目前唯一完整掌握TFT-LCD核心工艺和产品技术自主知识产权的企业。北京顺义区汽车产业示范基地的北京汽车魔核动力1.5T发动机获第十六届“中国心”十佳发动机奖，发动机搭载VGT增压器技术，力争同级别NVH性能“天花板”。北京中关村科技园区海淀园软件和信息服务产业示范基地的微芯研究院发布长安链2.2.1版本，实现抗量子加密算法、可治理流水线共识等核心技术突破；自主研发的低功耗边缘计算芯片，具有超高集成度、超低功耗和低成本等特点，处于国内领先水平。

（二）天津市

1. 总体发展情况

天津市坚持制造业立市战略，以示范基地建设为抓手，聚焦新一代信息技术、汽车、航空航天等优势产业，将产业链高质量发展与培育优势特色产业集聚区紧密结合、统筹推进。天津市现有示范基地12个。

2. 典型经验做法

促进产业协同发展。示范基地加速聚集产业链重点企业和高端项目，积极整合上下游资源，大力推动产业链高质量发展。如天津经济技术开发区汽车产业示范基地以一汽丰田、长城汽车、一汽大众等5家整车企业为龙头，聚集了大众汽车自动变速器、富士通天、电装电子等200余家核心零部件企业，形成了汽车整车制造、关键零部件生产以及出行、金融等相关服务业融合发展的完整链条，增强了产业链的竞争力，同时也促进了整个产业链的规范化和可持续发展。天津空港工业园区航空产业示范基地以空客、中航直升机等龙头企业为核心，引进了庞巴迪、海特飞机维修、中航锦江航空维修、宜捷海特等配套企业，在关键部件、零部件、复合材料制造领域聚集了西飞、古德里奇、索纳卡、PPG等核心企业，形成了飞机总装、维修、部附件组装、零部件制造、租赁、物流、销售、培训和服务等全产业链，从而推动整个产业链的发展和繁荣。

优化区域产业布局。示范基地落实天津市工业布局规划，划定重点发展区、优化提升区和减量调整区3类政策管控分区，实施差别化发展政策，保障示范基地的可持续发展空间。出台《天津市工业布局规划（2022—2035年）》，提出构建开放协同的市域产业空间格局，坚持生态优先、产业集聚、资源节约、产城融合、区域协同的原则，形成“两带集聚、双城优化、智谷升级、组团联动”的市域产业空间结构。致力于优化双城产业结构，加快产城融合步伐，推进要素向园区集中、企业向园区集聚、产业向园区集聚，依托示范基地，培育一批主题特色园区，为新兴产业发展提供载体支撑，促进区域产业布局优化，提升重点产业的国际竞争力。

落实创新驱动发展。示范基地通过加强技术研发和创新体系建设，不断提高企业的自主创新能力，加快创新成果转化。天津滨海高新区华苑产业区新能源（储能电池）产业示范基地创建各类研发中心23个，创新服务能力持续提升。天津经济技术开发区生物医药产业示范基地重点突破一批关键领域核心技术，康希诺重组新型冠状病毒疫苗、脑膜炎球菌多糖结合疫苗获批上市；东方华康医药获批国内首款专治过敏性鼻炎的中药新药；昂赛细胞获批国际首个注射用间充质干细胞（脐带）治疗慢加急性（亚急性）肝衰竭临床试验申请；赛诺医疗获批国内首款愈合导向“颅内药物洗脱支架”，基地不断实现创新驱动发展，推动生物医药产业的快速进步和升级。

加快新兴产业融合。天津市重点依托开发区和西青区电子信息、高新区软件和储能电池等领域的示范基地，大力发展新一代信息技术、高端装备、新能源、新材料等战略性新兴产业，立足各区主导产业，培育具有核心竞争力的企业，形成优质企业梯度培育体系和带动能力突出、竞争优势明显的战略性新兴产业集聚区。如滨海高新区软件园充分发挥软件和信息服务产业示范基地的优势，集聚了以中科曙光、飞腾、麒麟、360、紫光云、南大通用等为代表的重点企业1064家，形成了“CPU+操作系统+数据库+服务器”的国产化产品链条，编制了《“中国信创谷”发展规划（2021—2025年）》《“中国信创谷”建设三年行动计划》，加快打造“中国信创谷”。

3. 发展亮点及成效

新兴动能培育不断壮大。示范基地大力引育新动能，新产业、新产品发展成效显著。如天津经济技术开发区电子信息产业示范基地扎实推进科技招商，新增高新技术企业171家，总量达890家。“天河”E级计算机关键技术验证系统在图计算领域排名世界第一，形成天津版“国之重器”。中新天津生态城产业转移合作产业示范基地积极配合北京非首都核心功能疏解，吸引来自北京的新增企业580家，承接中核工业大学、中电智慧科技产业园、北方大数据交易中心等重点项目；与文化和旅游部、国家文化产业创新实验区等开展对接合作，持续提升生态城动漫园、科技园等园区的承载能力。

公共服务支撑能力不断增强。示范基地积极搭建产业创新合作、产融结合、产业集聚的园区公共服务平台，平台总数高达185个，平台已成为促进园区发展、加快产业转型升级的重要载体。如天津子牙循环经济产业区资源综合利用产业示范基地的创新再生资源回收体系，融入“互联网+”技术，基地鼓励企业自建再生资源回收体系，逐步形成覆盖京津冀城市群的废旧商品回收体系，具备517万吨/年的再生资源加工处理能力，建立了格林美“回收哥”和“百度回收站”等废旧商品回收互联网平台。

（三）河北省

1. 总体发展情况

面对复杂多变的外部环境、新冠疫情的反复冲击，河北省坚持把推进示范基地建设作为调整产业结构、促进转型升级的重要载体抓紧抓实。河北省现有示范基地 24 个。

2. 典型经验做法

抓政策规划引导。按照示范基地建设的新内涵和新要求，河北省先后研究制定了《河北省战略性新兴产业发展“十四五”规划》《河北省制造业高质量发展“十四五”规划》以及钢铁、装备、石化、食品 4 个产业高质量发展若干措施等一系列推进制造业高质量发展的政策性意见，指导各示范基地重点围绕优化产业布局，明确园区产业功能定位，促进错位发展，加快产业集聚集约，提升示范基地的整体实力和竞争力。

抓创新驱动发展。开展研发机构提档升级行动，培育企业研发机构 1612 家，为示范基地的发展提供坚实的技术支撑。建立并完善“工业医院”“工业诊所”“工业大夫”三级诊疗体系，新增省级工业诊所 38 家，开展诊断服务活动 50 场，服务工业企业近 2 万家。建设“百校千企”产学研网上管理平台，发布科研成果 588 项，培育省级工业设计中心 38 个，持续实施产业基础再造工程，支持对提升重点产业链基础能力有重要推动作用的重点项目建设，推动工业基础产品、关键核心技术产品的工程化、产业化制约环节突破，4 个项目获国家资金支持。

抓重大项目建设。坚持以示范基地为依托，以发展先进制造业和战略性新兴产业为重点，开展重点项目提质提效行动，围绕新项目、大项目开展观摩拉练，新开工工业项目数增长 20%、规模在亿元以上的工业项目数增长 21.4%。谋划和引进一批补链、延链、强链的产业项目，引进华为云数据中心、九天微星卫星研发制造基地等一批重大产业项目。实施“千项技改”“百项示范”工程，抓紧抓实工业项目库。开展精准对接服务，支持项目加快建设，推动产业链向中高端迈进。

抓市场主体培育。实施“领跑者”企业培育行动，制定发布实施方案，培育首批 137 家“领跑者”企业。举办区域品牌培育活动，开展头部企业金融大走访，邢台清河羊绒小镇获评“国家纺织服装创意设计示范园区”。出台支持专精特新中小企业发展和企业上市“蝶变计划”、专利“护航”行动等政策措施。组织金融机构开展银企对接活动，积极推荐基地内的优秀中小企业和优质项目。

3. 发展亮点及成效

创新发展势头强劲，创新能力持续提升。坚持创新驱动发展，把创新摆在示范基地建设的核心位置。2021 年，示范基地研发经费投入同比增长 26%，研发人员占从业人数的比例达 11.4%，平均每个示范基地有近 4 家国家级研发机构，规模以上企业有效发明专利数同比增长 14%。第三代半导体材料碳化硅外延片、高导热陶瓷薄膜基板、大型柔性叶片气动弹性设计、特高压高能效输变电装备用超低损耗取向硅钢开发、基于高速湍流及协同提拉控制的多元掺杂单晶硅制备等一批核心产品及技术实现创新突破和产业转化。全省示范基地各种创新要素活跃，已成为全省制造业创新发展的“先锋队”。

产业集聚能力增强，示范引领效应显著。坚持示范引领作用，持续提升示范基地的产业竞争力和影响力。河北保定高新技术产业开发区装备制造（能源装备）产业示范基地紧紧围绕新能源产业领域，集聚了 365 家相关企业，带动形成光电、风电、输变电三大优势产业链条。河北邢台经济开发区电子信息（太阳能光伏）产业示范基地累计引进了晶龙电子、晶澳太阳能、吉杰太阳能、国鑫新能源、纳科诺尔等 60 余家新能源企业，新能源产业的集聚发展程度明显提升。石家庄高新技术产业开发区医药产业示范基地聚焦生物医药产业，着力补链、延链、强链，加速生物制药、医疗器械、大健康产业布局。

融合发展有序推进，生产效率显著提升。坚持产业融合发展，大力推进新一代信息技术与制造业深度融合。2021 年，示范基地的两化融合贯标企业数同比增长 26.7%。河北承德县高新技术产业开发区大数据产业示范基地大力推进大数据与当地产业体系深度融合，83 家企业完成了车间数字化改造与联网升级、核心智能制造装备改造升级与创新应用、智能物流与仓储系统建设。河北秦皇岛经济技术开发区装备制造产业示范基地成立了数据产业基地，山船重工、中信戴卡等一批重点企业在产品研发、制造及销售等环节广泛应用 ERP 系统，以及 CAD、CAM、CIMS 等计算机辅助技术，企业的管理水平、技术创新能力和经济效益全面提升。

（四）上海市

1. 总体发展情况

上海市稳中求进推动全市示范基地高质量建设，示范基地在经济下行和新冠疫情影响的双重挑战之下，仍然起到了良好的科技引领、产业示范、资源增效作用。上海市现有示范基地 20 个。

2. 典型经验做法

大力推动集聚集约发展。上海市示范基地围绕主导产业，通过重大项目招引、特色活动举办、营商环境优化等措施着力提升产业集聚度、显示度和贡献度；同时，严格制定产业项目准入标准，通过增量项目带动、存量土地盘活，促进生产要素集约高效利用，提高投入产出效益和产业发展质量水平。2021 年，上海市示范基地的单位土地产值为 71.7 亿元/平方公里，土地利用强度和投入产出效益大幅提升。

不断促进创新协同发展。2021 年，上海市示范基地的研发投入总额比上年增加 205 亿元，工业研发投入总额占销售收入的比重为 4%。其中，上海张江高科技园区生物医药产业示范基地的研发投入金额最高，达 661 亿元，上海市航空产业、上海浦东软件园软件和信息服务两个产业示范基地的研发投入金额占销售收入的比重均在 10%以上，上海静安区大数据产业示范基地等 5 个基地的研发投入金额占销售收入的比重均超过 5%。

加速推进数字化转型发展。上海市把握新一轮科技革命和产业变革机遇，落实数字中国、数字经济发展战略要求，推进数字技术全方位赋能产业发展，激活数字经济新动能。产业数字化加速推进，以智能制造和工业互联网为主攻方向，推动制造业加快转型步伐。在基础设施建设方面，全市示范基地的光纤入户企业占比为 95%，共有 12 个示范基地的光纤入户企业占比达 100%。2021 年，全市示范基地规模以上工业企业的关键工序数控化率达 77%。

始终坚持绿色安全发展。在绿色安全发展方面，上海市示范基地坚守生态环境底线，聚焦重点行业、企业综合整治任务，标本兼治，多措并举，走出了一条绿色、循环和安全发展的道路。围绕安全生产，全市示范基地统筹部署疫情防控和安全风险防范工作，安全生产形势总体平稳可控。例如，上海市北高新技术服务业园区软件和信息服务产业示范基地遵循“开放式园区、封闭式管理”的理念，依托自身的平台优势、资源优势、功能优势，不断升级改造智慧园区综合管理云平台，实现了数据可视化、技术高端化、管理科学化。综合管理云平台已开发河道水质监测、空气质量监测、工地扬尘监测、垃圾分类、雨污管网监测等数十项功能，以精细化管理保障园区平安生产。

3. 发展亮点及成效

集聚集约效果显著。2021 年，上海市示范基地的产业集聚度近 74%，相比上年提升 1.2 个百分点。集成电路产业方面，聚焦“全链发展+芯机联动”，先进工艺产能、核心芯片能级、关键设备和基础材料配套支撑能力不断提升，14 纳米芯片实现量产；全市集成电路产业规模达到 2500 亿元，约占全国的 25%，集聚重点企业超过 1000 家，吸引了全国 40%的集成电路人才。汽车产业方面，不断推动新能源化、智联化、品牌化发展，打造智能电动汽车新品牌和新车型，建设全国首批燃料电池汽车示范城市群，加快扩大充电桩、换电站、加氢站等站点规模，累计推广新能源汽车超过 67 万辆，建设世界级汽车产业中心。

创新体系不断完善。从创新主体来看，2021 年上海市示范基地主导产业共有研发机构 702 家，其中国家级研发机构 181 家、省级研发机构 521 家。从创新成效来看，规模以上企业的有效发明专利数达 75 080 件。从功能平台来看，全市示范基地共有公共服务平台 548 个，较上年增加 14 个，其中国家级平台 104 个，增加了 7 个。此外，2021 年全市示范基地年末从业人员近 242 万人，其中研发人员 42 万人，约占全部从业人员的 17.4%。值得一提的是，在生物医药领域，上海市聚焦“张江研发+上海制造”，全面布局生物制品、创新化学药、现代中药、高端医疗器械以及智慧医疗等领域，CART 细胞治疗、PET-CT、心脏起搏器等技术和产品相继实现突破。上海张江高科技园区生物医药产业示范基地的研发资源高度集聚，创新成果快速涌现。

节能降耗成效显著。2021 年，上海市示范基地的单位工业增加值能耗为 0.3 吨标煤/万元，比上年下降 0.07 吨标煤/万元；单位工业增加值用水量为 6.4 立方米/万元，比上年下降 0.4 立方米/万元。示范基地在工业总产值保持增长的同时，能源消耗总量继续得到有效控制，资源利用效率进一步提高。例如，上海嘉定工业区装备制造产业示范基地根据区年度节能目标，结合实际，通过将年度节能目标分解到重点用能单位并以签订责任书、年底实施考核等方式，实现基地单位工业增加值能耗下降 84.1%、单位工业增加值用水量下降 90.4%。

数字产业化蓬勃发展。上海市大力发展在线新经济，张江在线、长阳秀带、虹桥之源等在线新经济生态园引进一批新生代互联网企业总部落地，全市软件和信息服务业营收达到 1.3 万亿元。以上海化学工业区石化化工（有机化工）产业示范基地为例，其对标最高标准、最高水平，加速推进数字化转型发展。基地针对前期薄弱的通信基础设施制定专项实施方案，补充通信管道 54.925 沟公里、349.570 孔公里，实现园区主干道路通信管道覆盖率达 95%以上；新建铁塔 40 余座，补充 4G 基站 24 个、5G 基站 73 个、智慧电杆 218 座，实现园区公共区域移动通信优质信号覆盖率超过 95%，为形成高速泛在、适度超前的园区网络设施打下基础；大数据云计算中心二期项目正式上线，项目的整体 CPU 资源利用率超过 90%，有力支撑了智慧园区建设。

（五）江苏省

1. 总体发展情况

江苏省积极培育市场主体、推进产业强链，不断提高示范基地的整体竞争力，发展成效可概括为五个“推进”、三个“提升”和一个“下降”。江苏省现有示范基地 30 个。

2. 典型经验做法

深入推进稳链强链。针对“缺芯”“缺柜”“缺电”等造成的断点、堵点，协调推进汽车产业链复工复产、“芯车联动”、集装箱调度、重点企业有序用电以及疫苗、农机、5G、工业软件、信创等产业链供需对接，保障国内 60 家龙头企业的 200 多家在苏供应商恢复正常生产，大力促进国内大循环畅通和示范基地产业链供应链稳定运行。实施“531”产业链递进培育工程，发挥省领导挂钩联系制度优势和产业强链专班作用，推动特高压设备（智能电网）、晶硅光伏等 7 条产业链基本达到中高端水平，15 条产业链向中高端跃升，8 条产业链形成未来竞争能力。

持续推进自主创新。支持两个国家级创新中心完善载体建设、带动行业技术创新。助力国家先进功能纤维创新中心建成3个协同创新平台。建设省先进复合材料技术与装备制造业创新中心，省级以上试点累计12家，取得一批重大研发成果。聚力补齐关键核心技术短板，安排专项资金支持实施攻关项目并取得积极成效。发布自主创新产品目录，协调落实政府采购、保险补偿等政策，认定、推广和应用一批省级首台（套）重大装备、首批次新材料、首版次软件、信创产品等。

积极推进数字赋能。抓住数据和数字技术两个关键要素，制定《江苏省制造业智能化改造和数字化转型三年行动计划（2022—2024年）》等政策文件，做大做强集成电路、软件服务、物联网、信息通信等优势产业，积极培育人工智能、区块链、未来网络、量子信息等新兴产业、未来产业，打造更多高能级科创平台，引领支撑数字关键核心技术攻关突破。实施龙头骨干企业引领工程，开展“智能制造进基地”系列活动，加快建设示范智能车间、智能工厂。推进实施《工业互联网创新发展行动计划（2021—2023年）》，建成运营国家级工业互联网平台创新体验中心、推广中心等载体，建设一批工业互联网标杆工厂，打造5G全连接工厂。持续推进国家车联网先导区和省级车联网先导区建设，建成国内覆盖范围最广的车路协同基础设施体系。

持续推进绿色发展。编制《江苏省工业领域及重点行业碳达峰实施方案》《江苏省“十四五”全社会节能实施意见》，发布全省高耗能行业重点领域能效基准水平和标杆水平，组织对示范基地高耗能行业企业和重点用能企业进行专项节能监察。制定出台《化工园区化工集中区外化工生产企业规范化管理措施》《江苏省化工中试基地和中试项目管理办法（试行）》，谋划推进化工产业绿色低碳高质量发展，从源头提升示范基地的本质安全环保水平。摸排示范基地助力碳达峰、碳中和项目，推荐江苏泰兴经济开发区新材料（合成材料）、江苏江阴高新技术产业开发区新材料（特钢制造）两个示范基地上报，致力打造绿色低碳转型示范样板。

3. 发展亮点及成效

建设水平与发展质态提升。覆盖领域扩大，新增3个示范基地，填补了工业互联网领域示范基地的空白；总量规模提升，规模超千亿元的示范基地增加了4

个，合计 19 个，占比 63%；经济效益向好，利润总额超百亿元的示范基地增加了 4 个，合计 17 个；产业特色鲜明，主导产业销售收入占比 53.4%，其中半数以上示范基地的主导产业销售收入占比超 70%；发展质态提升，超过 80%的示范基地处于四星级及以上水平。

研发能力与创新成果提升。2021 年末，全省示范基地集聚研发人员超 80 万人，同比增长 9.5%，研发人员数量占从业人员数量的比重达 11.8%；全年研发投入同比增长 21.6%，研发投入占销售收入的比重达 2.9%，比重进一步提高。主导产业省级研发机构数量同比增长 13.0%，规模以上企业的有效发明专利数同比增长 26%。

政策环境与融合水平提升。政策环境持续优化，示范基地建有省级以上公共服务平台 809 个，其中国家级公共服务平台 120 个。2021 年，示范基地全年获得的当地政府支持资金同比增长 17.4%；示范基地固定资产投资同比增长 14.3%，其中工业投资同比增长 10.9%。示范基地内的两化融合贯标企业数同比增长 49%；光纤入户企业数占比达 97%，应用数字化研发设计工具的企业数占比达 40%，规模以上工业企业的关键工序数控化率达 90%以上，三者同上年相比均有所提高。

资源消耗与安全事故减少。绿色低碳发展理念贯穿全年全过程，全省示范基地未发生Ⅰ～Ⅳ级环境事件。资源消耗继续减少，单位工业增加值能耗为 0.2 吨标煤/万元，单位工业增加值用水量为 7.2 立方米/万元，单位工业增加值用电量为 449 千瓦时/万元，同比分别下降 0.2%、0.4%和 6.9%；工业固体废物综合利用率达 93.8%，比上年提高了 3 个百分点。安全生产继续向好，示范基地全年未发生较大以上安全生产事故。

（六）浙江省

1. 总体发展情况

浙江省深入贯彻习近平总书记的重要讲话精神，牢牢把握新型工业化这个关键任务，忠实践行“八八战略”、奋力推进“两个先行”，加快构建新发展格局，各市、县（市、区）先后启动新一轮制造业“腾笼换鸟、凤凰涅槃”攻坚行动，全力建设国家传统制造业改造升级示范区，加快推动示范基地向高端化、数字化、绿色化、集聚化转型发展，助力打造全球先进制造业基地。浙江省（含宁波市）现有示范基地26个。

2. 典型经验做法

加强产业园区与产业链融合，深入实施产业基础再造和产业链提升工程。落实《浙江省实施制造业产业基础再造和产业链提升工程行动方案（2020—2025年）》，构建产业基础再造和产业链提升工程“1+2+10+*X*”工作推进体系。全面梳理出现代纺织智能家居、智能装备、节能与新能源汽车等十大标志性产业链，绘制产业链“鱼骨图”，制定“一链一方案”，落实产业链“链长制”，清单化推进标志性产业链锻长板、补短板。2021年，共组织实施省级产业链协同创新项目77个，建成产业链上下游企业共同体57家。

加强产业园区与产业平台融合，打造省级制造业高质量发展示范园区。出台《浙江省制造业高质量发展示范园区建设实施方案》，建立制造业高质量发展示范园区评价机制，形成园区高质量示范引领，力争将全省134个省级以上开发区（园区）建设成优质企业集聚、高端要素集成的创新型园区、数字化园区、绿色化园区，不断提升产业平台能级。

加强产业园区与培育先进融合，加快龙头企业培育。实施“凤凰行动”和单项冠军培育行动等，强化“链主”企业、单项冠军企业、专精特新“小巨人”企业等梯次培育。出台《关于大力培育促进“专精特新”中小企业高质量发展的若干意见》，引导支持中小企业专业化、精细化、特色化、创新型发展。

加强产业园区与提升传统融合，建设国家传统制造业改造升级示范区。先后遴选确定3批共48个传统制造业改造提升分行业省级试点，通过试点先行，全面推进纺织、服装、有色金属加工和金属制品等17个传统制造业向高端化、数字化、绿色化方向转型，积极支持各地结合产业发展实际，分类施策，聚焦优势主导产业实施集聚提升。高规格召开全省传统制造业改造提升现场推进大会，推广典型经验做法。

加强产业园区与淘汰落后融合，积极推进高耗低效企业整治。制定“一企一方案”，采取改造提升、兼并重组、回收盘活、集聚入园、关停退出等方式开展分类帮扶，以提高产业园区的整体竞争力和可持续发展能力，推动产业结构的优化升级，实现经济和环境的双重效益。

3. 发展亮点及成效

创新发展动力雄发。科技创新支撑示范基地建设的主引擎地位日益凸显。创新载体数量增长较快，示范基地增加了 165 个主导产业省级研发机构，总量达到 1117 个。创新投入力度明显增强，26 个示范基地的研发投入同比增长 25.0%。创新产出水平显著提高，26 个示范基地规模以上工业企业的有效发明专利数同比增长 29.3%。

数字化转型扩面提质。数字化转型助力示范基地创新、改善管理等优势不断彰显。数字化应用推广加速，2021 年，26 个示范基地应用数字化研发设计工具的规模以上企业数同比增长 13.5%，覆盖率达 63.8%。两化融合深入推进，2021 年，两化融合管理体系贯标企业数同比增长 77.7%；光纤入户企业占比和规模以上工业企业关键工序数控化率分别达到 92.0%和 87.1%。在企业数字化转型的带动下，示范基地的产业数字化水平稳居全国第一。

绿色发展成效显著。绿色制造工程加快推进示范基地绿色工厂、园区、供应链建设。2021 年，全省累计入围绿色工厂 49 家，绿色园区 3 个，绿色设计产品 133 个，绿色供应链企业 18 家。资源综合利用加快优化，2021 年，单位工业增加值能耗同比下降 11.8%，单位工业增加值用水量同比下降 6.2%，工业固体废物综合利用率达 97.8%。

开放合作稳步推进。开放合作拓展示范基地国际市场的效应进一步体现。进出口额稳健增长，2021 年，26 个示范基地的进出口总额同比增长 26.0%，其中出口额同比增长 27.0%。有效投资持续增加，2021 年，26 个示范基地实际使用外资金额超 1500 亿元，工业固定资产投资额同比增长 14.8%，技改投资额同比增长 16.6%。

（七）福建省

1. 总体发展情况

福建省坚持稳中求进的工作总基调，立足新发展阶段，完整准确全面贯彻新发展理念，积极服务和深度融入新发展格局，引导各示范基地着力加强技术创新、节约集约、节能减排、安全生产、两化融合和公共服务体系等方面的建设，促进产业创新发展、协调发展、绿色发展、开放发展、共享发展，打好产业基础高级化、产业链现代化攻坚战。福建省（含厦门市）现有示范基地15个。

2. 典型经验做法

强化政策扶持。福建省深化园区标准化建设，出台《福建省实施工业（产业）园区标准化建设 推动制造业高质量发展三年行动计划（2020—2022年）》，组织实施龙头品牌、规划提升、集约发展、产教融合、科技创新、融资支持、配套设施、新型基建、机制创新、标准研制十大专项行动，集聚要素资源，构建高水平园区产业发展体系。各市、县（市、区）积极推进工业园区建设，如泉州市出台《泉州市加快工业（产业）园区标准化建设专项行动方案》，提出坚持“规模化、集约化、产业化、品牌化、绿色化、数字化、融合化”的原则，按照“规划先行、示范带动、全民推广”的工作思路，抓好“规划、规范、提升、示范、招商”5个环节，探索了园区标准化建设产城融合、高新集聚、新旧融合、全域整合、工业梯田、出村入园、龙头带动、中试孵化8种模式，实现了“三降低、三提高”，即降低项目落地周期、降低企业建设成本、降低企业环保和安全风险，提高土地和厂房使用率、提高产业链集聚度、提高园区配套水平。

突出产业培育。坚持增量优选，以示范基地等工业园区为重要的招商载体平台，培育发展新动能。建立省级网上招商平台，开通民企投资信息微信公众号，及时发布民企投资信息，推介园区招商项目，解读省（市、区）招商政策。总结推广厦门市精准招商、以商招商、第三方招商以及宁德市龙头企业招商、产业链招商等经验做法，指导各示范基地、园区结合产业基础和发展定位，有针对性地收集、梳理产业链重要企业信息，挖掘投资意向，瞄准全国民企500强及行业龙头企业，组织小分队围绕特定项目、区域开展精准对接。坚持存量提升，突出示范基地企业主体地位，以先进产能扩产增效、智能化改造、服务型制造、工业强基等为重点，发挥财政、用地、税收、差别价格等方面政策的引导效应，推进一批产业关联度大、技术水平高、市场前景好的重点技改项目。

推动基础配套。支持示范基地充分用好用足政策性开发金融工具，重点围绕给排水、供电、供气、干线道路、通信及综合管廊等能够显著改善企业入驻环境的基础设施，污水及工业固体废物集中处理、集中供热、管网等满足企业生产需求的公用设施，梳理推荐一批示范基地项目列入政府专项债券和基础设施投资基金支持范围，推动项目及时开工、加快建设，切实补齐示范基地基础设施、公用设施短板，改造优化示范基地发展环境，为示范基地发展奠定坚实基础。

3. 发展亮点及成效

发展规模不断壮大。2021 年，全省示范基地实现销售收入近 2 万亿元，占全省规模以上工业企业总销售收入的 30%。其中，厦门火炬高技术产业开发区、福清融侨经济技术开发区、福州软件园、福州经济技术开发区、晋江经济开发区、福安湾坞不锈钢新材料产业园、福建宁德等示范基地 2021 年销售收入均超过 1000 亿元。

产业示范领域广泛。基地主要涵盖电子信息、新材料、软件和信息服务等战略性新兴产业，装备制造、高端纺织、石油化工等先进制造业，鞋服制造、食品、有色金属等传统产业，以及陶瓷制品等特色产业，国家级基地覆盖全省 7 个设区市，省级基地实现 9 个设区市全覆盖。

品牌声誉日益增长。南安经济开发区获批筹建全国水暖卫浴知名品牌创建示范区；泉州经济技术开发区内的特步、九牧王、安记食品，晋江经济开发区内的安踏、特步、361°、鸿星尔克等成为享誉全国甚至全球的优质品牌。

（八）山东省

1. 总体发展情况

山东省示范基地代表了其工业集聚发展的先进水平，体现出了工业区域布局和产业发展特色，具有较强的示范带动效应，已成为产业创新驱动、转型发展的重要载体。山东省（含青岛市）现有示范基地 30 个。

2. 典型经验做法

进一步加强和完善产业政策扶持。坚持稳中求进的工作总基调，积极贯彻落实省委、省政府的部署安排，推动包括《山东省民营经济发展促进条例》在内的一系列产业发展政策措施落地实施，有效助力落后产能压减淘汰、传统产业改造升级、新兴产业突破发展、数字经济赋能应用等工作的开展，有效推动实现空间资源的合理配置，为提高招商引资服务效率奠定了基础，如烟台经济技术开发区按照“要素跟着项目走”的原则，优先保障重大产业项目用地指标需求。鼓励企业通过发展循环经济、加快技术研发和技术改造等措施，减少资源能源消耗和污染物排放，努力为今后发展创造能耗和排放空间。深入开展“亩产效益”评价改革，对企业实施水电气价格、用地、用能和排放、产能利用、信贷等方面的差别化政策。

进一步推进以创新为驱动的发展。坚持将创新作为引领高质量发展的第一动力，最大限度激发企业的创新活力和潜能。突出人才支撑，通过人才招引和自我培育，凝聚和造就高层次研发团队、高水平技术人员，助力示范基地创新发展。济南齐鲁软件园打造全国首例“人才有价”评估系统，采用大数据、区块链技术实现对个体人力资本价值的量化评估，形成以身价为基础的人力资本创新金融新模式，对中小企业融资、科技成果转化起到积极促进作用。淄博高新技术产业开发区企业利用国际科技合作平台加快海外研发布局，提升自身创新实力，近 20 家企业先后在海外设立研发机构。

进一步推动产业链的招商和升级。坚持政府与基地一体开展补链延链强链行动，策划产业链重点项目，举办产业链重大活动。高标准举办世界工业设计大会、世界先进制造业大会，扩大产业链供应链“朋友圈”。日照经济技术开发区围绕汽车整车控制系统、转向系统、制动系统等多个领域开展产业链招商，通过“走出去”和“请进来”相结合，促使长城汽车整车及研发基地项目落户开发并建成投产，带动了总投资达 21.5 亿元的底盘、内外饰、座椅等 7 个长城汽车自主投资配套项目签约落地；吸引大量汽车研发设计、检测认证、贸易金融等领域的生产性服务业企业先后落户，形成了涵盖汽车整车、点火、转向、制动、照明等领域的全产业链产业集聚区，对于全省塑造汽车整车及零部件产业竞争优势、加快实现“整车梦”发挥了重要的助推作用。

进一步推动绿色智慧可持续发展。坚持高质量、高效率和低排放的工业生产方式，致力于构建一个绿色、低碳和智能的工业体系，以促进示范基地的可持续发展和可持续进步。济南浪潮的“链上自贸”保税展示展销平台通过与海关系统深度整合，与企业仓储、生产、物流等节点的相关数据进行多元化互证，实现海关系统对进口保税零部件物流轨迹动态全程监控，提升精准化管理水平。日照经济技术开发区以打造“智能制造灯塔工厂”为目标，围绕产业链部署创新链、围绕创新链布局产业链，针对产业链短板，整合各方资源，组织力量开展技术攻关，突破“卡脖子”技术，新获批省级智能化工厂两家、数字化车间两个。

3. 发展亮点及成效

规模效益稳步提升，示范带动作用凸显。示范基地致力于打造一批特色鲜明、发展水平及规模效益领先的产业基地，确保其能够在协同创新、集聚集约、智能融合、绿色安全等方面发挥示范带动作用，推动其成为工业转型升级的重要力量。2021 年，示范基地完成的工业增加值等主要经济指标约占全省的 23%，主要集中在电子信息、新材料、装备制造、食品、工程机械等行业。示范基地对推动山东省产业集聚发展、促进两化融合、加快新旧动能转换具有重要的示范意义。尤其是示范基地龙头企业的带动作用凸显，经过多年的发展，示范基地培育了浪潮、潍柴动力、歌尔、威高、南山等一批龙头制造企业，使其成为产业快速发展的中坚力量。

创新能力不断增强，产学研用持续完善。示范基地致力于提升创新能力，通过市场需求引导和产学研用协同创新，推动技术研发与产业应用有机结合，不断增强对产业发展的支撑和引领作用。2021 年，示范基地研发投入占销售收入的比例达 3.1%，新建省级研发机构 244 家和国家级研发机构 45 家。山东潍坊高新技术产业开发区建成潍柴动力技术中心（国家级企业技术中心、商用汽车动力系统总成工程技术研究中心）、行业唯一的内燃机可靠性国家重点实验室，现拥有有效发明专利 5260 件。

发展环境不断优化，部门协同扎实落地。示范基地所在地政府积极贯彻落实省委、省政府部署安排，推动先进制造业强省建设，推动一系列产业发展政策措施落地实施，有效助力落后产能压减淘汰、传统产业改造升级、新兴产业突破发展、数字经济赋能应用等工作的开展。省有关部门与示范基地所在市政府一体开展补链延链强链行动，策划产业链重点项目 460 个，建立公共服务平台 100 个，服务企业 4 万多家，举办产业链重大活动 90 场；同时，积极推进政务数据整合共享，努力推动各部门业务在线协同办理，深化“一次办成”改革，真正实现“一窗办多事”，大力提升企事业单位和人民群众的办事便利度、快捷度和满意度。

绿色发展成效明显，节能减排有序推进。示范基地持续抓好“双碳”目标落实，组织部分基地试点开展园区企业碳排放摸底，编制“双碳”行动方案，为落实“双碳”目标提供遵循。积极开发园区碳核算平台，加快数据采集和碳排放核算自动化。鼓励基地内企业采用先进的节能环保设施和技术，实现资源循环利用、生产废水循环利用、废气排放、噪声、产品综合能耗等方面的环保目标，践行“节能减排、绿色发展”。

（九）广东省

1. 总体发展情况

广东省示范基地主导产业特色鲜明、自主创新能力强、两化融合程度高、节能减排成效好，产业集聚度不断提升，产业规模不断扩大，产业结构持续优化，有效带动当地产业结构调整优化和经济发展方式转变。广东省（含深圳市）现有示范基地25个。

2. 典型经验做法

加强统筹规划，培育重点产业。积极促进示范基地产业发展，建立“链长制”，由省长担任“总链长”，省委、省人大、省政府、省政协等的10位省领导分别担任相关产业“链长”；建立完善“五个一”工作体系，初步形成了“省市上下联动、部门协同推进”的工作格局。

加大资金支持，推动创新发展。印发实施《广东省加快先进制造业项目投资建设若干政策措施》，聚焦新一代电子信息等十大战略性支柱产业集群，以及半导体与集成电路等十大战略性新兴产业集群，以先进制造业项目为着力点，从要素保障和投资奖励等方面提出具体措施，并设立先进制造业发展专项资金，“十四五”期间统筹省级财政资金500亿元用于支持先进制造业项目落地建设、技术改造等。省财政技术改造资金全面落实省政府加大技术改造力度、提高奖励比例和扩大政策普惠面的要求，共安排超过24亿元支持企业技术改造项目。其中，拥有示范基地的10个地市（不含深圳市）合计安排技术改造专项资金超过18亿元，占全省安排额度的72.7%。

加强平台建设，提升服务水平。多措并举提升产业基地的公共服务能力，进一步推动公共服务平台建设，2021 年示范基地新增公共服务平台 94 个。其中，国家级公共服务平台较上年增加 73 个，总数达 178 个。同时，将示范基地的重点项目列入省制造业重点项目，做好项目跟踪，建立“省市联动、分级负责”工作机制，持续实施重点项目跟踪服务，协调解决项目建设过程中遇到的困难和问题。

3. 发展亮点及成效

引导产业园区培育，支持示范基地高质高效建设。广东琶洲人工智能与数字经济试验区大数据产业示范基地把发展人工智能与数字经济作为重大战略工程和主攻方向。海珠区研究制定建设“琶洲算谷”的若干促进措施，将未来 3 年来源于算法领域的本区经济社会发展贡献增量全部用于支持算法产业发展；组建琶洲算法产业联盟，广泛发动行业领先科研机构和企业加入，依托联盟平台链接各联盟成员在算法领域的种子项目、投融资、业务场景等方面的资源，构建产业和人才融合发展“生态圈”。《广州市推动规模化个性定制产业发展建设“定制之都”三年行动计划（2020—2022 年）》《广州市黄埔区 广州开发区推动规模化个性定制产业高质量发展若干措施》等政策文件出台，推动规模化个性定制产业高质量发展，助力广州市各区打造具有核心竞争力的“定制之区”。

制定资金扶持政策，扶持示范基地企业创新发展。广东湛江高新技术产业开发区高技术转化应用产业示范基地对高新技术产业培育、成果孵化创业、技术创新、专利申请、人才引进等给予资金扶持，2021 年财政科技专项资金达 4865 万元，有力促进科技成果转化。广东省佛山市工业互联网产业示范基地推进实施全周期奖补政策，在单点应用阶段实行“上云用云”和数字化智能化改造奖补，在局部优化阶段实行标杆示范项目奖补，在体系融合阶段实行示范车间和示范工厂奖补，在生态重构阶段实行产业集聚区转型奖补，把全流程奖补落实到企业转型的全周期，单个项目的最高奖励金额达 1 亿元。广东中山高技术产业开发区生物医药产业示范基地每年设立 1 亿元的健康科技产业专项发展资金，中山市安排了 2 亿元设立中德（中山）生物医药产业园发展专项资金，并每年安排超过 1 亿元资金专项支持生物医药产业发展。

结合实际搭建平台，提升示范基地综合服务能力。广东东莞松山湖高新技术产业开发区电子信息（通信设备）产业示范基地搭建松山湖“企管家”服务平台，平台涵盖企业诉求办理、政策查询、产业住房配套申请、信息公开和通知公告等多项功能，已有 3142 家企业入驻平台并激活使用，平台自运行以来累计收集企业诉求 426 宗，并已办结 415 宗；按产业、科技、人才、金融、倍增分类，整理收录了 19 个企业经常查询的政策包，为企业提供更方便、高效的查询服务；更新优化了园区住房配套申请功能，实现线上资格审核，不断提高效率，优化审核流程。广东惠州仲恺高新技术产业开发区电子信息（移动智能终端）产业示范基地累计投入超 100 亿元用于重大平台建设，中韩（惠州）产业园起步区、潼湖生态智慧区，广东（仲恺）人工智能产业园、东江科技园、惠南科技园等战略平台加速崛起壮大。

（十）海南省

1. 总体发展情况

海南省为深入贯彻落实习近平总书记关于海南工作的系列重要讲话和重要指示批示精神，以示范基地为重点，着力构筑产业空间格局，打造新时期海南高新技术产业发展的“主平台”，推动生产要素、重大项目、骨干企业向示范基地聚集。海南省现有示范基地 2 个。

2. 典型经验做法

积极推进以数字经济为主导产业的发展模式。海南生态软件园软件和信息服务产业示范基地产业规模进一步扩大，聚集了一批国内头部企业和优质项目。区块链产业方面，示范基地积极推进国家区块链试验区的建设，运用区块链技术手段促进产业集聚区发展，园区建设的“基于区块链的区域医疗健康数字化协同共享平台”被中央网信办等列为国家区块链创新应用试点。数字文体产业方面，示范基地基于国家数字服务出口基地的战略定位，打造中国游戏数码港，形成数字文体产业集聚区。数字健康产业方面，聚集阿里健康、腾讯互联网医院、搜狗智慧互联网医院等数字健康企业，形成数字健康产业资源新版图。数字金融产业方面，通过科技手段实现金融业与传统实体产业的联动。

以制度集成创新为抓手，打造一流政务服务。一是首创“不动产房管综合窗口”，推进园区不动产登记实现了“一优三减双登记”的创新改革，打造不动产登记“海南模式”；二是推进人才审批创新，将企业人才落户确认证明由线下办理改为线上办理，审批时间由 5 个工作日缩短至 2 个工作日；三是印发《海南生态软件园管理局关于园区内远程医疗中心、互联网医院医师和护士执业登记注册备案审批管理规定（试行）》，通过对监管措施和备案流程进行重构，实现互联网医院医师和护士批量注册备案管理，审批效率是原流程的 3 倍以上；四是成立知识产权服务工作站，为园区企业提供专业的知识产权相关服务，提高企业的创新创造能力；五是设立“国际投资单一窗口”，安排专职人员提供外商投资、企业开办咨询等服务；六是升级改造企业服务超市的功能，升级后的企业服务超市进驻管理单位 21 家，可提供 268 项审批事项，涵盖了大部分企业日常经营所涉事项，提供海南自贸港特色政务服务，想方设法帮助园区群众和企业把事办成、办好，打通审批服务的“最后一公里”。

大力推进以功能配套为支撑力量的产城融合。洋浦经济开发区日益完善城市的基础功能配套。一是加快教育医疗事业发展。加大中小学校软硬件投入，面向全国引进 28 名优秀教师；与武汉外国语学校合作，投资 7.3 亿元建设 12 年一贯制国际学校。加快洋浦医院发展，面向全国引进高级职称卫生专业技术人员 35 人，投入 3550 万元购置一批高端医疗设备。二是完善商业和生活服务配套，投资建设滨海文化广场、城市会客厅、航运大厦、国贸大厦等洋浦新地标和人才房、搬迁安置房。三是深入推进“六化”建设。市政主次干道机械化清扫率在 85%以上，城乡垃圾清运处理率达 100%；开工建设滨海公园二期、迎宾大道绿化工程；完成街景市政化改造和市政照明改造工程；启动智慧洋浦建设。

积极推进以高质高效为目标定位的项目建设。2021 年，海南省谋划并加快推进政府投资项目与社会投资项目建设，项目数量和投资总额均创历年之最，并更加注重完善公用工程配套，路网等基础设施项目建设全面铺开。同时，采取超常规举措，创造自贸港建设“加速度”。90 天完成保税港区建筑风貌提升改造，110 天建成保税港区标准厂房（一期），180 天建成国际幼儿园并开园，澳斯卡国际粮油项目从接洽到开工仅用两个半月时间；百万吨乙烯项目在全省率先复工，全年投资 40.4 亿元，完成计划的 113.8%。

积极改善以亲商安商为基本要求的营商环境。洋浦经济开发区着力亲商、安商、引商，多措并举改善营商环境。一是当好产业链的组织者和协调者。建立政企恳谈会和企业联络员制度，提供“店小二”服务，做到“企业有事政府跑”。促成产业链上下游企业、服务型企业和生产型企业合作。二是出台优化营商环境40条措施。对标香港、新加坡等自贸港服务标准，结合企业诉求，制定促进先进制造业发展、优化营商环境、提高口岸通关效率和鼓励人才引进等一系列政策措施。比如实行“7×24 小时”预约通关、船舶引航“零等待”等服务举措后，洋浦口岸进出口整体通关时间分别为 8.8 小时和 1.1 小时，远快于全国平均水平。三是创新招商体制机制。设立洋浦国际投资咨询有限公司，采用市场化薪酬和考核奖励机制，引进专业人才，组建高水平招商团队，为企业提供全方位、一站式投资咨询服务。四是以解决企业诉求为导向。开展制度集成创新，向省委深改办报送 6 个制度集成创新案例，其中“创设便捷高效的国际船舶登记程序”“国际运输船舶出口退税税库联动先退后审”“出口成品油即检即放检验监管”3 个案例已作为海南自贸港建设制度集成创新案例对外发布。

3. 发展亮点及成效

数字经济产业根基越扎越牢。2021 年，在新冠疫情的不利影响以及社会经济整体下行的压力下，海南生态软件园软件和信息服务产业示范基地以数字经济为主导产业的发展模式彰显了活力和韧劲，实现了大幅度的逆势增长，包括区块链、数字文体、数字健康等在内的产业规模都进一步扩大，聚集了一批国内头部企业和优质项目。其中，区块链产业方面，基地积极推进国家区块链试验区的建设，在数字身份系统、可信执行环境、可监管区块链等几项核心技术方面取得了一系列成果，集聚了一支院士领衔，由来自牛津大学、麻省理工学院、清华大学等的全球顶尖专家组成的 300 余人的技术团队，推动区块链产业健康发展。数字文体产业方面，基地基于国家数字服务出口基地的战略定位，打造中国游戏数码港，形成数字文体产业集聚区。截至 2021 年底，基地内聚集的游戏企业超过 1800 家，包括腾讯、三七互娱、创梦天地等头部游戏企业。2021 年，基地企业累计在省发改委办理 29 例境外投资备案以开展海外业务。在省委宣传部的支持下，海南巴别时代发行的《龙珠战力之巅》和腾讯发行的《卡通农场》获批，省进口游戏申报成果实现零的突破。数字健康产业方面，已聚集阿里健康、腾讯互联网医院、搜狗智慧互联网医院等数字健康企业，正逐步形成数字健康产业资源新版图。截至 2021 年底，基地拥有数字健康企业 800 余家；互联网医院 56 家，占全省互联网医院总数的 94.92%。数字健康企业全年累计收入超过 200 亿元，实现税收 23.84 亿元。

关键传统产业建设日趋完善。一是油气储备产业。海南洋浦经济开发区石化化工（烯烃、芳烃）产业示范基地已建成中海油 300 万吨 LNG 站线、中石化（香港）205 万方成品油保税库、中石化 255 万方原油储备库、国投（洋浦）油气储运 132 万方商业油气储备等 5 个油气储备项目，储备能力超千万方，是国内规模第二大的商业石油储备基地。二是先进制造产业。海南洋浦经济开发区石化化工（烯烃、芳烃）产业示范基地加快推进科创园、中大检测、中质猎鹰智能监测、三生万物等签约项目建设，全力培育先进制造产业链。三是港航物流产业。海南洋浦经济开发区石化化工（烯烃、芳烃）产业示范基地已建成码头泊位 47 个，年通过能力 1.1 亿吨，其中集装箱通过能力 225 万标箱；开通内外贸航线 38 条，覆盖国内沿海和东南亚国家主要港口，初步形成以洋浦港为国际中转港的航线框架。

二、中部地区

中部地区共有 90 个示范基地，占全国示范基地总数的 20.4%，主要覆盖了装备制造工业（24 个）、原材料工业（22 个）、消费品工业（12 个）、高技术转化应用（11 个）、电子信息产业（9 个）、软件和信息服务业（2 个）、大数据（2 个）、数据中心（2 个）、工业互联网（1 个）等重点领域，以及资源综合利用、工业物流等其他领域（5 个）。

（一）山西省

1. 总体发展情况

山西省全面落实工业和信息化部关于示范基地建设管理的工作要求，全面加强对示范基地的精准指导，示范基地发展水平稳步提升，引领带动效应不断凸显。山西省现有示范基地 7 个。

2. 典型经验做法

加强示范基地管理。按照工业和信息化部 2021 年度示范基地发展质量评价工作要求，及时组织 7 个示范基地报送发展质量评价材料，并按时完成材料的审核上报。同时，强化上年度发展质量评价结果的应用，印发《关于加强我省国家新型工业化产业示范基地管理工作的通知》，指导督促各地市工业和信息化主管部门加强示范基地的日常管理和服务工作，以示范基地建设为依托，统筹推动规划布局、产业发展、管理服务等全面升级。

加强技改资金支持。省工业和信息化厅印发《关于组织开展 2021 年山西省技术改造专项资金项目申报工作的通知》，实施工业转型强基、智能制造示范等八大专项工程，推动企业开展技改工作，加大对示范基地内项目的支持力度。2021 年度省级技改资金支持示范基地 25 个项目 3.2 亿元。

促进产融深度合作。建立常态化政银企对接合作机制，省工业和信息化厅与中国银行山西省分行、光大银行山西省分行签订战略合作协议，引导省内金融机构加大对制造业的金融支持力度。建立融资项目库，将示范基地内的重点企业、优质项目优先纳入，并向省内金融机构重点推介。推动中国银行山西省分行与山西锦波生物医药股份有限公司、山西科达自控股份有限公司、山西长城计算机系统有限公司 3 家企业签订贷款协议，授信额度达 2.6 亿元。同时，向省国开行专门致函推荐太重集团智能高端液压挖掘机项目，帮助该企业获得制造业专项贷款 3 亿元，有效缓解其资金压力。

创新人才服务机制。山西长治高新技术产业开发区装备制造（矿山装备）产业示范基地建立高层次人才服务专员机制。坚持“一对一”服务标准，为基地内符合条件的高层次人才配备专属服务人员，宣传中央和省（市、区）人才政策，了解人才及其项目的具体情况和服务需求，定制个性化的服务清单，并按照服务内容全程跟踪服务。同时，长治高新技术产业开发区定期对服务专员进行政策法规、业务知识和操作规范等方面的业务辅导，切实提高服务专员的业务能力和服务水平。

3. 发展亮点及成效

发展布局持续优化。一是产业覆盖领域更广。示范基地主导产业涵盖电子信息、大数据、高端装备、现代医药、现代煤化工等新兴领域，以及钢铁、有色金属等传统优势领域。二是区域布局趋于合理。初步形成以省会太原为中心，大同、长治、临汾、运城等城市为支撑的多领域、多层级、特色化示范基地发展格局。

示范作用更加凸显。山西省示范基地以高新技术产业开发区、经济技术开发区等为核心承载，在技术创新、产业链打造、绿色化转型等方面形成了发展示范。7 个示范基地均分布有省级以上企业技术中心，涌现出了太钢集团、国药威奇达、华翔集团、复晟铝业等一批国家级绿色工厂。山西转型综合改革示范区已经形成以电子信息产业、软件和信息服务产业等新兴产业为主导的产业体系，企业数量、规模和效益居全省前列；长治高新技术产业开发区以龙芯 CPU 为核心，引入计算机处理器、硬盘、内存、整机、打印机等领域的十余家企业，建立了信创产业联盟和太行信创人才教育联盟，推动龙芯生态伙伴聚合发展，初步形成了从芯片、硬盘、主板生产到系统集成、整机制造的信创产业链。2021 年，长治高新技术产业开发区被国家发展改革委、工业和信息化部等五部委表彰为 2020 年度真抓实干成效明显示范园区。山西太原市钢铁（不锈钢）产业示范基地已成为全球最大的不锈钢材料生产基地。示范基地在推动产业集聚化发展、加快转型升级，以及优化营商环境、扩大对外开放等方面树立了典范。

（二）安徽省

1. 总体发展情况

安徽省示范基地培育建设工作推进顺利，主导产业规模持续壮大，创建示范成果显著。安徽省现有示范基地 15 个。

2. 典型经验做法

注重政策设计，积极推进基地发展。出台《中共安徽省委　安徽省人民政府关于推进“三重一创”建设的实施意见》《安徽省人民政府关于提升产业基础能力和产业链现代化水平的实施意见》《制造业提质扩量增效“4116”行动计划》等纲领性文件，进一步支持重点产业发展和基地建设。与此同时，出台制造强省、民营经济、数字经济、中国声谷、集成电路、工业机器人、5G、“三首一保”、工业互联网等系列政策，全方位构建功能性、普惠性政策支撑体系。配套了 25 亿元的制造强省建设专项资金和 60 亿元的“三重一创”资金，聚焦电子信息、新能源汽车、工业机器人、生物医药、集成电路、智能语音及人工智能等重点领域，持续精准支持基地培育不断完善。

加强顶格推进，加快基地产业链升级。大力开展全省招商引资、招才引智，把“双招双引”作为经济工作的“第一战场”，坚持“顶格倾听、顶格协调、顶格推进”，在更大的市场空间汇聚资源。建立由省领导担任组长和第一副组长的十大新兴产业推进组，按照产业链“链长制”要求，推进重点产业发展。建立十大新兴产业省级专班推进机制，逐一编制“双招双引”路线图、施工图。坚持市县为主、省级赋能，建成省、市、县三级贯通的“投资安徽”调度平台。全省16个市已建立由市领导担任“链长”的产业链56条。强化平台招商、产业链招商、基金招商，加快组建行业商（协）会，推进十大新兴产业项目签约开工。

抢抓战略机遇，加速协同创新转型发展。立足承东启西、连接南北的省份区位优势，秉承高度集聚、高度活跃的科教资源优势，牢牢把握长三角一体化发展、中部崛起、“一带一路”、中国（安徽）自由贸易试验区、国家实验室等重大战略和机遇，全面推进合肥综合性国家科学中心、滨湖科学城、合芜蚌自主创新示范区、全面创新改革试验省“四个一”创新主平台建设。坚持“科创+产业”“龙头+配套”“基地+基金”，加速构筑现代产业体系，深入实施制造业创新能力提升工程，以企业为主体、市场为导向，深化产学研协同创新。

3. 发展亮点及成效

集聚规模效益进一步提升。示范基地全年工业总产值保持两位数增速，利税总额较上年大幅增长，为全省工业经济平稳健康发展提供了重要支撑。安徽芜湖经济技术开发区汽车产业示范基地按照“大项目—产业链—产业集聚—产业基地”的发展路径，以自主品牌“奇瑞汽车”为龙头，现已形成90万台发动机和90万辆整车生产能力，吸引美国库博、瑞典SKF、日本富士通、意大利菲亚特等一批著名车企配套企业纷纷进区投资，关键汽车零部件生产规模快速扩张。安徽滁州经济技术开发区家电产业示范基地树立“项目为王”的理念，按照打造全产业链的思路，坚持以商招商，着力招大引强，不断延伸和加粗产业链。2021年，基地新签约40个规模在亿元以上的项目，产业链契合度在90%以上，协议总投资达365亿元，投资额达100亿元的立讯精密汽车电子产业园、投资额达20

亿元的盛诺 FPD 光电玻璃精加工、投资额达 10.5 亿元的恒马电器智能洗护小家电及移动式空调等项目顺利落户基地，产业集聚势头强劲。

自主创新能力进一步增强。各示范基地积极鼓励引导企业自主创新，不断提升核心竞争力，促进企业发展升级。基地研发投入、规模以上企业有效发明专利数分别增长 30%、27.5%，已建成 1000 多家国家级及省级主导产业研发机构。合肥高新技术产业开发园软件和信息服务（智能语音）产业示范基地实施名校名所合作战略，打造创新“策源地”，集聚国家级、省级人工智能研究机构 50 家，涌现出了一批原创性、引领性、标志性的重大人工智能创新成果。合肥新站区电子信息（新型平板显示）产业示范基地始终聚焦显示科技领域，加强产学研协同创新，实现了“从沙子到整机”的整体布局，仅用十年时间就将新型平板显示产业打造成全国排名第二，成就行业“引领方队”。安徽蚌埠高新技术产业开发区新材料（硅基）产业示范基地突出企业创新主体作用，推进中电 41 所、凯盛光伏、昊方机电等一批重点创新型企业形成牵动性产能；推进建设新型显示产业园、LED 半导体产业园等，加快战略性新兴产业集聚壮大。

数字赋能成效进一步凸显。示范基地在培育建设过程中，始终把两化深度融合作为推动高质量发展的关键环节，发挥数字化、网络化、智能化对示范产业发展的倍增作用，基地光纤入户企业占比达 89%，两化融合贯标企业数实现 24.4% 的大幅增长。合肥包河工业园区汽车（新能源汽车）产业示范基地加快向“电动化+智能化+网联化”产业融合发展，推动建设 5G 智能网联汽车公开道路示范区项目、智能网联汽车大数据中心项目；建成全省首个车联网大数据服务中心，完成合肥港智能网联信息化改造及自动驾驶场景应用项目，在国内内河港率先实现无人码头，成为 5G 智能网联应用的重要示范窗口和标杆。合肥海尔通过卡奥斯工业互联网赋能合肥五大互联工厂，实现行业引领技术 258 项；以智家云脑赋能智慧家庭，推出 4300 多个型号的智能产品，成功打造 U+智慧生活平台。

绿色集约发展进一步加快。示范基地始终把绿色集约安全作为重要的发展目标，强化节能监察改造，着力发展循环经济，加强环保安全监督，可持续发展能力不断提升，单位工业增加值能耗同比下降 5 个百分点，工业固体废物综合利用率达 97.9%，年内未发生级别在较大以上的安全事故。安徽阜阳界首高新技术产业开发区资源循环利用产业示范基地坚持走绿色、创新发展之路，将绿色产业与高新技术相耦合，形成了以资源循环利用产业为主导，以先进环保装备制造、新能源汽车关键零部件制造和绿色服务为重点培育方向的绿色产业发展体系，年回收利用的废旧蓄电池可节约铅矿石 3300 万吨，节约原煤 11.96 万吨，减少废水排放 439 万吨，减少二氧化硫排放 1.81 万吨，减少废渣排放 1000 万吨，西城科技园再生铝、光武科技园废旧塑料回收均产生了良好的经济、环境双重效益。安徽滁州经济技术开发区家电产业示范基地秉承绿色发展理念，更好地推动产业转型升级，自获批“国家级绿色园区”以来，相继出台了一系列扶持政策，并不断加大培育力度。基地获批工业和信息化部绿色工业园区 1 个、绿色工厂 4 家、绿色设计产品 12 款；获批省级绿色工厂 3 家，绿色制造成绩显著。

（三）江西省

1. 总体发展情况

江西省示范基地培育建设以高质量发展为主要目标，以产业集聚为主要特征，以工业园区为主要载体，按照主导产业特色鲜明、发展水平和规模效益居全省先进的发展定位，推动示范基地实现提能升级、创新驱动、智能融合、绿色安全发展。江西省现有示范基地 17 个。

2. 典型经验做法

汇聚力量固机制。为进一步使示范基地的各项重点工作落到实处，制定出台《江西省新型工业化产业基地管理办法》。建立调度制度，定期调度示范基地发展情况，积极开展示范基地的孵化培育工作，引导现有示范基地提高自主创新能力和进行数字化转型。强化质量评价，认真做好每年的国家新型工业化产业示范基地质量评价工作，不断提升示范基地评价数据的填报质量，为推进示范基地高质量发展夯实基础。

全力以赴稳增长。稳住市场主体，建立产业帮扶协调、重点行业重点企业纾困解难工作专班，推动企业特派员规模以上企业全覆盖。促进大企业领航发展、中小企业专精特新发展，发布首批领航企业名单。拓展消费市场，举办国际麻纺博览会、纺织服装周、新能源汽车下乡等活动。发展信息消费，召开石化化工、电子信息行业数字化转型供需对接会。

精准发力强链条。加强整体谋划，制定出台《江西省制造业产业链提升行动计划（2021—2023 年）》，调整完善重点产业链“链长”分工安排，加强横向、纵向“链长制”支撑单位之间的互动对接，形成产业链整体合力。突出精准施策，坚持问题导向、目标导向，聚焦企业需求，累计出台加快中医药产业发展、虚拟现实推广应用、低空经济发展等相关政策 70 多项。开展对接活动，全年举办产销对接、产融对接、技术对接、人才对接等各类活动 750 多场，推动签订产销合作项目 1125 个，金额达 1649.6 亿元。

多措并举促升级。推动创新发展，加强关键技术攻关，实施龙头骨干企业研发机构全覆盖行动。推动设计创新和技术创新相结合，启动建设全球陶瓷产品创新中心。促进低碳转型，推进工业节能降耗，加强工业资源综合利用，打好工业污染防治攻坚战，构建绿色制造体系。推进数字赋能，推动省委、省政府出台新一代信息技术与制造业融合发展实施意见，为数字产业化和产业数字化提供重要遵循。推动中国电信、中国联通、华为公司、中兴通讯、科大讯飞与省签署战略合作协议，成立中国信息通信研究院江西研究院、中国工业互联网研究院江西分院。推进企业“上云上平台”，企业上云数量突破 10 万家，两化融合经营管理数字化普及率达 70.6%。实施智能制造升级工程，推动制造装备智能化管控，扩大数字化车间（工厂）建设，推动智能装备产品创新应用，培育智能制造公共服务平台。

3. 发展亮点及成效

产业规模不断扩大。江西省示范基地为全省工业经济平稳健康发展提供了重要支撑。江西吉安电子信息产业示范基地实行全域化布局、全链式发展、全过程服务、全要素保障，实现千亿产业、千亿园区、百亿企业、百亿项目、本土企业 A 股上市全面突破，2021 年营业收入占全市规模工业的 44%，占全省电子信息行业的 29%，连续多年位列全省第一。江西樟树工业园区中医药产业示范基地致力于打造国内一流的医药产业园区，实力雄厚，拥有多家具有行业影响力的龙头企业，医药产业全产业竞争力持续增强，2021 年基地营业收入达到 1082 亿元，正按照产业化、集聚化、国际化的发展方向，鼓励龙头企业进一步扩大生产规模，提升核心竞争力，提高市场占有率，进入全国领先行列。

项目建设有力推进。江西省示范基地发展特色显著，各地牢固树立“项目为王”的理念，推动全省示范基地高质量、跨越式发展。江西鹰潭市有色金属（铜加工）产业示范基地2021年实施涉铜项目97个，总投资达865.53亿元；组织召开江西（鹰潭）铜与电子信息产业推介会等专场招商推介会；2021年共引进钲旺科技年产5万吨铜合金线生产建设项目等铜基新材料项目33个，总投资达397.3亿元；同时鼓励技改挖潜，注重铜企业技改升级，实施总投资超百亿元的涉铜技改项目33个。江西上饶经济技术开发区电子信息（光伏）产业示范基地加速推进项目建设，3个总投资超百亿元的项目已开工建设。

两化融合不断深入。积极鼓励和引导企业自主创新，追求工业化和信息化的深度融合，坚持走新型工业化道路，追求可持续发展模式。江西景德镇陶瓷制品产业示范基地通过数据整合，坚持应用驱动，深挖数据价值，促进数据共享，积极推动数据资源的开放、共享和流通，让更多“沉睡”的数据成为发展动力。如景浮宫陶瓷通过数字赋能，将国际先进技术与景德镇传统的陶瓷工艺相结合，创造出了新型艺术陶瓷产品——钛纤艺瓷，并荣获了“全国版权示范单位”称号。江西赣州南康区家具产业示范基地致力于打造“一网五中心”实体化运营；依托家居智联网，推动企业“上云用数赋智”，累计实现500多家企业“上云”，打造数字车间200多个。

平台建设再上台阶。各示范基地加强调度、协调联动，完善硬件设施，全力推动平台建设再上新台阶。高安建筑陶瓷基地获批江西省省级两化融合首批试点园区；已建有较为完善的产业公共服务平台，包括国家建筑卫生陶瓷检测中心、江西建陶产业技术研究有限公司等，园区智慧云平台已初步完成建设，189家企业接入平台，实现了百分之百接入。江西九江共青城高新技术产业开发区纺织服装产业示范基地以武汉纺织大学共青城纺织服装产业研究院为依托，搭建羽绒服装设计中心、纺织科技展示中心、羽绒服装发展指数中心；成立共青城全国高校羽绒服装设计联盟，举办“共青城杯”羽绒服装设计大赛，参展上海、北京时装周，实施“互联网+服装产业”战略，推动线上、线下融合发展，拓展销售渠道。

创新能力不断加强。示范基地注重创新资源投入，江西永修云山经济开发区新材料（有机硅）产业示范基地大力发展企业科技创新，星火有机硅作为有机硅单体国家标准编制单位，起草了甲基三氯硅烷、八甲基环四硅氧烷等的相关国家标准，荣获国家科技进步二等奖、中国名牌产品等荣誉。星火狮达与厦门大学成立联合实验室，海多化工、虹润化工等企业与浙江大学、南昌大学、晨光研究院等建立了长期合作关系。示范基地已形成了从产品开发、设计、安装、施工、生产到管理等的一整套体系。江西新余高新技术产业园区电子信息（太阳能光伏）产业示范基地拥有国家光伏工程技术研究中心等多个国家级科研平台，创新能力和技术水平在国内处于领先水平。在 SNEC 第十五届（2021）国际太阳能光伏与智慧能源（上海）大会暨展览会的十大亮点评选中，赛维“赛单晶新一代高效率 S 系列产品之 N 型赛单晶硅片”再次荣获最高荣誉——太瓦级钻石奖。

（四）河南省

1. 总体发展情况

通过持续不断地创建培育和发展壮大，河南省示范基地作为全省转型升级突破口、招商引资主平台、新的经济增长极的地位不断巩固，在加快推动河南省从工业大省向工业强省、由制造大省向制造强省建设目标迈进的过程中发挥了重要作用。河南省现有示范基地 14 个。

2. 典型经验做法

研究制定示范基地配套政策。一是省工业和信息化厅联合省财政厅印发《河南省省级制造业高质量发展专项资金管理办法》。对获得工业和信息化部认定的国家新型工业化产业示范基地的，给予一次性奖励 200 万元。对国家级示范基地在省级各类基金、企业技术改造、智能制造、绿色制造、服务型制造、创新平台、人才引育、要素保障等方面优先给予政策支持。鼓励国家级示范基地在产业与金融、产业与教育、飞地经济、“五链”深度耦合等方面开展试点示范，在创新体制机制方面大胆先行先试，努力创建全国标杆示范。二是省工业和信息化厅制定印发《河南省新型工业化产业示范基地建设提升工作方案（2022—2025 年）》和《河南省新型工业化产业示范基地评价指南》，对未来四年国家级新型工业化产业示范基地的发展提出了新要求、新目标。

统筹协调打造一流发展环境。一是开放招商，发挥项目拉动作用。引导示范基地抢抓国内国际双循环的新发展机遇，创新招商引资模式，坚持“一区、一主业”承接发展原则，根据自身发展优势和产业定位，加大承接转移力度，打造形成全产业链新体系，不断吸引项目落地和企业入驻，着力提升产业支撑发展水平。二是科技创新加速新旧动能转换。以培育引进创新引领型企业、平台、人才、机构为核心，不断夯实创新驱动发展的基础，不断聚合新动能。激发企业科技创新的积极性和主动性，将市场需求转化为创新动力，推动创新成果市场化、产业化。三是企业服务打造一流发展环境。始终将企业和项目作为经济发展和科技创新的主体，以省“万人助万企”活动为抓手，全力保障示范基地主体稳定经营、健康发展。

创新工作思路，加强产业引导。河南洛阳高新技术产业开发区装备制造（节能环保装备）产业示范基地结合发展实际，明确构建“一核一轴四链一城”产业发展模式，即以智能制造为核心，前端（现代服务业）、中端（“1+3”产业）、后端（数字经济）互通发展为主轴，围绕智能制造、电子信息、新材料、生物医药“3+1”四大产业领域，重点发展氢能与储能、智能机器人两大风口产业，加速构建具有国际竞争力和吸引力的千亿级智造科创新城。河南洛阳大数据产业园大数据产业示范基地依托华为新基建、阿里云、中电互联、国家工业互联网研究院等，帮助阿特斯、中集凌宇、古城机械厂等 30 余家传统制造业企业完成数字化转型，生产效能提升 45%，带动产值增长 12 亿元；持续加强产业引导，先后落地建设华为人工智能实验室、西安交通大学中原大数据研究院、中移在线 AI 语音研究院、众信佳 AI 质检研发中心、百望云数字财税技术研究院等研发类项目，有效增强数字产业的核心竞争力；筹建大数据产业联盟，发挥骨干企业的优势资源，一诺科技已成为腾讯、爱奇艺、迪士尼等国内外多家知名平台及动画企业的生态合作伙伴。河南洛阳涧西区高技术转化应用产业示范基地大力支持制造业企业数字化转型，鼓励一拖集团、中信重工等大型制造业企业转型为智能制造系统解决方案服务商，引导企业由产品服务商向成套解决方案服务商、由国内服务商向国际化服务商转型，将资源向高附加值、高端核心环节聚集。

3. 发展亮点及成效

科技创新加速新旧动能转换。始终以培育引进创新引领型企业、平台、人才、机构为核心，不断夯实创新驱动发展的基础，不断聚合新动能。激发企业科技创新的积极性和主动性，将市场需求转化为创新动力，推动创新成果市场化、产业化。河南洛阳高新技术产业开发区装备制造（节能环保装备）产业示范基地以“四个一批”为重点，提升产业创新能力。一是培育一批创新主体。进一步健全“科技型中小企业—高新技术企业—瞪羚企业—创新龙头企业”的梯度培育机制。二是搭建一批创新引领型平台。实施“创新型企业研发平台全覆盖”工程，全区拥有创新平台 779 个，国家级研发平台 14 个。三是培育一批创新引领型人才。组建洛阳自创区工程系列高级职称评审委员会，在全省率先承接首个工程系列机械、化工专业高级职称评审权限下放，打造全省“人才+项目”高地，全区享受国务院政府特殊津贴人员 10 人，博士后工作分站 12 个，院士工作站 7 个。河南焦作高新技术产业开发区装备制造（矿山装备）产业示范基地积极与河南理工大学科技园对接，全力开展国家大学科技园的创建工作；推动腾云数字经济产业园创建省级科技企业孵化器，以及腾云数字众创空间等 3 个众创空间创建省级众创空间。

企业服务打造一流发展环境。始终以省“万人助万企”活动为抓手，全力保障示范基地主体稳定经营、健康发展。河南洛阳高新技术产业开发区装备制造（节能环保装备）产业示范基地建立首席服务官、问题受理办理、惠企政策宣讲、企业服务联席会议 4 项企业服务长效机制，全方位助力企业加快发展。在全国率先推行“多证集成、一照通行”改革，探索实行“一枚印章管审批”“一支队伍管执法”“一个专网搞服务”，优化创新环境。平顶山高新技术产业开发区石化化工（尼龙新材料）产业示范基地全面推行企业投资项目承诺制，实行一枚印章管审批、一件事一次办、有诉即应的高效政务服务制度，政务服务好评率达 100%；实行领导分包、台账管理、挂图作战、“六个一”项目保障机制，组织助企服务官 210 名，解决实际问题 168 个，办结率达 99%。河南漯河经济技术开发区食品产业示范基地坚持实行项目全生命周期服务机制，扎实推进重点企业倍增、工业“三大改造”、“小升规”和“规升高”工程等，不断推动骨干企业提质增效，逐步形成服务项目的“一盘棋”。

（五）湖北省

1. 总体发展情况

为加快推进示范基地高质量发展，湖北省充分发挥制造业体系健全、科教资源优势突出、中部地区市场广阔等比较优势。湖北省现有示范基地 18 个。

2. 典型经验做法

抓政策引导，推动产业链群发展。按照示范基地建设的新内涵和新要求，坚持规划引领，研究梯次培育产业集聚区的思路方向，2021 年 18 个示范基地完成集聚区产业规划更新。编制出台《湖北省制造业高质量发展“十四五”规划》，结合湖北省各示范基地涉及行业编制各专项规划，启动实施十大任务和十大工程，指导各类示范基地优化产业布局、调整产业结构，提升示范基地的整体实力。

抓优势产业，做好示范基地培育。将示范基地作为服务全省产业发展的联系纽带，通过产业链“链式”和示范基地“块式”的融合，促进产业“结网与互动”。聚焦光电子信息、新能源与智能网联汽车、生命健康、高端装备、北斗等一批产业基础好、科研优势强、市场前景广的优势产业，建立由省委、省政府主要领导挂帅，省委常委领衔推动、省直部门协同联动、院士专家智力支撑、工作专班推进落实的工作机制，五大优势产业均配套国家级、省级示范基地作为产业支撑，其中武汉东湖新技术开发区连续 4 年获评五星级国家新型工业化产业示范基地，形成了集中力量重点突破的攻坚格局。

抓项目建设，不断提升技术氛围。坚持以示范基地为依托，将新一轮技改作为应对经济下行、巩固产业基础、提升产业优势的主抓手。武汉经济技术开发区汽车产业示范基地内东风岚图、小鹏汽车、吉利路特斯等的新能源汽车项目加快实施，吸引了中航锂电、羿动电池银行等的百亿投资项目相继落户，“三电”、汽车芯片、智能网联等下一代汽车产业集聚成链，全国最大的 5G 车路协同自动驾驶测试基地基本建成。

3. 发展亮点及成效

规模效应进一步显现。湖北省聚集了一批产业实力突出、技术优势明显、未来成长性优的示范基地，它们成为带动全省工业发展的重要引擎。示范基地涉及汽车及新能源汽车、电子信息、软件、高端装备、船舶与海洋工程、有色金属、化工、新材料、资源循环利用、高技术转化应用等产业和领域，以战略性新兴产业为主导的示范基地占比超过 80%。武汉东湖新技术开发区电子信息（光电子）产业示范基地的光纤光缆产业规模处于全球领先水平。湖北仙桃高新技术产业开发区纺织（医用品）产业示范基地聚焦口罩、防护服等抗疫防护物资，是全球最大的非织造布产业基地。湖北宜昌经济技术开发区猇亭园区石化化工（磷化工）产业示范基地的磷化工产品结构向精细化、专用化方向发展，三聚磷酸钠、次磷酸钠、六偏磷酸钠、二甲基亚砜产销量居全球第一。湖北黄石经济开发区有色金属（铜）产业示范基地的铜产品占全国近三分之一的份额。

创新能力进一步增强。各示范基地将提高创新能力和科技水平作为创建工作的重要任务，进一步加大了技术中心、研发中心的建设力度，把创新摆在建设的核心位置，协同创新体系加速形成。各示范基地积极承担国家级和省级重大科技攻关项目，一批“卡脖子”关键核心技术实现突破。武汉东湖新技术开发区电子信息（光电子）产业示范基地生产了国内首颗三维相变存储器测试芯片、1.6Tbit/s 硅基光收发芯片、国内首款百万像素级双色双波段红外探测器、120W 皮秒激光器及 40W 飞秒激光器、首台（套）新型显示喷印技术装备等一批重大成果，有力推动了电子信息产业技术水平迈向更高台阶。

产业建设迈出新步伐。示范基地发挥产业集聚优势，强化产业特色、企业优势，实现集成创新，聚集了一批在国内具有知名度的自主品牌。武汉东西湖区食品产业示范基地汇聚了 12 个中国驰名商标、6 个湖北著名商标和 18 个湖北名牌产品，形成了以休闲食品为主的国内知名食品品牌聚集程度最高的食品加工产业集聚区，连续多年被中国食品工业协会认定为“全国食品工业强区”。

绿色转型进入快车道。各示范基地发挥规模优势和集聚优势，加大节能降耗、减排治污工作力度，完成或超额完成了国家和省级政府下达的年度节能目标，单位工业增加值能耗、单位工业增加值用水量均达到国家或行业标准，各行业领域示范基地的平均能耗指标均有所下降，有效促进了土地、能源、资源、劳动力等要素的集约与高效利用。湖北襄阳资源综合利用产业示范基地 2021 年循环化改造的 23 项指标均达标，境内北河水质常年保持在Ⅱ类以上，全年空气质量为优良的天数超过 300 天。湖北黄石经济开发区有色金属（铜）产业示范基地实施技术改造提升、全面推行绿色制造等，单位产品能耗下降 40%～50%。

（六）湖南省

1. 总体发展情况

湖南省深入学习贯彻落实党的二十大指示精神，将示范基地作为加速推进新型工业化的重要载体。湖南省现有示范基地 19 个。

2. 典型经验做法

抓好协同创新。始终把创新摆在示范基地持续发展的核心位置，加大创新平台建设力度。推动示范基地以创新平台为载体，以企业和高校为创新主体，以知识产权服务为纽带，构建科技成果创造、保护、转化、产业化的创新链。推动产业链龙头企业在关键领域主导、参与制定国家、行业、地方标准，掌握行业话语权。对示范基地优势产业链实行一链一策，集中财力、物力、人力做好补链延链强链工作，提高协作创新能力。发挥各示范基地龙头企业在技术创新方面的带动引领作用，着力打造“千亿”产业集聚区。通过“以商招商、以产促产”集聚创新要素资源，进一步完善产业链条，深化产学研合作，加速推进示范基地产业升级。

抓好要素保障。在全国率先开展先进制造业立法，为深化新一代信息技术与制造业融合发展、创建“五好”园区等出台一系列政策文件。各市（州）进一步加大政策研究力度，根据问题导向出台一批有针对性、能见实效的政策文件，支撑示范基地发展政策体系进一步完善，抓好要素保障，助推实体经济发展。融资方面，积极发挥财政性资金引导作用，争取银行信贷、产业基金、融资担保等对示范基地建设的融资支持；创新担保和融资方式，搭建政银企对接平台，着力破解企业融资难、融资贵问题。用地方面，大力开展园区闲置国有资产清理整治、僵尸企业清理和标准厂房建设，节约集约用地，强力推进“满园实园”，盘活闲置用地。人才方面，深化校企合作，鼓励各市（州）在大力发展本地教育资源、培育优秀人才的基础上，积极聚才引智。

3. 发展亮点及成效

综合实力不断增强。2021 年，长沙经济技术开发区技工贸总收入同比增长

10%，规模工业增加值同比增长 10.9%，财政总收入同比增长 2.3%。长沙经济技术开发区在国家级经济技术开发区的综合发展水平考核中位列第十四，营商环境位居全国第七、中部地区第一。湖南株洲高新技术产业开发区装备制造（轨道交通装备）产业示范基地是国内最大的轨道交通装备研发生产和出口基地，其生产的电力机车占全球市场份额的 27%；中小航空发动机产业形成了国内最完整的“研发设计—试验验证—生产制造”体系，主导产品在国内市场的占有率达 90%。

发展质量不断提高。示范基地规划面积合计 50 000 余公顷，已开发面积合计 30 000 余公顷；上缴税金总额超 800 亿元，实现利润仅 1000 亿元；工业固体废物综合利用率在 90%以上，其中有 7 个示范基地达到了 100%；全年未发生四类环保事件和安全生产事故。长沙经济技术开发区装备制造（工程机械）产业示范基地的产值已占全省的 3/5，在行业深度调整、经济下行的大环境下，产业规模增长 16.2%。三一重工首次跻身全球企业 500 强，是榜单中中国排名第一的工程机械企业。岳阳绿色化工高新技术产业开发区以巴陵石化、长岭炼化为龙头企业，合理延伸石化副产品深加工和废物再生利用产业链，建设和引进产业链接或延伸关键项目，不断促进物料闭路循环，园区的主要资源产出率达 0.93 万元/吨，工业固体废物综合利用率达 93.16%。

创新能力不断提升。2021 年示范基地主导产业拥有国家级研发机构 100 余家、省级研发机构超 500 家，研发人员近 13.5 万人。宁乡高新技术产业开发区（金洲新区）依托全省面积最大的省级双创示范基地——湖南省大学科技产业园和国家级企业研发平台，吸引了柴立元院士、邱冠周院士、桂卫华院士等院士专家到园区创新创业，实现了 20 多项高科技成果在园区落地产业化；创建湖南省知识产权（宁乡）综合服务中心，促成储能材料企业与中国科学院等 20 余家高校院所建立了战略合作，达成 23 项专利转让和产学研合作，实现技术合同交易约 10 亿元。

产业生态不断优化。示范基地年末从业人数 124 万余人，拥有职业教育和培训机构 289 家；拥有应用数字化研发设计工具的规模以上企业 1600 余家，两化融合贯标企业 400 余家；光纤入户企业占比、规模以上工业企业关键工序数控化率均达到 80%以上；拥有公共服务平台超 700 个，其中国家级平台 153 个；每年所在地政府安排专项资金近 25 亿元。湖南益阳高新技术产业开发区装备制造产业示范基地强化数字技术的运用，着力实现园区产业智能化，该基地内三一集团新建的 2.8 万平方米的智能制造生产车间，实现了设备与设备、设备与人、传感器与智能仪表之间的互联互通，人均产出率提升15%，5G+互联网让重型装备“跑”出新速度。

三、西部地区

西部地区共有 121 个示范基地，占全国示范基地总数的 27.4%，基地数量仅次于东部地区，涵盖了原材料工业（37 个）、装备制造工业（24 个）、消费品工业（18 个）、高技术转化应用（15 个）、电子信息产业（9 个）、大数据（6 个）、产业转移合作（3 个）、数据中心（3 个）、软件和信息服务业（2 个）、工业互联网（1 个）等重点领域，以及资源综合利用等其他领域（3 个）。

（一）内蒙古自治区

1. 总体发展情况

内蒙古自治区紧跟世界产业发展趋势，完整准确全面贯彻新发展理念，砥砺前行、拼搏竞进，其示范基地在集聚化、绿色化、智慧化等方面的发展取得了显著成效。内蒙古自治区现有示范基地 9 个。

2. 典型经验做法

不断优化园区空间布局。按照中央机构编制委员会文件精神和自治区党委、政府决策部署，对物流园区与工业园区进行优化调整，撤销入驻企业少、在建项目少、工业总产值少的工业园区，对区位相近或相邻、产业同质的工业园区进行跨旗（县、区）整合，把物流园区作为配套服务区就近整合到工业园区内，并将调整后的工业园区分为一类、二类园区，一类园区为正处级，二类园区为副处级。全区园区数量减少了 81 个、规划面积减少了 1/3，规范了机构管理，优化了空间布局，为园区高质量发展夯实了基础。自治区自然资源厅重新核定工业园区的“四至”范围，面积减少至 2506.1 平方公里，共减少了 65.4%，为示范基地高质量发展夯实基础。

不断完善园区管理制度。出台《内蒙古自治区智慧工业园区建设指南》《内蒙古自治区智慧工业园区建设实施方案》《内蒙古自治区开发区优化调整实施方案》《内蒙古自治区开发区审核公告目录》《关于进一步清理规范全区开发区管理机构 促进开发区创新发展的实施方案》《内蒙古自治区工业园区管理办法》《内蒙古自治区工业园区综合发展水平考核评价办法（试行）》等一系列文件，为示范基地高质量发展提供了坚强的制度保障。

不断推进绿色发展。一是大力发展绿色经济、低碳经济、循环经济，促进资源集约节约利用和经济发展。二是严格节能和环保准入门槛，坚决拒绝和摒弃高污染、高消耗的产业进入。三是大力发展循环产业和节能环保产业，推动示范基地生态化、循环化改造，建设绿色产业示范基地。四是拿出部分工业园区发展专项资金鼓励示范基地参与智慧工业园区建设，示范基地产业发展、运行管理和公共服务智慧化水平不断提高。

不断推进智慧园区建设。制定《内蒙古自治区智慧工业园区建设实施方案》，全力以赴开展智慧园区建设。从顶层进行设计，软件方面，在示范基地中选优推广，统一标准减轻地方负担；硬件方面，进行统一造价评估，按照造价评估结果以一定比例进行补助，采用“启动资金+后补助”方式进行资金补贴，加快建设进度。2021 年，支持资金达 2 亿元，推动工业园区开展智慧化建设；建设覆盖率在 80%以上，为示范基地智能化高质量发展提供保障。

不断深化对外经济合作。一是加强京蒙产业合作，持续跟踪调度京蒙合作项目，全年累计引进产业合作项目 21 个，总投资达 304 亿元。二是全力组织召开现代装备制造业发展专题会议，签约现代装备制造业项目 5 个，总投资达 57 亿元。三是积极与甘肃省工业和信息化主管部门开展省际产业合作，签署产业合作专项行动计划，组织相关盟市、工业园区及企业先后多次参加区域经济合作专题会议。四是组织全区各地与长三角、珠三角、京津冀等地区的 20 多个省（区、市）开展工信领域项目对接。五是积极参与央地合作招商对接会筹备工作，配合区有关厅局协调有关盟市收集梳理装备制造、新能源、新材料等领域的可签约项目。

3. 发展亮点及成效

高质发展成效突出。一是示范基地的支撑作用进一步增强。9个国家级示范基地和14个自治区级示范基地所在园区全部达到百亿级园区标准，其中千亿级园区2个，500亿级园区6个。示范基地产值占全部工业园区产值的比重超五成。**二是集聚集约化程度进一步提升。**按照示范基地发展的规模效益、创新效能、数字转型、绿色低碳等要素，科学确定示范基地的产业定位，延伸产业链条，引导大企业、大项目向示范基地集中。通过整合工业园区，示范基地的亩均效益进一步提升，23个国家级和自治区级示范基地的亩均产值达到199.7万元，高出全区工业园区平均水平77.7万元。**三是开发区大起底，为示范基地建设注入新活力。**通过开发区大起底，示范基地的待批项目、沉淀资金、闲置土地、停产企业、僵尸企业、停建项目得到有效治理，为示范基地有序发展提供保障。**四是示范基地基础设施进一步完善。**2021年园区基础设施相关投资超70亿元，实施基础设施项目100多个，示范基地的污水处理系统、渣场、管网、标准化厂房等基础设施得到有效改善。

营商环境持续优化。一是"放管服"改革深入推进。《内蒙古自治区以更优营商环境服务市场主体行动方案》中的40项行政事项全部入驻自治区本级政务服务大厅，实现"一窗受理"。**二是区域评估效果显现。**示范基地完成了节能评价、水资源论证、环境影响评价等10个方面的评估事项，推动评估成果互认共享、免费使用。**三是清欠工作扎实推进。**示范基地无分歧账款全部清偿完毕，实现无分歧账款动态清零。**四是产融合作成效明显。**先后六批次向金融机构推介项目，帮助示范基地企业落实贷款。

（二）广西壮族自治区

1. 总体发展情况

广西壮族自治区各有关部门采取积极措施大力支持示范基地发展，在各级部门的共同努力下，示范基地取得较好发展。广西壮族自治区现有示范基地5个。

2. 典型经验做法

高度重视示范基地建设工作。广西工业和信息化厅根据《自治区党委 自治区人民政府印发〈关于推进工业振兴三年行动方案（2021—2023 年）〉的通知》精神，进一步促进工业园区提质升级和产业集聚，组织编制了《广西重点园区建设“115”工程推进方案（2021—2023 年）》，即培育建设 10 个左右千亿元园区、10 个左右 500 亿元园区、50 个以上百亿元园区。广西工业和信息化厅将全区 5 个示范基地的主体园区纳入方案重点推进建设。广西以推动园区提质升级为目标，以“特色化、专业化、集约化”为发展方向，以编制用好产业布局全景图为关键抓手，以做好顶层设计、培育龙头企业、实施创新驱动、狠抓产业招商、提升承载能力为主要支撑，以深化改革和提升服务效能为内生动力，培育壮大一批主导产业突出、产业链配套完善、综合竞争力强的重点工业园区。

大力支持示范基地园区建设。2021 年，广西工业和信息化厅安排地方政府专项债及自治区财政资金大力支持基地园区建设，帮助完善园区基础设施，建设标准厂房，进一步提升园区承载和服务项目的能力。共安排地方政府专项债及财政资金 22.6 亿元，支持全区 5 个示范基地 12 个项目，项目投资额达 136 亿元。

各地采取措施支持基地建设。桂林市制定《桂林市加大重点行业扶持力度 冲刺四季度经济工作若干奖励措施》等政策文件，推动政策资源向工业倾斜，推动组建桂林产业技术研究院，筹备创建新一代电子信息自治区实验室；实行市领导带队招大商工作机制，开展产业链精准招商。百色市委、市政府高度重视推动铝产业向精深加工发展，由市政府领导主抓，成立百色市新型生态铝产业招商专班，开展铝产业招商引资，实施精准招商，推动一批铝产业延链补链项目落地百色；制定出台《中共百色市委员会关于推进新型生态铝产业高质量发展的决定》，明确从调整能源结构和铝产业结构两个方面入手，加速铝产业智能化改造，推动全产业链优化升级，实现高端化、智能化、绿色化发展。玉林市实行“一个领导牵头、一套班子落实、一个方案推进”的企业联系帮扶机制，全面精准协调解决企业在生产经营、要素供给、项目建设、挂牌上市等方面遇到的困难和问题，倡导“企业不跑我来跑、企业不会我来教”的服务理念，由提供保姆式服务向提供营养师式服务转变。

3. 发展亮点及成效

研发创新平台取得较大发展，高质量发展动能不断增强。广西各示范基地加大研发创新平台建设力度，积极引进、培育创新型企业，创新发展基础不断夯实，研发创新能力进一步增强。2021 年，广西桂林电子信息产业示范基地新增自治区级及以上研发创新平台 32 个，认定高新技术企业 142 家，其中广西百强高新技术企业 18 家；推动组建桂林产业技术研究院，筹备创建新一代电子信息自治区实验室，建成各类国家级科技创新创业平台 75 个，研发平台数量和质量居全区前列，城德科技园成为国家众创空间。广西百色工业园区有色金属（铝）产业示范基地建成国家级科技企业孵化器 1 家，自治区级企业技术中心 2 个，广西智能工厂示范企业 5 家，数字化车间 2 个。

科技及创新型企业加速崛起，创新研发取得丰硕成果。广西玉林玉州区装备制造（内燃机）产业示范基地内的玉柴股份公司作为国家级高新技术企业，拥有三大研发基地，研发场地建筑面积达 11.6 万平方米；拥有国内外研发仪器设备 1357 台（套）（原值 5.59 亿元），全面覆盖微、轻、中、重型发动机试验所需功率段，具备同时开展国六、T4 发动机试验的能力，研发试验装备达到世界一流水平；现有新产品研制生产线 4 条。广西桂林电子信息产业示范基地的“基于企业 MES 平台的精细化生产管控能力”等多个项目获批工业和信息化部新一代信息技术与制造业融合发展示范项目及自治区人工智能与实体经济深度融合应用示范试点项目、大数据与工业深度融合重点示范项目。

产学研合作再上新台阶，研发水平及能力进一步提升。广西玉林玉州区装备制造（内燃机）产业示范基地与清华大学和中国汽车工程研究院等一系列高校和科研院所建立密切合作关系，通过产学研合作方式，实现优势互补，相互促进；与东风汽车等 30 家整车企业深化战略合作，为国六、T4 产品的推广应用奠定坚实基础；与奥地利、德国和美国等的著名发动机开发、技术咨询、零部件生产公司强强联合，确保产品技术与世界先进技术对接，领先行业需求；已建成“玉柴—亚琛 FEV 研发中心”等一系列技术创新平台，务实推进学术交流、国际合作研究，提高产业链整合协同发展能力，打造内燃机技术创新策源地。广西桂林电子信息产业示范基地采取“企业出题、高校院所解题、政府助题”的联动新模式，推动企业牵头组建创新联合体，推行技术攻关和成果转化“揭榜挂帅”制度。桂林“云上软件园”已对接 48 家 IT 企业及 5 所高校。

（三）重庆市

1. 总体发展情况

重庆市坚持创新、集聚、智能、绿色、融合的发展方向，大力培育发展特色产业，着力打造国家重要先进制造业中心。重庆市现有示范基地 16 个。

2. 典型经验做法

坚持产业集聚化发展。始终坚持集聚集约发展路线，以优势主导产业为龙头，以构建产业生态为目标，加快建设特色鲜明、优势突出、结构合理、效益良好的示范基地。如重庆高新技术产业开发区电子信息（集成电路）产业示范基地聚焦模拟及数模混合、存储芯片、功率半导体、单波硅基光电子等领域，已集聚集成电路上下游重点企业 14 家，集成电路产业生态初见成效；重庆两江新区大数据产业示范基地聚焦大数据存储和应用两大方向，依托全国唯一的“四节点一通道两中心”两江数字经济产业园，2021 年销售收入同比增长 114%。

坚持创新协同化发展。坚持创新驱动发展战略，积极整合创新资源，强化创新主体培育，鼓励企业加大研发投入力度，全力打造协同创新平台，加速科技成果转化。重庆永川工业园区装备制造（机器人）产业示范基地累计建成国家工程（技术）研究中心 2 个、国家级创新创业和公共服务平台 4 个，培育国家级高新技术企业 159 家，2021 年转化科技成果 35 项、技术合同交易额达 1 亿元；重庆璧山工业园高技术转化应用产业示范基地大力发展研究院经济，成功探索出“研究院+产业园+基金”的康佳模式、“总部基地+研究院+产业基地”的比亚迪模式、“高校团队+研究院+专精产业”的校地合作模式。

推动智能融合化发展。推动传统制造业高端化、智能化、绿色化转型，加快 5G 工业互联网与制造业深度应用，实现智能制造融合发展。16 个示范基地累计实施智能化改造项目 1600 个以上，建成智能工厂 60 家、数字化车间 300 个以上，数量占所在区县的 80%以上。重庆南岸区电子信息（物联网）产业示范基地累计完成 135 个智能化改造项目，建成智能工厂 4 家、数字化车间 28 个；重庆北部新区汽车产业示范基地的长安汽车、三一重机、金康新能源建成西南地区首批智能化“灯塔工厂”；重庆江津工业园区装备制造产业示范基地新增 6 家智能工厂，新认定的智能化改造项目数（78 个）居全市首位，正在建设成渝地区首个工业互联网标识解析综合二级节点消费行业运营中心。

3. 发展亮点及成效

发展集约化更加绿色。各示范基地坚持产业生态化、生态产业化，围绕“碳达峰、碳中和”目标，以绿色产品、绿色工厂、绿色园区、绿色供应链为重点，加强低碳节能、清洁生产、资源循环利用技术改造，推进绿色制造体系建设，强化安全生产管理，加快打造低碳、零碳、安全的示范基地。2021 年，示范基地单位工业增加值能耗和用水量同比下降 5%以上，全年未发生较大以上安全生产事故和环境污染事件。重庆南岸区电子信息（物联网）产业示范基地打造智慧广阳岛项目，积极创建重庆市碳捕集与利用技术创新中心，上线全国首个覆盖碳履约、碳中和、碳普惠的“碳惠通”生态产品价值实现平台，推动登记轨道交通、风力发电等 7 个减排项目，登记“碳惠通”核证自愿减排量约 163.6 万吨，登记注册企业数量达到 36 家。

服务平台化更加健全。各示范基地紧紧围绕产业及企业发展需求，以大数据智能化手段，整合各类园区资源，集成检验检测、创新转化、人才培育、融资贷款、项目申报等服务，搭建便捷、智能的园区公共服务平台。重庆仙桃国际大数据谷软件和信息服务产业示范基地吸引微软加速器、感知孵化器、中关村信息谷等 10 个创新平台落户，年均孵化企业 200 家以上；联合华为公司搭建软件开发云平台，构建智能汽车低代码实验室，可提供 87 款基础软件工具，服务软件企业 840 家次。重庆长寿经济技术开发区石化化工（合成材料、有机化工）产业示范基地打造“龙头企业+孵化”基地，探索完善大中小企业融通发展“试验田”，搭建 1200 平方米的一站式科技创新服务窗口，已集聚了 5 个线上平台和 16 个线下平台。

（四）四川省

1. 总体发展情况

四川省示范基地对全省园区产业发展的引领带动作用不断增强，成为支撑区域经济平稳增长、持续优化产业结构、提升产业发展质量的核心载体。四川省现有示范基地 26 个。

2. 典型经验做法

全力推动工业稳定增长。四川省经信系统全力统筹抓好疫情防控和生产经营，保障示范基地工业企业稳增稳产、产业链供应链安全稳定。结合党史学习教育认真开展“我为企业办实事”活动，协调化解示范基地反映的 100 余个突出困难问题。组织各示范基地开展产业金融精准对接活动，制造业中长期贷款余额同比增长近 30%；拓展产业助贷项目“园保贷”的覆盖范围，有效解决各示范基地企业“贷款难、贷款贵、贷款慢”问题。开展“亩均论英雄”规模以上工业企业效益评价，加大对示范基地内 A 类评价企业的倾斜支持力度，推动示范基地质量和效益提升。

推动产业链创新链融合。把推动示范基地创新发展放在核心位置，用“科创十条”推动产业技术创新体系建设，支持 13 个省级制造业创新中心发展，发布 54 个“揭榜挂帅”重点建设领域。强化应用导向推动品质升级，修订首台（套）、首批次、首版次政策，推动重点领域创新突破发展。引导高端创新资源向园区（基地）聚集，创建 30 个四川省院士（专家）产业园并匹配专项资金助力招才引智。实施《四川省“5+1”重点特色园区培育发展三年行动计划（2021—2023 年）》，在示范基地内培育出特色突出、布局合理、功能完备的重点特色园区，为全省示范基地现代工业体系建设提供高质量的承载主体。

狠抓重点项目投资建设。组织开展制造业招商引资“百日攻坚”行动，高规格举办四川制造业广东（浙江）投资推介会，组织全省示范基地参加专题推介活动，促成一批重大项目落户示范基地。强化投资政策激励，推动出台促进制造业项目投资建设的 12 条措施。开展重点产业苗头性、倾向性、潜在性问题监测，搭建平台推动成都经济技术开发区汽车产业等示范基地的汽车芯片、大宗商品供需对接，全省示范基地工业经济稳定恢复、稳中向好、有序增长。深入实施技术改造服务水平提升行动，促进各示范基地的一批标志性项目竣工投产，推动绵阳科技城惠科显示模组、泸州酒业集中发展区泸州老窖酿酒技改等项目加快建设。

加速数字化智能化升级。实施制造业数字化转型行动，发布西部地区首个“研发、生产、仓储、物流、运营”五位一体的 5G+工业互联网云平台，上线电子信息、家具制造、智慧旅游等12个工业互联网标识解析行业节点。持续实施“万企上云”行动，培育工业互联网平台。制定《关于进一步促进服务型制造发展的实施意见》，开展智能制造成熟度诊断，在示范基地的重大装备、电子信息、汽车制造等领域开展智能制造试点示范。指导四川德阳市装备制造等基地探索形成“互联网+制造生产”模式，建成数字化工厂（车间）。其中，泸州老窖实现酿造与管理过程的数字化控制，东电线圈智能制造化车间和二重大型水电及燃机装备关键件机加数字化车间新模式项目入围工业和信息化部“智能制造综合标准化与新模式应用项目”。

提升绿色安全发展能力。编制工业领域和4个重点行业的“1+4”碳达峰专项行动方案，开展节能降碳技术示范应用，示范基地在册“散乱污”企业实现动态清零。实施循环化改造行动，开展近零碳排放园区试点。实施绿色制造工程，打造绿色工厂、绿色园区、低碳园区。深入推动重点行业提质发展，持续推进危化品生产企业搬迁改造，认定首批6个化工园区，成功举办节能环保品牌推广全川行系列活动。强化源头管控，严把项目准入关，严禁环保、安全不达标的项目进入示范基地发展。

3. 发展亮点及成效

经济效益稳步增长。2021年，四川省示范基地销售收入同比增长8.8%，企业利润同比增长22.1%，缴纳税金同比增长7.6%。成都高新技术产业开发区电子信息产业示范基地的世界500强企业总数达132家，实现地区生产总值同比增长11.1%。四川德阳高新技术产业开发区装备制造（油气开采装备）产业示范基地加快建设世界级重大装备制造基地的核心承载地，发电设备产量全球第一，实现利润总额同比增长32.7%。

创新驱动引领发展。示范基地规模以上企业有效发明专利数同比增长30.0%；建设国家级研发机构超260家、省级研发机构1200余家；拥有研发人员25.5万人。四川绵阳科技城高技术转化应用产业示范基地持续加大首台（套）研发力度，其中华丰科技高速连接器研制取得突破，首台国产医用回旋加速器正电子药物制备中心顺利落成。四川金堂节能环保产业示范基地内的巴莫科技研发生产的高镍材料填补了国内空白，打破了日韩对高端锂离子电池正极材料的垄断局面。四川德阳高新技术产业开发区装备制造（油气开采装备）产业示范基地研制生产了“华龙一号”核电机组、世界最重加氢反应器、白鹤滩世界首台百万千瓦级水电机组等一批“大国重器”。

开放合作开拓市场。示范基地进出口总额同比增长 10.7%，其中出口额同比增长 10.8%。四川自贡高新技术产业开发区装备制造（节能环保装备）产业示范基地的节能环保装备产品远销“一带一路”沿线 30 个国家和地区。四川宜宾临港经济技术开发区电子信息（智能终端）产业示范基地的智能终端产业进出口总值占宜宾市外贸总值的 69.7%，该基地成功获批国家级外贸转型升级基地（智能终端）。成都高新技术产业开发区电子信息产业示范基地的外贸进出口额达 5600 亿元，高新综合保税区连续 4 年保持进出口总额全国第一。

产业数智化绿色化发展。示范基地应用数字化研发设计工具的规模以上企业同比增长 10.5%，两化融合贯标企业同比增长 31.3%，规模以上工业企业关键工序数控化率超过 70%。四川攀枝花钢铁（钒钛）产业示范基地大力推进节能降耗、循环利用和清洁生产，以实施工业“三废”资源综合利用项目建设引导构建循环产业链，着力打造国家大宗固体废物综合利用示范基地。成都青白江经济开发区无机非金属材料（绿色建材）产业示范基地成功举办首届“中国工程院院士西南行暨碳中和成都大会”，化学需氧量、氨氮、二氧化硫、氮氧化物等污染物排放总量较上期期末分别减少 8%、76%、84%、38.5%。

（五）贵州省

1. 总体发展情况

贵州省示范基地主导产业特色鲜明，发展水平和规模效益居行业领先地位，在协同创新、集聚集约、智能融合、绿色安全等方面具有示范作用。贵州省现有示范基地 13 个。

2. 典型经验做法

抓顶层设计，明晰发展思路。成立由省长担任组长的省推进开发区高质量发展工作领导小组，明确由省工业和信息化厅牵头抓好省级开发区考核监测和产业发展，有效解决了开发区多头管理、考核等问题。研究起草并推动出台了《关于推进开发区高质量发展的指导意见》《贵州省规范开发区管理机构 促进开发区高质量发展的实施意见》《关于创新开发区管理运行机制的若干措施》《贵州省重点开发区首位产业指导目录》，形成了开发区高质量发展“1+5”政策体系，坚持问题导向，进一步细化精准招商、用地改革、统计监测和问题交办等办法，为示范基地高质量发展理清思路、明晰路径、提供保障。

抓体制机制，激发发展活力。以深化改革增强高质量发展的动力活力，把开发区作为改革创新的“试验田”和“排头兵”，推动各类开发区、产业园区转型升级。省有关部门相继印发开发区体制机制改革创新系列政策文件，支持和鼓励开发区在机构编制管理、建设运营、人事薪酬、财政体制、人才队伍建设等方面大力开展改革创新实践。经过一年多的改革创新，全省上下在理顺开发区体制机制、明确产业功能定位、增强服务产业和确定招商引资职能等方面达成共识并取得一定成效。贵州福泉市石化化工（磷化工）等产业示范基地先行先试，推进实行“两剥离”，完善人事和薪酬制度，优化财政管理体制等，充分发挥引领作用，进一步强化开发区的产业发展功能定位。

抓首位产业，提升产业竞争力。遵循市场经济规律和产业发展规律，对照《贵州省重点开发区首位产业指导目录》《贵州省工业和信息化系统产业招商三年行动方案（2021—2023年）》，督促指导各市（州）强化规划引导、立足资源禀赋和产业基础、落实主体责任、加强政策扶持，引导开发区产业集聚发展，着力培育一批具有较高集聚性、先进性和较强协同创新力、品牌影响力的特色优势产业链和产业集聚区，把比较优势转化为竞争优势、经济优势，为示范基地建设和发展增添动力，为申报创建新示范基地打好基础。

抓产业招商，增强发展后劲。把“引项目、扩投资”作为重中之重，千方百计推进产业招商。将项目实际完成投资和实际形成产能作为衡量开发区产业招商工作质量的重要标准，因地制宜，发挥比较优势，以补链、强链、延链、建链为工作主线，认真分析产业发展动态趋势，重点瞄准产业链主企业、行业优强企业，持续开展产业大招商。加强对签约项目的落地后续服务和核查评估，提升签约项目的真实性、准确性，提高招商引资质量和效益。认真落实全省产业大招商暨优化营商环境电视电话会精神，加强对全省工业招商工作的指导，省工业和信息化厅印发了《贵州省工业和信息化系统产业招商三年行动方案（2021—2023 年）》，制定了产业招商行动计划，建立了“两图两池两链”，完善了十大工业产业链图。示范基地总投资额、年度到位资金占全省开发区的比重分别为 24.5%、15.7%。

3. 发展亮点及成效

推进要素保障，开发区综合承载能力超前。贵州省按照适度超前的原则推进开发区基础配套设施建设，提高开发区的综合承载能力。积极抓好开发区地方政府专项债券项目的审核推荐，指导各地围绕补齐开发区基础设施短板谋划一批专项债券项目。2021 年，共审核推荐 36 个专项债券项目入库、申请金额 184.3 亿元，已发行 22 个项目、发行金额 20.9 亿元，其中支持示范基地项目共计 1.3 亿元。

狠抓发展评价，各项工作任务落实落细。一是根据《开发区高质量发展测评方案》，持续开展全省开发区季度监测工作并完成本年度开发区高质量发展测评工作。根据上年度的测评结果，已安排 1.12 亿元省工业和信息化发展专项资金，用于奖励测评成绩较好的开发区。贵州福泉市石化化工（磷化工）等 9 个产业示范基地共获 4000 万元资金奖励。二是强化示范基地发展质量评价结果运用，根据本年度示范基地发展质量评价结果，印发了《关于 2021 年国家新型工业化产业示范基地发展质量评价结果的工作提示》《关于做好国家新型工业化产业示范基地发展质量评价有关工作的函》，压实地方主体责任，加强分级分类指导，以质量评价倒逼各项工作任务落实落细。

细抓督查整改，生态文明建设持续向好。以深入推进中央环保督察“回头看”反馈意见整改工作为抓手，针对“回头看”反馈意见涉及开发区相关问题，会同省生态环境厅、省商务厅、省科技厅组成领导小组，通过制定工作方案、开展科学考评、印发情况通报、强化现场督查、开展专项督查和召开专题会议等，引导和鼓励开发区绿色发展。同时，印发《全省产业园区集中式污水处理设施核查及整改基本要求》，省、市、县三级合力攻坚，督促相关开发区按时完成整改工作。贵州省开发区集中式污水处理设施实现全覆盖，全省创建了 6 个国家级绿色园区。

（六）云南省

1. 总体发展情况

云南省高度重视示范基地工作，把示范基地创建培育作为推动制造业高质量发展的重要抓手和转变发展方式的重要举措，积极调整产业布局，持续优化产业结构，推动产业集聚融通、协同、联动发展。示范基地的总体发展水平、经济效益和科技创新能力进一步提升，示范效应进一步扩大，工业经济的支撑作用进一步凸显，为云南省加快构建现代化产业体系提供了重要支撑。云南省现有示范基地9个。

2. 典型经验做法

以循环经济促绿色发展。2021年，9个示范基地大力发展循环经济，加快建设废物循环利用体系，提高再生资源回收能力和形成规模化再利用能力，构建企业之间的循环经济产业链，切实提高园区的资源产出率，园区绿色指数逐年提升。示范基地重点用能企业全部完成节能目标，未发生突发环境污染事件。如云南祥云财富工业园有色金属（锌铅锑等冶炼）产业示范基地内的云南祥云飞龙有色金属股份有限公司的湿法炼铅生产线作为全球第一条湿法炼铅生产线成功建成并投产，改变了传统的火法炼铅工艺，从根本上解决了含铅烟气污染问题，推动了产业转型升级。云南个旧产业园区有色金属（锡）产业示范基地内的个旧市自立矿冶有限公司与昆明理工大学合作，采用自主开发的“氟硅酸铋+硫酸电解”工艺，直接产出精铋产品。该工艺的废水产出量仅为原工艺的5%～8%，大大改善了环境。

进一步增强创新支撑能力。2021年，9个示范基地研发投入同比增长6.9%；主导产业国家级研发机构达到40家，省级研发机构超150家；规模以上企业有效发明专利数较上年增加419件。如昆明高新技术产业开发区新材料（稀贵金属）产业示范基地实施“云南省稀贵金属材料基因工程”重大科技专项，建成三大公共创新服务平台，搭建了5个专业研发平台，促成了一批成果转移转化，实现了“创新平台—人才团队—项目统筹、基础研究—关键技术研发—工程化应用”的全链条创新布局。昆明经济技术开发区高技术转化应用产业示范基地2021年技术合同交易额突破490亿元，获省级科技进步奖特等奖1项、二等奖2项、三等奖6项，获云南省创新创业大赛奖励15项，自主创新能力迈入新阶段。

发挥主导产业示范带动作用。示范基地主导产业大力促进所属行业整体转型升级、提质增效、创新发展，辐射带动周边区域经济增长、产业发展、转型升级、提质增效。如昆明高新技术产业开发区新材料（稀贵金属）产业示范基地的龙头企业通过实施贵金属关键核心技术攻关，解决了一批关键技术难题，实现了一批关键材料、器件和技术的替代进口，其中贵研铂业在稀贵金属新材料领域已是全国第一，昆明贵研催化剂在机动车尾气净化催化剂领域的技术实力全国领先，产业规模居全国第二。昆明经济技术开发区高技术转化应用产业示范基地在带动区域科技水平进步的同时，通过上下游延伸产业链，有力带动经济技术开发区、昆明市乃至云南省相关行业、企业的发展，形成了以云内动力、CY 集团、云南航天、昆钢重装、宝能汽车等企业为代表的装备制造产业群，在新能源汽车、多缸小缸径柴油机、智能数控机床、大型及重型装备、先进输配电设备等领域形成优势。

3. 发展亮点及成效

规模和效益不断提升。云南安宁工业园区石化化工（磷化工）产业示范基地聚集了云南云天化石化有限公司、中国石油云南石化有限公司、云南天安化工有限公司、云南祥丰金麦化工有限公司等骨干企业，2021 年实现工业总产值近 960 亿元、工业增加值 211 亿元，分别同比增长 19.9%、20.6%。昆明高新技术产业开发区生物医药产业示范基地聚集了昆药集团、沃森生物、云南贝泰妮等一批龙头企业。昆药集团、龙津药业、云南生物谷药业登上 2021 年度“中国中药企业 TOP100 排行榜”。

两化融合成效明显。示范基地加快通信基础设施建设，大力推进新型信息基础设施建设工作，数字赋能、两化融合水平进一步提升，光纤入户企业占比达到 100%，应用数字化研发设计工具的规模以上企业数比上年增加 25 个，两化融合贯标企业数达 14 个，6 个示范基地规模以上工业企业关键工序数控化率超过 90%。如昆明高新技术产业开发区生物医药产业示范基地内的昆药集团的两化融合管理体系顺利通过 2021 年度工业和信息化部两化融合管理体系评定机构（中国船级社）的评估审核；昆明中药厂建成省内首个中药生产全流程智能化控制系统。云南安宁工业园区石化化工（磷化工）产业示范基地获批第四批“智慧化工园区试点示范（创建）单位”，实现园区一体化管控新格局，全力打造云南智慧园区标杆工程。

公共服务体系不断完善。示范基地拥有公共服务平台 104 个，其中国家级平台 17 个，形成了由重点企业主导、中小企业广泛参与、高校及科研院所提供技术支撑、服务机构提供公共服务、投融资机构提供金融支持的产业合作框架。建有公共服务窗口平台，形成了集创业辅导、创新支持、科技研发服务、专业技术服务等功能于一体的创新创业公共服务体系。如昆明经济技术开发区高技术转化应用产业示范基地积极推进“智慧政务”平台建设，在全省范围内率先以“旗舰店”的形式在省政府服务网首页设置专区，并最先在云南“一部手机办事通”App 上挂载昆明片区智慧政务 App 小程序，建设的西南地区首个中小微企业金融服务平台征信画像风险评价系统已助力 12 家区内企业获得金融机构融资支持 5000 余万元。

（七）西藏自治区

1. 总体发展情况

西藏自治区将示范基地作为推进新型工业化的重要阵地，全面深化体制机制改革和政策制度创新，着力提升产业园区的基础能力和集约集聚水平，推动构建多层次、多类型、辐射带动效应日渐突出的产业园区发展格局。西藏自治区现有示范基地 2 个。

2. 典型经验做法

不断优化创新创业生态。西藏自治区贯彻落实创新驱动发展战略，大力吸引聚集创新创业资源，积极优化园区创新创业生态，开展众创空间、科技企业孵化器等创新平台建设，鼓励支持企业加大研发投入、申请各类知识产权，组织申报认定高新技术企业、科技型中小企业和专精特新企业。截至 2021 年底，全区产业园区共有国家级高新技术企业 58 家、国家认定的科技型中小企业 278 家、国家级专精特新企业 2 家，自治区级专精特新企业 19 家；国家级创新平台 5 个，自治区级创新平台 8 个，市地级创新平台 10 个；共引进硕士及以上学历、具有高级职称、高技能人才 381 人。

深入推进协调融合发展。西藏自治区将产业园区作为企业集约集聚发展的主要载体和引领辐射带动区域协调发展的重要抓手。各市地以产业园区为中心，集聚资源要素，开展补链延链强链行动，在扩大产业规模的同时，积极推动一、二、三产业融合互动和相互促进；大力推动产城融合，深化产城一体化发展内涵，提升园区吸纳就业能力，2021 年园区共吸纳超过 3 万人就业，其中本地大学生近 2000 人、农牧民近 4000 人，通过以产促城、以城兴产，有力推动园区所在区域全面协调发展。

积极推进绿色低碳发展。西藏自治区坚持国家生态安全重要屏障的定位，始终坚持生态安全第一，把推动绿色低碳发展作为园区产业转型升级的重要抓手，严格落实“双控”要求，深入筹划园区循环化改造和绿色园区建设，积极开展绿色制造体系建设，工业企业的节能减排降碳效果不断显现；实施园区污水集中处理设施专项调研，形成《产业（工业）园区污水处理设施建设运营情况的报告》。拉萨高新技术产业开发区宁算数据中心被评定为国家级绿色数据中心。

稳步推进优化营商环境。西藏自治区认真落实“放管服”改革，简化行政审批，大力推行“首问责任制”“服务承诺制”，深入开展合作共建、招商引资等工作，不断优化园区营商环境。拉萨经济技术开发区、拉萨高新技术产业开发区不断优化完善招商引资优惠政策，各园区积极参与各类招商引资推介会。拉萨市出台《拉萨经济技术开发区“一区多园”管理办法（试行）》，发挥经济技术开发区的龙头作用，协调带动相关县（区）经济发展壮大。

3. 发展亮点及成效

园区产业规模逐步壮大。2001 年，拉萨经济技术开发区经国务院批准设立；2011 年，达孜工业园区升级为自治区级工业园区；2013 年，藏青工业园区正式开工建设；2018 年，昌都经济开发区成为西藏自治区第一个自治区级经济开发区；2019 年，日喀则市、林芝市经济开发区升级为自治区级开发区。各县（区）为促进县域经济发展，相继设立县（区）级产业园区。

园区经济规模持续壮大。西藏自治区以工业作为重要功能定位的园区有 16 个，其中国家级 1 个、自治区级 8 个、市地级 2 个、县区级 5 个。产业园区已成为带动全区经济发展的重要引擎、产城融合的重要平台和产业项目建设的重要载体。

（八）陕西省

1. 总体发展情况

陕西省坚持以新发展理念为引领，以推动新型工业化、打造先进制造业基地为目标，分类推进示范基地高端化、智能化、绿色化发展，实现提质升级。陕西省现有示范基地 14 个。

2. 典型经验做法

坚持规划引领，明确产业定位。围绕汽车、新一代信息技术、现代化工、航空航天、高端装备制造、新材料和生物医药等支柱产业培育，陕西省以高质量规划引领，按照“大项目支撑、龙头企业引领”的发展思路，突出特色主导产业，把示范基地打造成推动全省制造业集聚发展的重要载体。西安高新技术产业开发区发挥在半导体领域的核心优势，推进奕斯伟集成电路产业基地项目、美光移动存储芯片封测项目等电子信息产业重大项目落地。西咸新区沣西新城加快引进大数据头部企业，形成以空天超算中心、天翼云科技等百余家大数据产业骨干企业为引导，集研发设计、终端制造、平台构建、应用服务等于一体的大数据产业链。

坚持创新驱动，促进示范基地实现创新发展。围绕产业链部署创新链，以秦创原创新驱动平台建设为重点，聚焦关键核心技术攻关，突出科技创新核心地位，持续推进科技成果转移转化，加快构建创新体系，以创新聚活力、促发展。西安高新技术产业开发区探索和中国科学院西安光学精密机械研究所、西安电子科技大学、西北工业大学等高校及科研院所的一体化融合发展，促成校企合作 14 项。西安航空基地布局“众创空间平台+实验研发平台+公共服务平台+科技园区平台”四位一体的创新载体矩阵，推动产学研成果协同转化。

坚持绿色发展理念，提高资源利用效率。注重工业的绿色低碳发展，加大节能降耗、减排治污工作力度，平均能耗指标不断降低，有效提高全省基地的绿色、安全发展水平。西安航空基地推进绿色园区、国家生态工业示范园区、生态文明建设示范区“三园共建”工作，拟定《陕西航空经济技术开发区生态文明建设示范区建设规划（2021—2025 年）》。西咸新区沣西新城在建设过程中充分融入了海绵城市、中深层无干扰地热等先进的绿色建设理念，高效利用水资源、地热能，减少环境污染。

加强园区基础承载能力建设，进一步完善配套功能。积极推动全省示范基地的土地、资金、人才、技术等要素的整合，加大水、电、路、气等基础设施建设力度，落实落细降成本、减负担等各类纾困惠企政策，持续优化营商环境，提升园区的整体水平。汉中航空产业园承接周边的公共配套设施和基础设施建设，累计投入近 40 亿元，建成横六路、时代大道等“四横三纵”的 30 余公里骨干路网，污水处理厂及干管建成运营。渭南高新技术产业开发区充分调动孵化器与各种金融服务机构，积极争取 3D 打印产业培育基金及渭南科创基金对入孵企业的支持力度，缓解了企业资金压力。

持续推进链式招商模式，抓好重大项目招引落地。围绕产业链水平提升，紧抓共建“一带一路”倡议、新时代推进西部大开发形成新格局等重大战略，全面落实招商引资政策措施，通过链式招商等方式，加快引进大企业、大项目，推动地区间产业合作交流。西安航天基地实施“链长敲门计划”，由“链长”带队，赴深圳、长沙等地拜访目标企业，宣传推介，了解企业落户意向，创新招商模式。蔡家坡经济技术开发区发挥龙头整车及零部件企业的引领带动效应，组建招商小分队赴北京、山东等地开展多种形式的招商活动 15 次，参加各类投资促进活动 8 场次。宝鸡高新技术产业开发区积极搭建产业国际化平台，举办合作交流活动，向外宣传和展示钛谷，提高钛谷的影响力。

3. 发展亮点及成效

综合实力不断提升。示范基地作为先进制造业的承载平台，发展规模和水平居全省同行业前列，在引领和带动全省工业发展上发挥了重要的支撑作用。2021 年，全省示范基地已开发建设面积达 5.7 万公顷，工业总产值同比增长 7.7%，工业增加值占全省全部工业增加值的 32.2%，实现就业同比增长 7%。

科技创新能力显著增强。2021 年，示范基地研发人员占从业人员的 22.0%，研发投入超千亿元。在创新投入不断加大和创新平台持续完善的作用下，2021 年示范基地规模以上企业有效发明专利数超 30 000 件，主导产业国家级研发机构达 180 多家，主参编国家标准 900 多项、国际标准 50 余项。

公共服务平台建设取得明显进展。示范基地的公共服务平台在推动企业健康成长、提升产业创新能力、培育发展战略性新兴产业、树立区域产业品牌等方面发挥了重要作用，已经成为产业高质量发展的支撑。2021 年，示范基地建成各类公共服务平台 600 个，其中国家级公共服务平台 102 个。

（九）甘肃省

1. 总体发展情况

甘肃省以推动示范基地转型发展为目标，抢抓“一带一路”建设历史机遇，凝心聚力、攻坚克难，各项工作有力推进，示范基地园区经济保持平稳增长。甘肃省现有示范基地 8 个。

2. 典型经验做法

持续优化营商环境，增强企业发展活力。甘肃省坚持把优质营商环境作为园区高质量发展的“生命线”，为推动全省示范基地加快发展提供动力。金昌经济技术开发区持续深化“放管服”改革和清廉窗口示范点建设，全面落实企业开办印章刻制、项目建设地形图测绘、施工图审查等“零成本”惠企措施，不断完善“标准地”改革流程，完成 11 宗“标准地”出让。酒泉经济技术开发区持续优化审批流程、精简审批环节、压减办结时限，推行“拿地即开工+承诺制+帮代办制”工作机制，全面实现“办事不出园、最多跑一次”，项目审批时间大幅压缩至 50 天以内。

增强创新能力，提升核心竞争力。围绕示范基地主导产业链关键技术研发，搭建创新平台，完善研政产合作机制，加快建立以企业为主体的技术创新体系，完善有利于技术创新与产品开发的新机制。兰州经济技术开发区积极推动军工与民用科研机构的开放共享与双向服务，建立高等学校、民用科研机构与国防科研机构的协作机制，实现科技资源共享；认真落实《支持企业发展若干措施（试行）》等政策文件，加快产学研用协同创新和科技成果转化。白银高新技术产业园区支持 11 家企业开展技术成果落地转化，向 18 个“双创”项目下达科技资源型特色载体资金 640 万元，32 家企业申报省市级科技计划，8 家企业获批项目资金 135 万元，双创载体服务能力和企业创新能力显著提升。

扩大招商引资，推动重点项目建设。充分发挥资源禀赋和产业基础优势，支持示范基地按照“因地制宜、一园一策、一企一策”的原则，以各类平台和重大项目为载体，进一步加大承接中东部产业转移力度，依托产业链精准招商，依托龙头企业以商招商，壮大园区市场新主体。金昌经济技术开发区重点围绕锂电相关产业谋划储备招商引资补链延链项目，到位资金 72.3 亿元，同比增长 39.39%；外资企业 9 家，实际使用外资达到 833.77 万美元。嘉峪关工业园区扎实推进地企联合精准招商，围绕酒钢集团公司上游做配套、下游深加工；依托钢、铝等优势资源，吸引索通、广银、聚鑫达等一批重点企业相继落户；将酒钢集团公司的铝液、废渣、不锈钢等资源与园区的环境政策相结合，实现优势互补、强强联合；铭翔铝业、恒景源铝业工厂建成投产，已实现产值超过 40 亿元。兰州高新技术产业开发区利用招商节会、驻外招商机构等平台，实施挂大联强、顺链招商，精准收集重点企业信息，大幅提升对外形象。

发展循环经济，推进绿色发展。引导企业树立“绿色、低碳”的发展理念，加快向创新型、绿色型方向发展。严把环保准入关口，引导绿色项目落地。酒泉经济技术开发区推进绿电园区建设，探索开展新能源就地消纳、多能互补等工作，推进园区电力转型升级和用电清洁化。兰州高新技术产业开发区坚持“生态优先、以人为本、产城融合、服务优质”的原则，探索绿色、生态、低碳的生态城市建设模式，鼓励园区中小企业引进清洁生产技术，加快重大清洁技术成果转化和产业化运用。兰州新区制定印发《兰州新区主要污染物排污权确权及交易实施细则》《排污权抵质押贷款办法》等相关文件，率先在全省搭建首个绿色金融综合服务平台——“绿金通”，汇聚企业工商、税务、司法、用能、环保等方面的信用信息，实现不同渠道间的绿色融资数据整合、信息共享和实时监测，建立多维度企业信用数据库，实现了绿色贷款“秒识别”、环境效益精准量化、扶持政策快速对接，形成了数据可溯源、可比较、可计量的绿色金融综合服务管理平台和多层次的信用信息共享平台。

3. 发展亮点及成效

经济保持健康平稳运行。示范基地主动适应经济发展新常态，围绕创新驱动和提质增效，加快改造传统产业、培育壮大新兴产业，促进企业转型升级，持续提升经济发展质量和效益。甘肃金昌经济技术开发区有色金属（铜镍钴）产业示范基地、甘肃嘉峪关工业园区钢铁（特种钢材）产业示范基地、甘肃酒泉经济技术开发区装备制造（能源装备）产业示范基地的工业总产值同比增长率均高达40%。各示范基地经济继续保持较好增长势头，对全省经济的支撑和带动作用稳步提升。

主导产业链不断完善。各示范基地深入贯彻落实省委、省政府打好产业基础高级化、产业链现代化攻坚战的相关要求，围绕“1+N+X”政策体系，充分依托地方资源禀赋和产业基础，不断优化产业空间布局，有针对性地推动主导产业延伸产业链，特色优势产业加快发展。兰州经济技术开发区依托特色产业，积极打造航空航天产业链、生物医药产业链、有色冶金产业链和“城市矿产”产业链。兰州新区作为甘肃省大数据产业发展核心区，着力构建大数据全产业链，产业结构不断优化升级，产业链上下游联动能力持续增强，大数据硬件制造以及大数据采集、存储、分析和运营等领域的一批企业形成了较强的核心竞争力，软硬件企业和服务型企业垂直整合，延伸相关产业发展，形成了全方位的产品和服务供应体系。示范基地主导产业链条不断完善，核心企业的辐射带动能力不断增强。

关键技术取得重大突破。各示范基地围绕科技创新驱动，注重研究成果转化，推动企业高质量发展。兰州高新技术产业开发区的中农威特生物科技股份有限公司推出的口蹄疫O型、A型二价灭活疫苗属国际首创，是国内外首例使用反向遗传技术定向设计和优化改造疫苗中毒的猪用口蹄疫O型、A型二价灭活疫苗。嘉峪关工业园区的酒钢集团公司成功研发出了钢水纯净度要求最高的钢种之一，该钢种的成功研发，增加了该公司不锈钢高附加值产品的种类，打开了为国内外知名手机制造企业供货的渠道。天成彩铝公司成功研发了铝合金双零箔坯料，铝箔加工后的成品厚度仅有A4纸的1/15，是铝箔系列的“天花板”产品。

两化融合提升先进制造能力。各示范基地紧紧围绕两化融合，大力提升企业的工业自动化和信息化水平。白银高新技术产业园区积极鼓励企业实施车间改造和数字化建设，北方三泰、昌元化工等企业已经实现关键工序数控化、车间自动化、智能化生产，主要设备的智能化程度较高。兰州新区积极推进中国电信大数据产业中心等大数据产业项目建设，已建成机架1.2万个，累计入驻腾讯等互联网企业70家，72.1%的规模以上企业应用数字化研发设计工具，规模以上企业关键工序数控化率达64.7%；积极推动链主企业及龙头企业“5G+工业互联网”的管理和生产运营，突破空间限制，实现数据分析与知识管理，大大提高了企业的协同管理水平和生产效率。

数据中心集聚区效应初步显现。兰州新区紧抓“一带一路”建设、“丝绸之路信息港”和“东数西算”工程机遇，结合现有基础，整合数据中心资源，发挥产业优势，挖掘潜在市场，着力打造“以丝绸之路大数据应用为主攻方向，工业、民生、重点行业大数据应用为着力点，大数据基础产品及服务为支撑”的产业体系；依托中科曙光先进计算中心、华为云计算、国网甘肃云数据中心等大数据平台，建设“丝绸之路信息港”；以北科维拓、电子信息产业园及周边用地为中心，建设信息产业高端制造基地；以北部综合产业片区标准化厂房及周边用地为中心，建设占地约 3100 亩的大数据存储基地。

（十）青海省

1. 总体发展情况

青海省把加快推动新型工业化作为全省工业经济高质量发展的主题主线，全力推动示范基地提质增效升级。青海省现有示范基地 2 个。

2. 典型经验做法

全力以赴稳经济、促发展。强化财政资金支持，2021 年支持东川工业园区的财政资金同比增长 93%。下发《青海省中小微企业续贷周转资金池暂行管理办法》，省财政厅出资 1 亿元设立中小微企业续贷周转资金池，以远低于市场转贷资金利率的优惠政策为省内特色产业等有需求的中小微企业提供续贷周转服务，共为 100 多家中小企业累计发放金额超过 4 亿元。设立青海省小微企业信用融资服务中心平台信用贷款风险补偿资金，针对省内银行业金融机构 2021 年 1 月 1 日以后通过“青信融”平台发放的小微企业信用贷款形成的不良贷款，按 30%的比例予以一次性补偿，进一步精准落实对小微企业的政策支持。

大力激发市场主体活力。制定印发《深化商事制度改革 进一步为企业松绑减负实施方案》，配套印发《关于全面开展“一件事一次办”改革的通知》《关于进一步深化“证照分离”改革 激发市场主体发展活力的通知》《关于印发青海省全面推行涉企经营许可事项告知承诺制实施方案的通知》等政策文件，全面系统推进为企业松绑减负工作，深化“放管服”改革，释放创业创新潜力，激发市场活力，推进经济社会发展，促进市场主体繁荣发展。

加强规划指引，提升发展质量。印发《青海省“十四五”循环经济发展行动方案》，实施合理开发利用原生资源、推动绿色低碳关联产业加快发展、不断提高对再生资源的利用效益3项重点任务，推动实现循环型生产方式的全面推行，普遍推广绿色设计和清洁生产，资源综合利用和再生资源循环利用能力明显提升，绿色低碳循环产业体系更加健全。印发《青海省“十四五”工业和信息化发展规划》，结合各地资源禀赋和工业发展基础，围绕国家高质量发展要求，明确各地区、各园区的发展定位，以及青海省工业绿色低碳循环发展路径，通过组织领导、财税政策等措施，引导各地区、各园区坚定走高质量发展路径。

全力建设世界级盐湖产业基地。围绕习近平总书记关于加快建设世界级盐湖产业基地的重要指示，用心深学细悟，注重规划引领、强化协同攻关，与国家部委联合编制了《青海建设世界级盐湖产业基地行动方案（2021—2035年）》，提出构建一个世界级现代盐湖产业体系、完成组建中国盐湖集团等4项重点任务，实施稳定钾、扩大锂、突破镁、开发钠、培育硼、拓展其他元素等12项重大工程的总体思路，并建立省部联合推进机制，为高起点起步、高质量推进打下了基础。2021年，青海省盐湖化工产业增加值增长37.0%；盐湖股份公司2021年归属于上市公司股东的净利润达44.78亿元，增长119.58%，盐湖产业基地建设迈出坚实步伐。

3. 发展亮点及成效

规模效益增长迅速。面对经济恢复发展中的多重矛盾问题，示范基地迎难而上，产业规模和效益均实现大幅增长。西宁东川工业园区有色金属（晶体硅、铜加工）产业示范基地的销售收入、工业总产值分别增长36.8%、39.2%，利润总额增长513.7%，固定资产投资增长115%，稳定了后续发展基本面。青海柴达木循环经济试验区石化化工（盐湖化工、金属新材料）产业示范基地的规模以上工业增加值同比增长4.1%，规模以上工业企业利润总额增长261%，营业收入利润率提高9.9个百分点，效益明显提升。西宁东川工业园区有色金属（晶体硅、铜加工）产业示范基地、青海柴达木循环经济试验区石化化工（盐湖化工、金属新材料）

产业示范基地的进出口总额分别同比增长 81.5%、54.3%，进出口贸易恢复明显。

发展质量显著提升。把高质量作为发展经济社会各方面的总要求，立足青海近 90%的区域为限制开发区和禁止开发区的实际，扬长避短，坚持走具有地方特色的高质量发展之路。青海柴达木循环经济试验区石化化工（盐湖化工、金属新材料）产业示范基地的盐湖化工、新材料两项主导产业 2021 年规模以上工业增加值分别实现 18.7%、25.4%的增长。新能源产业蓬勃发展，2021 年新能源产业规模以上工业增加值同比增长 10.7%，新能源产业逐步成为示范基地工业经济发展的新支撑。西宁东川工业园区有色金属（晶体硅、铜加工）产业示范基地经过多年规模发展，在新时代积极探索绿色低碳循环发展新路径，坚持生态产业化、产业生态化的发展理念，组织编制了园区碳账本、碳清单，为实现绿色低碳循环发展探索了实践路径。

产业实力进一步增强。以供给侧结构性改革为主线，着力构建自主可控、安全高效的产业链供应链，增强产业链的弹性和韧性，保持优势产业的国内领先地位。青海柴达木循环经济试验区石化化工（盐湖化工、金属新材料）产业示范基地作为全国最大的钾肥生产基地，2021 年钾肥产量满足了全国 50%以上的需求，产品稳定输出，保障了国家粮食安全，基地内的碳酸锂总产能位居全国前列。西宁东川工业园区有色金属（晶体硅、铜加工）产业示范基地构建了“多晶硅—单晶硅—切片—电池组件”光伏产业链。这两个示范基地已成为全国新能源产业的重要组成部分。

创新驱动持续发力。坚持把创新作为推动高质量发展的动力源泉，创新成果引领产业高质量发展。无水氯化镁“卡脖子”技术难题面向全国“揭榜挂帅”，以“帅才科学家负责制”推动镁基修复材料研发，原卤提锂产业化关键技术取得新突破，高纯氧化镁晶体材料技术填补国内空白。西宁东川工业园区有色金属（晶体硅、铜加工）产业示范基地建成光伏产业技术创新中心、电解铜箔工程技术研究中心、集成电路硅材料联合研发中心等创新平台，单晶硅电池的平均转换效率达到国际先进水平，组件的光电转换效率达到国内领先水平，12 英寸（1 英寸=2.54 厘米）硅片用电子级多晶硅材料填补了我国集成电路用高纯多晶硅材料方面的空白。

注重绿色集约发展。落实《青海省绿色制造体系建设实施方案》，绿色低碳发展趋势更加明显。青海柴达木循环经济试验区石化化工（盐湖化工、金属新材料）产业示范基地坚持绿色低碳、循环集约的发展导向，加强上下游企业的协调与协作，构建涵盖采购、生产、营销、回收、物流等环节的绿色供应链体系，基地所属格尔木昆仑经济技术开发区跻身首批国家绿色产业示范基地名单。西宁东川工业园区有色金属（晶体硅、铜加工）产业示范基地成立绿色发展工作领导小组，重点实施了亚洲硅业还原尾气回收综合节能改造、单晶炉运行产生余热二次利用等十余个循环化改造项目，建成西宁市首个循环经济发展中心，实现了对园区企业能耗的精细化管理，帮助企业降低能耗成本。

数字赋能加速转型。落实一系列扶持政策，大力改善信息化基础设施，全面提升两化融合水平。青海柴达木循环经济试验区石化化工（盐湖化工、金属新材料）产业示范基地推送的“基于盐湖工业互联网的钾盐生产工艺优化解决方案”获得全国优秀工业互联网解决方案领军组二等奖，钾肥生产能耗在线检测 App 等系统被认定为中国工业技术软件化产业联盟组织的助力企业复工复产可使用的优秀工业互联网 App，“5G+智能盐湖”等智能应用场景加快布局，锡铁山智慧矿山、智慧盐湖等项目入选国家物联网融合应用创新类示范项目，新一代信息技术与实体经济加速融合。

（十一）宁夏回族自治区

1. 总体发展情况

宁夏回族自治区对标党的二十大精神与新型工业化目标，着力做好各类开发区的转型升级与高质量发展工作，成功培育出一批发展成效良好、产业特色鲜明、具有示范引领效应的园区代表。宁夏回族自治区现有示范基地 6 个。

2. 典型经验做法

加快推进体制机制改革。2021 年，示范基地提请自治区党委办公厅、人民政府办公厅印发了《关于促进开发区体制机制改革和高质量发展的实施意见》，定期收集汇总五市及有关厅局的改革推进情况并报送自治区改革办，督促各市县、各开发区加快改革进度。全区示范基地均开展了“管委会+公司”的运营模式改革，如石嘴山高新技术产业开发区积极推进“管委会+公司”的管理模式，通过成立国有平台公司，不断拓宽服务领域，在基础设施建设、售配电服务、闲置资产处置和投融资等方面不断提升园区服务水平。创新土地收储盘活机制，针对示范基地无增量用地和存量用地、“僵尸企业”和闲置用地盘活难等瓶颈问题，创新工业用地“弹性年期、长期租赁、先租后让、租让结合”模式，累计盘活“僵尸企业”66 家、闲置土地 5101 亩，实现“不增土地增项目、增投资、增产值、增税收”的目标。全区参与示范基地建设运营的市场主体达到 100 家以上，涉及示范基地基础设施建设、招商引资、固体废物处置等多个环节，进一步激发了开发区的发展活力。

着力推动产业集聚。宁东能源化工基地始终坚持煤炭清洁高效利用，不断扩大煤炭深加工转化领域的技术和产业优势，大力推动现代煤化工产业创新发展，构建了现代煤化工与精细化工、新材料、清洁能源、节能环保等产业融合发展的新格局，成为全国最大的煤制油和煤基烯烃生产加工基地，成为保障华北、华东地区电力需求的重要能源基地，以及全国最具潜力的高性能纤维生产基地和“中国氨纶谷”。石嘴山高新技术产业开发区在稀有金属材料领域是全国唯一的铍材研究、加工基地，是国际钽铌研究中心执行委员单位，其钽铌铍钛及其制品在科技研发、生产应用、行业人才储备方面处于世界领先地位，钽丝、钽粉产量分别占全球市场份额的 60%和 30%。银川经济技术开发区在高端装备制造业领域已拥有规模以上企业 50 家，2021 年全年工业总产值同比增长 3%，产业集聚效应明显，核心竞争力逐步凸显，配套协作能力不断增强，已成为带动自治区经济快速发展的示范区，乃至宁蒙陕甘毗邻地区发展战略的重要载体和装备制造行业协同发展的重要基地。宁夏贺兰工业园区将厚生记公司打造为全国最大的红牛生产基地，将西夏啤酒公司培育为西北最大的啤酒生产基地，大北农公司已建成西北最大的综合饲料产业园，辛普劳公司建成西北地区最大的马铃薯生产加工基地，塞尚乳业的“厚乳”系列产品获得全国食品行业的产品创新奖。

3. 发展亮点及成效

科技创新能力不断提升。全区以示范基地为载体，加大科技投入，加强技术攻关，加快成果转化，综合科技创新水平实现跃升。金积工业园区加大科技创新工作力度，2021 年新增国家级高新技术企业 2 家、科技“小巨人”企业 6 家、国家级科技型中小企业10家、自治区级科技型中小企业23家、专精特新企业7家，新获专利187件，战略性新兴产业增加值占比达到17%，科技型企业数占全市的35%。银川经济技术开发区大力支持智能化改造，累计培育数字化车间 11 个，智能工厂9家；2021年，培育国家工业互联网建设和应用试点示范项目1个，国家制造业与互联网融合发展试点示范项目 1 个，自治区“互联网+制造业”试点示范项目6个，自治区工业互联网建设和应用试点示范项目4个。中宁工业园区指导督促天元锰业、宁创新材料、铭岛铝业、全通枸杞等十多家重点企业加大研发投入，强化数据归集，规范档案整理；加快培育科技型企业，建立国家高新技术企业培育库，开展精准指导服务；新增国家级高新技术企业3家，国家级科技型中小企业15家，自治区级专精特新“小巨人”企业3家，自治区级专精特新中小企业3家，自治区级专精特新示范企业1家。

基础设施持续完善。2021 年，宁夏倾斜支持 6 个示范基地所在开发区进行低成本化改造，安排自治区支持开发区创新发展专项资金万余元，占 24 个开发区专项资金的41.4%。这些资金主要用于建设污水处理厂、固体废物填埋场、微电网、道路等基础设施。中宁工业园区利用低成本化改造资金建设110千伏输变电站两座、35千伏输变电站一座、生活污水管网1.3公里、项目配套道路2.6公里。通过实施开发区低成本化改造，降低了企业运营成本，实现了能源梯级利用、土地节约集约利用。

（十二）新疆维吾尔自治区

1. 总体发展情况

新疆维吾尔自治区高度重视示范基地创建和培育工作，坚持把示范基地建设作为提振工业经济、推动高质量发展的重要载体和有力抓手。全区（含新疆生产建设兵团）现有示范基地11个。

2. 典型经验做法

鼓励支持，积极创建国家级示范基地。认真开展国家级和自治区级示范基地创建和培育工作，在准东经济技术开发区申报国家级示范基地的过程中进行全程指导，帮助解决申报过程中的困难，准东经济技术开发区顺利升级成为国家级示范基地（第十批）。指导和支持自治区级示范基地以创建国家级示范基地的各项标准为参考，不断提升自身各方面的发展水平，提升发展质量，促进区域经济提质增效。

统筹指导，持续提高示范基地发展质量。充分发挥自治区工业和信息化厅、各地（州、市）工业和信息化局、各示范基地管理部门三级联动工作体系，及时了解和掌握各示范基地的建设及经济运行情况。根据工业和信息化部公布的 2021 年度示范基地发展质量评价结果，全面分析示范基地的优势与不足，下发《关于用好 2021 年国家新型工业化产业示范基地评价结果进一步加强示范基地建设工作的通知》，指导各地（州、市）工业和信息化主管部门及各示范基地对照评价结果中的各项指标，找差距、补短板、促整改，进一步提高示范基地的发展质量，为年度发展质量评价工作打好基础。

安全绿色发展，营造高质量发展环境。将安全生产和绿色发展相关指标纳入平台建设的评价体系中。督促各示范基地健全园区安全生产监管体制、增强重大安全风险管控能力，提升本质安全水平；督促各示范基地加大水污染、大气污染防治及固体废物综合利用和处理处置力度，提高中水回用率，进一步推动各示范基地绿色低碳发展。

3. 发展亮点及成效

创新创业主体不断壮大，高新技术攻关再添成果。2021 年，全区示范基地研发投入同比增长 15.1%。乌鲁木齐高新技术产业开发区电子信息（太阳能光伏）产业示范基地积极推动丝绸之路经济带创新驱动发展试验区建设，制定规划方案和实施意见，取得初步成效；研究与试验发展经费投入突破 24 亿元，基地拥有中国科学院新疆分院、新疆社会科学院等科研院所 20 多家，新疆医科大学、新疆财经大学等大中专院校 33 所，高新技术企业 166 家；建有众创空间 16 个，其中国家级众创空间 5 个、自治区级众创空间 11 个，全区众创空间总面积达 2.9 万平方米，提供工位共计 1847 个，累计入驻初创企业（团队）552 家；建有科技企业孵化器 11 个，其中国家级科技企业孵化器 3 个、自治区级科技企业孵化器 8 个，科技企业孵化器总建筑面积达 32.75 万平方米，累计入驻企业 2945 家。新疆克拉玛依高新技术产业开发区石化化工（炼化、合成材料）产业示范基地中试基地持续推动核心技术攻关，重质油悬浮床加氢全转化技术从国内外 136 个项目中脱颖而出，荣获“SCIP+”绿色化学化工创新创业一等奖；煤基费托合成蜡加氢生产高端润滑油基础油技术中试成功，为煤化工企业升级高附加值产业链提供重要的技术解决方案；500 吨/年四氢糠醇乙醚项目中试装置建设完毕；与西南石油大学联合研发的智能小修一体机技术通过油田公司认证，在百口泉试用成功，定制化钻头、井眼清洁防卡预警系统等项目正在有序推进。新疆奎屯—独山子经济技术开发区石化化工（炼化、合成材料）产业示范基地积极培育生物可降解材料基地，23 万吨具有自主知识产权的聚乳酸项目主体现已建设完成，成为全球规模最大的聚乳酸生产基地。未来将形成一批生物基纤维新产品，而且生物基材料产业也将成为绿色与低碳经济以及循环经济增长的亮点。

主导产业持续发力，区域示范带动作用凸显。2021 年，全区示范基地中有 3 个基地的主导产业工业总产值占比超过 90%，主导产业集聚效应较为显著。新疆库尔勒经济技术开发区纺织产业示范基地的泰纺织集团年产 40 万吨粘胶短纤项目，形成世界单厂产能第一的生产规模；金富 150 万锭纺纱项目形成全国最大的气流纺生产基地；富丽震纶 200 万锭纺纱项目形成生产粘胶纱、粘棉混纺纱、纯棉高支纱等多种高品质纱线的工厂；利泰丝路 200 万锭纺纱项目形成全区最大的智能纺纱工厂。新疆准东经济技术开发区有色金属（硅及铝）产业示范基地的硅基新材料、铝基新材料产业挑起高质量发展大梁，通过龙头企业聚集、重点项目带动、产业链延伸，形成了工艺技术领先、附加值不断提升、产业产值持续增长、产量不断扩大、产品产量居全区前列的强劲发展势头。新疆昌吉高新技术产业园区装备制造（能源装备）产业示范基地的特变电工变压器生产能力位居全国第一、全球第三，高压电线电缆的国内市场占有率超过 43%，居国内首位。

对外开放稳步推进，高水平开放成效逐步凸显。2021 年，全区示范基地进出口总额同比增长 33.3%。其中，出口额同比增长 35.1%，占进出口总额的七成。乌鲁木齐经济技术开发区装备制造（能源装备）产业示范基地的国际陆港代码已纳入《口岸及相关地点代码》以及 UN/LOCODE，为开展国际贸易与运输业务提供便利；中欧班列智能场站平台系统正式上线运行，通关效率持续提升，发运全国首列“铁路快通”出境班列，全年开行中欧班列超千列，开行公路国际货运

9824车，同比增长11.9倍，货运量达20.92万吨，货值约43亿美元。新疆昌吉高新技术产业园区装备制造（能源装备）产业示范基地的特变电工与塔吉克斯坦、安哥拉、肯尼亚、孟加拉国、蒙古国等多个国家实施了输变电国际合作项目；依托在绿色节能输变电领域全球领先的技术，为美国、俄罗斯、巴西等60余个国家和地区提供绿色环保、智能科技、可靠高效的能源装备和系统集成服务；先后参与了中亚、南亚、非洲等地几十个国家的电力规划，在电源、电网建设方面，提供了从勘测、设计、施工、安装、调试，到培训、运营、维护一体化的交钥匙工程及系统解决方案。新疆克拉玛依高新技术产业开发区石化化工（炼化、合成材料）产业示范基地积极参与丝绸之路经济带核心区建设，建立重点项目储备库；基地内的金牛信泰公司自主研发制造的多路阀首次走进中亚市场，销往阿曼国家石油公司；正通公司在西非尼日尔的钻井项目进展顺利，并与阿富汗政府矿业部签订了钻井工程合同。

两化融合持续推进，生产效率显著提高。2021年，全区示范基地光纤入户企业占比超90%的示范基地共10个，其中7个示范基地占比达100%。新疆库尔勒经济技术开发区纺织产业示范基地的金富5G+智能纺织试点示范项目成功获批自治区制造业与互联网融合发展试点示范项目，有力填补了区域信息化、数字化发展空白，为其他传统企业向智能制造发展提供经验借鉴；金富、富丽震纶、汇同泰等企业建立企业资源计划（ERP）管理平台，实现人—机器—产品的一体化管理，提高了企业的管理效率，加快了企业发展的步伐。新疆库车石化化工（炼化）产业示范基地通过智能物联网实现企业全覆盖能耗、碳排放数据实时监测和采集，率先走出一条能计量、可核算、可数控的绿色低碳发展路径。

四、东北地区

东北地区共有38个示范基地，占全国示范基地总数的8.6%，涵盖了装备制造工业（13个）、原材料工业（11个）、消费品工业（8个）、电子信息产业（2个）、高技术转化应用（2个）、软件和信息服务业（1个）、工业互联网（1个）等重点领域。

（一）辽宁省

1. 总体发展情况

辽宁省高度重视示范基地的培育建设，充分发挥示范基地在加速推进新型工业化中的示范引领作用，大力支持示范基地聚焦优势产业、加强政策引导和资源要素保障，强化企业的科技创新主体地位，促进产业集聚区规范发展和提质增效。辽宁省（含大连市）现有示范基地 20 个。

2. 典型经验做法

加大扶持力度，保障平稳健康发展。一是加大项目推进力度。梳理项目 236 个，总投资超 5000 亿元。加强项目全生命周期管理和服务。谋划推进项目 3823 个，总投资 1.7 万亿元。协调解决企业项目审批、融资等问题，加快大连石化搬迁改造、兵器集团精细化工等重大项目建设。**二是加大政策和资金保障力度。**落实 20.8 亿元数字辽宁智造强省专项资金，支持技术改造、工业互联网、集成电路、数控机床、机器人、精细化工、生物医药和医疗器械等方向，改变了多年来工业领域没有资金支持的局面。14 家企业获得专精特新中小企业高质量发展奖补资金支持。**三是抓好电力等要素保障。**全省采取电熔镁企业错峰生产、优化机组开机等措施，完成迎峰度夏保电任务。自 2021 年 9 月下旬以来，面对 17 年来首次出现拉闸限电的严峻局面，把电力保供作为政治任务，全系统加班加点，连续作战，采取协调电煤保供、非计划检修机组清零等措施，推动电力供需基本平衡，10 月 23 日后没有拉闸限电。

聚力基地优势，推动产业持续壮大。一是加强行业管理，促进基地发展。印发《辽宁省石化和精细化工产业发展实施方案》。推进省政府与中石油集团签署合作协议。提前完成抚顺石化、北方华锦化工两家大型危化品生产企业的搬迁改造。推进化工园区规范化管理。印发《关于进一步加快辽宁省新材料产业创新发展的实施方案》。实施镁产业综合治理，征集推广技术及产品。**二是全力推进万亿级产业基地建设。**印发《辽宁省万亿级产业基地培育工程实施方案》，全力推进具有国际影响力的先进装备制造业基地、世界级石化和精细化工产业基地、世界级冶金新材料产业基地建设，以重点实施抓集聚、提质量、强供给、优服务 4

项任务为抓手，着力解决装备产业神经系统、感知系统和智慧大脑欠发达，石化产业“炼”有余而“化”不足、“粗化工”有余而“精细化工”不足，冶金产业原材料有余而增值链不足等问题。**三是持续提升企业竞争力**。137 家企业获评国家专精特新“小巨人”企业，全省累计获评 211 家，居全国第 10 位。10 家企业获评国家级制造业单项冠军企业。29 家企业获评国家绿色制造示范单位，全省累计获评 89 家，引导推动恒力石化等 3 家企业获评国家绿色设计示范企业。

提升基础能力，提高产业链水平。一是加强产业基础能力建设。研究制定全省产业基础能力提升方案，推进沈变特变核电系列主变压器设计等 263 个科技创新项目，谋划协同研发、核心配套等五大类 161 个重点项目。支持 159 个项目开展省级首台（套）重大技术装备应用，11 个项目获得国家支持。**二是优化升级产业链**。制定全省工业重点产业链建设方案，确定 24 条省级、142 条市级工业重点产业链，形成重点企业及产品、重点项目和关键核心技术攻关清单。编制全省工业高质量发展推荐产品目录，推广 183 家企业的 401 种产品。组织钢铁与装备、企业与研究院所 20 次省内供需对接，促进产业协同和迭代升级。沈阳市实施“链长+链主”制推动产业链建设；盘锦市出台产业链精准招商工作手册。**三是强化技术创新**。研究提升工业企业技术创新能力措施，发布创新产品目录，推广 434 家省内企业的 629 种新产品。培育省级企业技术中心 117 个，总量达到 903 个。

培育新动能，促进产业转型升级。一是推动新一代信息技术与制造业融合。强化平台体系建设，落实全省工业互联网创新发展三年行动，培育“精钢云”等 33 个省级工业互联网平台，服务企业近 3 万家。建设省工业大数据管理服务平台，实现工业经济运行调度、产业链供应链监测等功能。建设废钢等再生资源产业数字化平台，用数字化手段探索绿色发展新路径。组织 367 家企业开展工业控制系统安全自查，“长征云”通过三级等级保护测评。加强对外交流合作，深化与三大运营商、华为公司等企业的合作，华为人工智能计算中心等投入运营。**二是深入实施智能制造**。加快企业智能化、服务化改造，制定制造业数字化赋能行动方案，举办 4 次数字化转型对接交流会，撮合项目 198 个，实现应用场景 678 个。组织华为公司、紫光中德等服务商为企业开展服务诊断 530 次。培育省级服务型制造示范单位 71 个，举办“工业大讲堂”等活动，推广典型经验。推动近 9 万家企业上云，其中工业企业近 2 万家。**三是深入推进绿色制造**。开展高耗能行业节能分析，梳理了黑色金属冶炼、化学原料等六大高耗能行业的能源消费情况，深挖节能空间，预计“十四五”期间可降低能耗 10%以上。梳理“两高”行业项目产业政策，印发《高耗能高污染行业产业政策速查手册》，引导地区规范发展。实施绿色制造项目，推动企业制造过程绿色化率平均提高 20%。加快节能降耗，制定《辽宁省变压器能效提升实施方案（2021 年—2023 年）》，推进淘汰低效变压器。加快实施本钢特钢电炉升级改造等 50 个节能技术改造项目，为 295 家企业提供诊断服务，对 236 家企业实施节能监察，企业单位产品能耗限额达标率达 99.3%。

3. 发展亮点及成效

主导产业不断发展壮大。坚持发挥装备、原材料等优势特色产业，形成以大型骨干企业为龙头、主导产业为支撑的产业格局，推动示范基地形成龙头带动、链式集聚发展态势，主导产业在国内外的影响力和竞争力持续增强。辽宁沈阳中德装备园、和平区、沈北新区工业互联网产业示范基地的主导产业拉动作用明显，以华晨宝马为代表的汽车及零部件产业集聚区投资规模达 80 亿欧元，汽车及零部件全年完成产值 1031.1 亿元，在整车企业的带动下，配套供应商——采埃孚伦福德、李尔汽车、施德汽车等重点企业均实现了高速增长。辽宁辽阳高新技术产业开发区石化化工（芳烃）产业示范基地全力发展特色产业，成为国内最大的环氧乙烷衍生精细化学品生产研发基地，域内的辽阳石化分公司是国内唯一全加工俄罗斯原油的炼化一体化企业和中国石油旗下最大的以芳烃为特色的生产企业，芳烃及其衍生物的生产能力位居全国前列。

创新能力进一步增强。沈阳经济技术开发区装备制造产业示范基地内创新平台加速构建，其入选第二批“科创中国”试点园区，拥有省级及以上创新平台 197 个、国家级研发平台 12 个；沈阳·中关村“一中心、一基地、一园区”从框架蓝图走进现实落地，京沈两地“六大协同”机制作用凸显，创新中心集聚创新型企业 86 家，对接创新技术 100 余项，被国家发展改革委等四部委评为真抓实干成效明显的产业转型示范项目。沈阳高新技术产业开发区电子信息产业示范基地持续释放创新驱动力，基地内的沈阳材料科学国家研究中心等一批国家级创新平台投入使用；中国科学院机器人与智能制造创新研究院等重大科技创新平台加速建设，国家真空仪器装置工程技术研究中心等 13 项科技设施的建设如期推进。产业技术能力持续提升，组建实质性产学研联盟 28 个；实施“揭榜挂帅”科技攻关，解决半导体设备前端模块研发应用、肺炎球菌多糖结合等方面的技术问题 27 个、“卡脖子”问题 10 个。

两化融合深入推进。基本实现 5G 网络全覆盖，华晨宝马铁西工厂 5G 传输项目成为宝马集团全球首个 5G 应用场景，中德园“双千兆”示范产业园加快推进。“星火·链网”超级节点正式落地，两个龙头企业的标识解析二级节点顺利实施。沈阳国际互联网数据专用通道建设正式启动。中国工业互联网研究院辽宁分院实现运营，国家工业互联网大数据中心辽宁分中心开工建设，全国首个新型工业网络实验室正式签约。依托清华紫光、SAP（思爱普）等实施智能化改造项目 59 个，建成智能工厂（车间）52 家（个），“上云”企业突破 200 家，三一重工“灯塔工厂”加快建设，阿里工业云等 5 个数字产业项目落地，沈鼓集团数字化车间项目被工业和信息化部遴选为企业上云典型案例。

开放合作水平持续提升。沈阳高新技术产业开发区电子信息产业示范基地加大开放合作和招商引资力度，2021 年开展“走出去、请进来”招商活动 45 次，搭建招商数字云平台，建立产业链精准招商图谱；谋划亿元以上洽谈储备项目 719 个，亿元以上签约项目 240 个，其中深业智能出行产业园、深兰科技东北亚人工智能产研院等 64 个产业链项目签约，签约金额突破 800 亿元。辽宁盘锦经济开发区装备制造（石油装备）产业示范基地加大产业链招商力度，实施产业链精准招商，坚持抓龙头、铸链条，聚焦优势项目、延伸产业链，全力推进重点项目，和东莞先进陶瓷与复合材料研究院有限公司组建盘锦碳中和产业技术研究院；58 科创产业园项目、北斗导航芯片及应用项目等陆续签约落地。

（二）吉林省

1. 总体发展情况

2021 年，吉林省认真贯彻习近平总书记 2020 年在吉林考察时的重要讲话和重要指示精神，全面实施“一主六双”高质量发展战略，紧扣“两确保一率先”目标，围绕社会经济发展和安全，扎实做好“六稳”“六保”工作，统筹开展示范基地创建工作，成效显著，助推“十四五”工业发展良好开局。吉林省现有示范基地 7 个。

2. 典型经验做法

发挥龙头企业辐射带动作用。长春汽车经济技术开发区推动一汽集团全力发展一汽红旗、解放、奔腾、大众、丰越五大主机厂，带动动力电池、电机、发动机、变速箱等核心零部件企业 300 余家，全面打造世界级汽车整车及零部件研发、生产和后市场服务基地以及汽车产业高质量发展示范区。园区作为域内经济主战场及全市工业核心区的地位更加巩固、实力更加夯实，在全省化工产业发展中独树一帜。长春绿园经济开发区以中车长春轨道客车股份有限公司为龙头企业，年产 1500 辆动车组、2000 辆城轨客车、500 辆普通铁路客车，国内市场占有率在 40%以上、国际市场占有率为 10%。吉林经济技术开发区新材料（碳纤维及差别化纤维）产业示范基地 2021 年以大丝束碳纤维为代表的新材料产业取得了突破性进展，成为我国最大的碳纤维原丝生产基地和低成本、大丝束、工业级碳纤维生产基地。

坚持项目建设投资拉动作用。长春汽车经济技术开发区 2021 年共谋划 5000 万元以上项目 172 个，总投资 1900 亿元。在项目建设中，以优化营商环境为助力，坚持“情况在一线掌握，决策在一线形成，问题在一线解决”，专班促成、专班推进，已成为长春汽车经济技术开发区项目建设的一大特色。吉林化工园区中油吉化每年原油加工能力为 1000 万吨、乙烯生产能力为 85 万吨。吉林石化公司炼油化工转型升级项目投产后，原油加工能力依旧保持在 1000 万吨，乙烯生产能力将达到 190 万吨。吉林经济技术开发区加快推进产业链项目建设，坚持投资拉动和大项目带动战略，把吉林化纤集团的 40 万吨碳纤维全产业链项目建设作为夯实基地发展基础的第一抓手，加大推进力度，强化跟踪服务，破解建设瓶颈，促进项目竣工投产。

突出科技创新引领驱动作用。长春汽车经济技术开发区 2019—2021 年大中小企业产学研合作的项目年平均数量达到 312 个，年平均金额达到 30 000 万元。推进完善产业链布局，加快自主创新技术突破，推动成果转化，推进汽车新技术、新产品、新业态、新模式的推广应用；为新创办的科技型中小企业提供物理空间和基础设施，促进科技成果转化，培养成长型企业；充分发挥一汽集团、吉林大学的产业、科研资源优势，推动强强联合构建产学研创新机制，建设科技成果转化体系，为汽车产业发展提供强有力的智力支持。轨道交通基地共有高新技术企业 35 家，市级专精特新企业 8 家，已申报国家级专精特企业 2 家，省级专精特新企业 2 家，科技“小巨人”企业 27 家。通化高新区已建成多个公共创新平台及企业创新平台，整合吉林省科技大市场通化分市场、吉林大学科技资源建设技术转移中心，提供成果推介、技术服务、交流交易、科技融资、孵化培育五大功能，汇集了国内高校可供转化的科研成果近 500 项，实现成果转化 20 项。

加强公共平台服务保障作用。吉林化工园区通过培育“互联网+先进制造业”新技术、新产业、新业态、新模式，推动园区工业转型升级和新旧动能转换；实施引进新型技术、提升创新能力、推广科技成果三大措施，开展传统产业改造升级、高新技术产品创新和自主创新能力提升三大工程，努力推进产业结构调整升级。东北袜业园区通过十大服务平台、长短链条以及“互联网+”和“大数据、云平台”的搭建，打造“1+*N*”金融圈，形成了全产业链条的创新服务模式，构建了袜业产业全方位、全要素的服务平台，逐步形成了核心竞争力。吉林经济技术开发区新材料（碳纤维及差别化纤维）产业示范基地依托国家级化工新材料科技企业孵化器、吉林省高新技术纤维科技企业孵化器等 6 个公共服务平台，为基地内企业提供研发小试、中试、检验检测、技术咨询、商务金融等公共服务，加速了基地的技术孵化、成果转化和科技型中小企业育成进程，促进基地内“双创”工作的深入开展和产业创新发展。

3. 发展亮点及成效

产业实力不断增强。吉林省示范基地的全部企业数同比增长 33.2%，其中规模以上企业数同比增长 18.6%；规模以上工业企业数同比增长 12.4%。示范基地进出口总额同比增长 206.4%，其中出口额同比增长 59.3%。2021 年固定资产投资额同比增长 9.7%，其中工业固定资产投资额同比增长 0.3%。

质量效益持续攀升。吉林省示范基地利润总额同比增长 79.6%，其中，规模以上工业企业利润同比增长 77.3%，税金同比增长 59%。示范基地单位工业增加值能耗、单位工业增加值用水量呈现整体下降态势；用电量同比下降 3.5%；工业固体废物综合利用率在88%以上，示范基地内企业实施清洁生产审核的比例超100%，全年 7 个示范基地均未出现Ⅰ～Ⅳ级环境事件。示范基地通过质量管理体系认证的企业数同比增长20.1%，参编国家标准数同比增长85.4%。

创新能力继续提升。吉林省示范基地主导产业拥有省级研发机构60多家，国家级研发机构17家；拥有研发人员26 000余人；研发投入同比增长24%；全省示范基地规模以上企业有效发明专利较上年增加248件。

发展环境明显改善。全省各地政府安排专项资金6.9亿元支持国家示范基地建设，同比增长1.3%；示范基地拥有公共服务平台73个，其中国家级公共服务平台9个；拥有职业教育或专业培训机构77家。示范基地内应用数字化研发设计工具的规模以上企业311家，同比增长4.7%。同时，安全生产措施得到落实，区域内未发生较大安全生产事故。

（三）黑龙江省

1. 总体发展情况

在工业和信息化部的大力支持和帮助下，在省委、省政府的坚强领导下，黑龙江省深入构建“4567”现代化产业体系，以示范基地为抓手，支持航空航天、电子信息制造、新材料、高端装备、农机装备、汽车、食品、轻工等产业发展。黑龙江省现有示范基地11个。

2. 典型经验做法

建立完善工作机制。高度重视示范基地建设推动工作，将推动示范基地建设作为培育产业集聚区、推动制造业高质量发展的主要抓手和重要载体。建立完善省工业和信息化厅统筹推动，各市（地）工业和信息化主管部门重点推动，新型工业化示范基地积极联动的工作机制。

细化规划部署。注重发挥规划的引领作用，着眼全省工业基础、产业现状和承担的国家任务，制定了《黑龙江省产业振兴行动计划（2022—2026年）》和航空航天等10个重点产业的振兴行动方案，聚焦全省工业发展阶段、现实基础、资源优势和发展潜力，对各地的资源配置及重点产业发展方向进行统筹协调与调整优化，实施区域振兴计划，谋划产业区域布局，推动生产要素向重点地区集中、重点产业向重点园区聚集，以示范基地为引领，引导各地坚持突出优势、错位发展、壮大规模、促进集聚，结合各地区位条件、资源特色、产业基础、发展潜力、资源环境承载力，做大做强主导产业。

强化政策推动。利用省级财政资金，扶持基地主体园区基础设施建设，2021年支持示范基地及基地重点项目资金约1亿元。特别是哈尔滨支持食品产业基地发展，优化支持政策，出台了招商引资优惠、促进经开区建设、推进食品产业发展等政策，在食品产业项目用地、审批等方面做出具体规定，调动了各方面发展食品产业的积极性，利用市级财政每年支持食品产业基地发展的资金达3000万元。

优化服务环境。大庆高新区石油化工基地为加快基地建设，创造了优良的投资环境，促进投资企业发展，相继出台了《大庆高新区推进高质量发展若干政策措施》《大庆市加大招商引资力度　推进“1+3+5”产业高质量发展若干政策措施》《大庆高新区企业投资项目承诺制办法（试行）》《大庆市建筑工程施工许可实行“容缺审批+告知承诺制”暂行办法》等扶持政策文件，进一步优化营商环境和投资环境。高技术转化、装备制造、生物医药、食品等领域的产业示范基地在哈尔滨市的组织下，大力推进“放管服”改革，推动流程再造，简化办事流程，全市推广“秒批”“免跑腿信封”等改革经验。95%以上的政务事项可在网上办理、30%以上的事项实现一窗受理，“最多跑一次”改革不断加快，“办事不求人”目标正在实现。

3. 发展亮点及成效

数字建设水平不断提升。积极构筑现代产业体系，大力推进信息化和工业化深度融合。哈尔滨经济技术开发区高技术转化应用（装备制造）产业示范基地大力推动5G+工业互联网融合发展，建设哈尔滨数字经济产业园，建成东北地区唯一一个人工智能先进计算中心；引进工业互联网领域领军企业——航天云网子公司，建立黑龙江航天云网科技发展有限公司，合作打造“龙哈工业云”平台，与基地现有生产企业，在工业云平台建设、工业大数据分析应用、制造业创新创业服务、企业云端数字化智能改造、技术创新化展示体验等方面开展合作，提供多维度、全方位的科技赋能服务，为传统制造领域企业向科技化、智能化、数字化转型升级提供技术支持和平台保障。上云企业近2000家，已实现多场景工业互联网效果展示。

创新驱动作用不断增强。2021 年，黑龙江省 11 个示范基地拥有主导产业国家级研发机构 30 家、省级研发机构近 250 家；研发投入同比增长 19.1%；规模以上企业有效发明专利数同比增长 11.3%。示范基地涌现出了一批具有高技术水平、创新驱动的大企业、大集团，其为示范基地转型升级增添了动力。

产业集聚效应加速形成。依托示范基地吸收外部资源要素，以合资合作等方式整合产业链上下游资源，提高产业集聚度，提升产品竞争力。哈尔滨经济技术开发区装备制造产业示范基地立足航空产业基础优势，大力培育航空产业专业化配套企业，其直升机传动系统和飞机附件传动系统的市场占有率居全国第一，该基地已发展成为全国最大的直升机和航空发动机研发生产基地，以及航空复合材料产品研发、生产基地。黑龙江穆棱经济开发区轻工（林木产品制造）产业示范基地现有木制品企业 97 家，可生产家具地板、装饰装潢、建筑建材三大类 60 多个系列 500 多个品种的木制产品，基本形成了产品相互吃配、原料吃干榨净的产业链，成功获批国家级出口木制品质量安全示范区。

两化融合水平不断提高。示范基地积极构筑现代产业体系，信息化和工业化深度融合、制造业和生产性服务业融合水平明显提高。2021 年基地内企业共有 47 家被认定为省级数字化车间，1 家被认定为省级智能工厂。2021 年示范基地的两化融合贯标试点企业数同比增长 18.3%；应用数字化研发设计工具的规模以上企业数同比增长 9.5%。哈尔滨经济技术开发区高技术转化应用（装备制造）产业示范基地大力推动企业数字化建设，东轻公司的“车间智能排产”入选工业和信息化部智能制造优秀场景，整体技术达到国内一流先进水平，基地内的哈尔滨数字经济产业园已建成投用。黑龙江大庆高新技术产业开发区石化化工（炼化、合成材料、精细化工）产业示范基地组织骨干企业采用智能制造系统和装备并开展信息化应用。其中，大庆油田开展了油气生产物联网建设、低成本物联网系统新技术研究、天然气一体化生产指挥平台建设、ERP 系统运行维护和系统应用集成实施、地理信息系统（A4）建设、中国石油采油与地面工程运行管理系统（A5）建设、生产经营管理与辅助决策系统（DQMDS）建设与应用。

04

典型案例篇

一、加强创新平台建设，加速构建轨道交通产业创新生态体系——装备制造（轨道交通装备）· 北京中关村科技园区丰台园

北京中关村科技园区丰台园以装备制造（轨道交通装备）为主导产业，2010 年成为第二批国家新型工业化产业示范基地（以下简称“示范基地”），并在发展质量评价中总体水平达到五星级。示范基地作为全国领先的轨道交通产业集聚区，强化产业发展支撑，提升产业核心竞争力，搭建交流合作平台，加速构建轨道交通产业创新生态体系。

（一）完善生态体系，强化产业发展支撑

实施产业行动计划。实施《中关村丰台园轨道交通产业创新发展行动计划（2020—2022 年）》，针对关键技术研发及产业化方向开展首次政策兑现，共征集项目 29 个，完成项目申报、形式审查、专家评审。**编制产业发展规划**。完成《“十四五”时期丰台区轨道交通产业发展规划》编制工作，该规划明确了丰台区建设国内领先、具有国际影响力的轨道交通产业创新中心的发展目标，提出了打造产业集聚发展高地、打造产业关键技术体系、打造资源要素聚集平台、提升专业服务能力、提升空间承载能力、提升国际影响力 6 个方面的重点任务。**设立产业专项基金**。联合中车资本管理公司和国家制造业转型升级基金股份有限公司，发起设立中车转型升级基金，基金总规模 100 亿元，首期规模 40 亿元，丰台区出资占比 10%，首批资金已完成出资。基金将围绕轨道交通产业链的上下游，重点在新一代信息技术、新材料领域进行投资。

（二）加强平台建设，提升产业创新能力

建设产业创新基地。和北京交通大学深入合作，共同建设轨道交通创新基地，布局一批国家级和省部级研发创新平台，围绕轨道交通智慧运行控制、智能制造等领域进行研发和产业化。**引进新型研发机构**。引入北京协同创新轨道交通研究院，该研究院由京投公司、北京地铁、京港地铁、清华大学、北京交通大

学、中国铁道科学研究院等8家单位共同出资成立，注册资本1亿元，主要依托各股东方资源，打造以企业为主体的轨道交通全链条创新体系。引入城市轨道交通创新网络中心，该中心由中国铁道科学研究院牵头，联合交控科技、北京城建设计发展集团等7个城市轨道交通领域的国家工程研究中心共同发起设立，主要围绕城市轨道交通领域的共性关键问题，开展技术协同攻关。**发挥服务平台作用**。依托北京中关村轨道交通产业发展有限公司，整合行业资源，促进优质企业和项目落地丰台。围绕共性技术研发、产品创新、标准创制、集成开发、规模采购等关键环节开展上下游、大中小企业合作。开展产业研究，为政府出台相关政策、制定产业发展规划提供决策依据和支持。

（三）打造品牌活动，搭建交流合作平台

举办中关村论坛系列活动。举办两场轨道交通相关的中关村论坛系列活动——首届中关村轨道交通国际创新创业大赛和首届城市轨道交通青年科学家—企业家国际论坛。组团参加展会。携12家企业以“中关村轨道交通展团”精彩亮相北京国际城市轨道交通展览会暨高峰论坛，全方位展示中关村轨道交通领域的新技术和新产品。举办专场招聘会。联合北京交通大学举办“智汇轨交 才聚丰台”2021年丰台区轨道交通企业走进北京交通大学专场招聘活动，吸引了中国通号、中铁建工、交控科技等8家企业及来自北京交通大学的210余名应届毕业生参加招聘会。

下一步，示范基地将持续优化产业发展环境，不断营造产业发展氛围，强化鼓励引导科技创新，加速构建轨道交通产业创新生态体系，着力建设高水平轨道交通产业示范基地，推动轨道交通产业高质量发展。

二、聚焦高精尖产业生态，构建软件创新高地——软件和信息服务·北京中关村科技园区海淀园

北京中关村科技园区海淀园以软件和信息服务为主导产业，2012年成为国家新型工业化产业示范基地（以下简称“示范基地”），并在发展质量评价中总体水平达到五星级。示范基地作为区域经济增长的重要支柱，聚焦创新发展，从夯实

技术底座、聚焦前沿领域、加强融合创新等方面开展工作。

（一）夯实技术底座，加强自主技术研发

构建自主技术架构，示范基地依托雄厚的信息技术资源，构建了从芯片、操作系统、数据库、中间件、存储、应用软件、云服务、系统集成、网络安全到整机的全栈式自主技术架构并开展生态适配，培育了龙芯中科、平凯星辰、海量数据、宝兰德、金山办公、同有飞骥等一批行业领军企业和隐形冠军企业。**建设开源产业生态**，积极引导开源产业生态建设，推进智源社区、长安链开源社区、RISC-V 开源社区等开源平台和组织的发展；推进建设以国产操作系统、软件开发工具为主的软件创新中心，推动构建自主软件生态，促进优质软件企业引入聚集。

（二）聚焦前沿领域，抢占创新技术高地

人工智能领域，示范基地支持智源研究院发布高精度智能线虫“天宝 1.0”、“九鼎”智算平台、“悟道”大模型，其中，高精度智能线虫“天宝 1.0”是目前国际上生物精度最高的仿真秀丽线虫，在智能表征能力、三维动态仿真环境、生物功能重现等维度上实现了突破。支持百度开源深度学习框架——飞桨、小米开源开放 AIoT 创新平台的建设，为高校、科研院所和企业提供人工智能开源服务。**区块链领域**，支持微芯研究院开展区块链基础理论研究和核心技术攻关，研发支持国密的底层加密通信组件、面向区块链底层的 P2P 网络——“若水”、全球最大的区块链存储引擎——“泓”等技术成果。推进建设区块链先进算力实验平台，已完成共性基础服务平台架构设计和系统原型设计，初步完成区块链服务网络的系统研发。会同区政务局、医保局等业务部门，推动建设国家区块链创新应用综合试点与长安链一体化工作，梳理政务服务、信用支付、知识产权保护等区块链应用场景。**量子计算领域**，支持量子研究院利用量子直接通信样机，创造了 100 公里的世界最长通信距离，完成国内首台产品级掺镱高功率飞秒振荡器的研发。

（三）加强融合创新，推动数字经济发展

推动数据共享和开放创新，围绕《数据安全法》、欧盟通用数据保护条例等

开展相关规则细则研究。依托自贸区政策创新，推动“访问国际学术网站专项通道试点”应用。推进法定数字货币支付场景应用，以金融机构为示范，推广在工资发放、党费交纳等领域引入数字人民币支付，在商业领域常态化开展数字人民币促消费活动。基于市区大数据平台实现市、区两级在重点车辆治理、地震监测预警等方面的业务融合、数据汇聚，构建城市大脑市、区共建模式。**建设数字经济标杆城市，**落实《北京建设全球数字经济标杆城市 2023 年工作要点》和《中关村科学城数字经济创新发展三年行动计划（2021—2023 年）》，围绕数字新基建、引领性数字技术攻关、高端特色数字产业发展、数字经济制度创新、数字化治理方式变革等方面发力，打造数字产业化引领和产业数字化赋能的产业生态。2021 年，海淀区软件和信息服务业规模以上企业产值达 14 681.3 亿元，同比增长 24.5%，高出全市平均水平 5.3 个百分点，占全市的 65.5%；5G 基站建设数累计超过 1 万个；千兆光纤覆盖率处于前列，实现全覆盖；在中关村西区、东升科技园、华熙 Live 开展空间计算操作系统的海淀区百万平方米试点。

下一步，示范基地将围绕软件和信息服务业，继续加强基础前沿布局，积极培育高精尖产业，主动升级创新服务体系，大力推动绿色集约发展，成为具有全球影响力的软件产业集聚区。

三、促创新、强链条，着力打造钢铁产业发展新高地——钢铁（不锈钢）· 山西太原市

山西太原市以钢铁（不锈钢）为主导产业，2010 年成为国家新型工业化产业示范基地（以下简称“示范基地”），并在发展质量评价中总体水平达到五星级。示范基地从创新生态、数字化提升、绿色发展等方面积极开展工作，深入实施创新驱动发展战略，积极构建产业生态、聚焦科技创新、强化服务能力，全力打造世界级钢铁产业集聚区。

（一）提升产业创新能力，打造一流创新生态

以补短板、建优势、强能力为方向，把“全力打造一流创新生态，培育壮大

核心竞争力”作为首要工作任务，深入实施创新驱动发展战略，以系统推进全面创新改革试验为抓手，按照“企业为主、人才为基、科技引领、创新服务”的思路，聚焦重点产业和关键领域，全面激发创新主体活力，持续提升产业创新能力，建设具有区域影响力的科技创新中心。加强与宝武太钢的科研对接，搭建运用好技术创新平台，加快推进中国科学院大学太原研究院等科技创新平台的建设。加强双创孵化服务能力提升，加速推进新动能众创空间、新材料孵化器等众创空间和孵化基地提升服务孵化能力。依托中北大学、太原工业学院等高校资源，建设校企、院区产学研对接平台，促进科技成果转化。近几年，示范基地积极推动研发机构建设，鼓励企业建立研发机构，提升了科技创新能力。截至 2021 年底，示范基地共有研发机构 12 家，其中国家级技术中心 2 个，院士工作站 1 个，省级技术中心 4 个，省重点实验室 1 个，市级技术中心 4 个。

（二）提升数字化发展水平，推动产业信息化发展

强化数字化基础设施建设，加强科技创新对数字化发展的支持和数字化对经济发展的支撑，畅通国内大循环、国内国际双循环，大力推进数字产业化及产业数字化。**一是加强信息基础设施建设**。加快宽带网络和 5G 基础建设，以及 5G 布局和商用进程，实现高新区 5G 网络全覆盖。协调中国移动、中国联通、中国电信、中国铁塔等通信企业加强管道、铁塔、光纤、驻地网等信息基础设施共建共享。**二是提升信息化应用水平**。推进大数据中心建设，积极建设“数字园区”、智慧园区和智慧企业，大幅提高园区和企业管理运营的信息化水平，加快信息技术在产品研发、制造、营销、物流等环节和企业管理中的应用，发展行业电子商务。推进电子政务建设，加快政务信息资源的共享和开发利用。**三是实施“互联网+”行动计划**。充分利用互联网、物联网、大数据、云计算、人工智能等新一代信息技术改造提升传统产业，培育发展新兴产业，推动生产组织、企业管理、商业运营模式创新。

（三）坚持绿色低碳发展理念，引领产业高质量发展

牢固树立“绿水青山就是金山银山”的理念，坚持治山、治水、治气、治城一体推进，深化重点领域低碳行动，从源头上推动经济结构、产业结构、能源结

构的根本转型，形成节约资源和保护生态环境的产业结构、增长方式和消费模式，建成生态环境良性循环、居住环境清洁舒适、人与自然和谐共处的宜业宜居生态化高新区。已编制《中北高新区清洁生产审核创新试点实施方案》，并成功申报国家级清洁生产审核创新试点项目。**一是推进工业减排工作。**科学评估区域的环境承载力，加快制定产业发展引导目录，严格坚守环境准入条件，优先引进生态型战略性新兴产业，严格落实污染物总量控制指标，加快压缩和有序淘汰高能耗、高排放的过剩产能，确保单位能耗和主要污染物排放稳步下降。**二是加强水污染治理。**持续增强工业废水处理能力，进一步降低排放总量，削减入河负荷，增加环保基础设施投入，加快新建污水处理厂，扩大市政管网覆盖面，推进现有环保基础设施提标改造，进一步提高污水收集率和处理率，依法实施污泥无害化处理处置，促进废物、废水的资源化利用。**三是加强大气污染防治。**实施大气污染联防联控，积极推进集中供热改造扩产，扩大覆盖面，提高普及率，推动锅炉除尘及脱硫脱硝升级改造。强化挥发性有机污染物治理，推动重点企业加快产业升级，实施清洁生产。**四是强化资源节约利用。**严格实施能源和水资源消耗、建设用地等总量和强度控制制度，推动工业、建筑、交通运输、公共机构等重点领域节能，提升重点产业能效，鼓励支持企业加大节能技改力度，推行合同能源管理模式、能效“领跑者”制度。

下一步，示范基地将以产业链高端环节和价值链高附加值环节为突破口，建成全国最具影响力的高品质不锈钢全产业链及新材料产业示范基地。依托宝武太钢高品质不锈钢原材料，近期从中段深加工起步，长期向下游逐步延伸，以工业材料、工业制品、民用制品三大方向为重点，形成“原材料—不锈钢制品—下游应用产品—循环经济”产业链，打造集研发、生产、检测、物流、市场等配套服务于一体的不锈钢产业生态圈，助力示范基地高质量发展。

四、区域协同、创新引领、质量管理，加速汽车制造业向现代产业化转型——汽车产业·上海嘉定汽车产业园区

上海嘉定汽车产业园区以汽车为主导产业，2010 年成为国家新型工业化产业

示范基地（以下简称“示范基地”），并在发展质量评价中总体水平达到五星级。示范基地积极培育新能源与智能网联汽车产业，加速推进汽车制造业由传统工业化向现代产业化转型，推动生产型制造向服务型制造转变，已建设成为国内汽车产业基地产城融合的典范。

（一）加快现有示范区平台建设，提升示范区整体站位

提升电动汽车国际示范区的品牌效应，完善 EV-AI 智行港生态运营体系，开展前沿科技展示交流、科普示范及出行服务体验，持续提升试乘试驾、未来交通体验活动的引领效应。组织开展联合国开发计划署（UNDP）项目氢主题月宣传活动，持续推动中国新能源汽车和可再生能源综合应用商业化推广项目，邀请国内外行业组织与机构探讨新能源汽车和可再生能源综合示范应用。**提高国家智能网联汽车（上海）试点的示范服务能力**，完成 53.6 公里开放道路测试环境建设，实现 5G 信号全覆盖，并建设了 V2X 车路协同应用系统、全息道路感知系统、安全监管监控平台、路侧智能终端等一批服务于智能交通的基础设施，累计向 25 家企业发放 295 张开放道路测试和示范应用牌照，总测试里程达 454 万公里。享道、百度、AutoX、小马智行等持续开展自动驾驶出租车规模化示范应用，白犀牛等企业积极开展无人驾驶配送运营服务。

（二）加强创新平台载体建设，提升科技成果转化水平

推进创新创业载体建设，制定更加包容开放的优惠政策，吸引国内外优质科技资源落户。持续推进汽车新能港、汽车创新港、同济科技园等产业载体建设，打造以研发为导向的特色产业园区，已经集聚了 80 余家汽车相关企业，包括上汽、蔚来、舍弗勒等企业。**建设院士专家成果转化平台**，加强中国工程院院士专家成果展示与转化中心建设，组建市场化、专业化技术转移人才团队，完善技术转移人才培养体系，做好院士专家数据、企业需求数据、项目数据的收集、汇总、整理工作，实现了找技术、按需求、问专家、找商机的一站式信息收集与共享。积极对接院士专家项目，涉及智慧城市融合创新、车路协同和健康医疗等领域。**加快高端创新平台建设**，紧扣产业创新链的各个环节构建科技服务链，培育引导

一批汽车领域众创空间提升创新服务能级，加强市区联动，推动同济大学嘉定科技园科技成果转化基地和智能型新能源汽车功能型平台建设，打造具备综合服务功能的新型创新创业载体，进一步完善以众创空间、科技企业孵化器、科技企业加速器为主体的创新创业载体体系。

（三）提高企业科技创新水平，提升成果转化承载能力

打造产业前沿“策源地”，推动成立智能网联汽车制造业创新中心，支撑政府顶层设计、企业测试服务、长三角测试互认互证以及标准规范制定等，深度参与上海市智能网联汽车产业发展政策、道路测试管理办法的制定与升级，在国内率先构建多目标复杂场景的链化测试方法，建立了国内最完善的 C-V2X 测试服务体系。**提高企业科技创新水平**，推动企业创新能力培育，重点跟踪培育科技型中小企业，进一步引导、扶持现有企业研发能力提档升级，加快重点技术推广，帮助企业培育一批具有成长性、示范性和竞争力的科技项目，带动企业产品结构调整和产业优化升级。加大政策宣传力度，建立政策咨询平台，为中小企业建立与政府部门沟通的桥梁。**提升人才中心的吸引力**，持续建设中国汽车产业培训基地，立足区域汽车产业特色，搭建产业人才培养平台，实现校政、校企行多主体的协同用人格局，坚持把高水平、高质量产业工人队伍培养作为推动汽车产业高质量发展的一个重要环节和基础，解决汽车“新四化”人才供需矛盾，为汽车产业的破局创新发展提供支撑。

（四）提升城市生活品质，建成产城融合典范

城市环境更加宜居宜业，引入同济大学附属实验学校、华东师范大学附属双语学校等教育资源，初步形成公办与民办相结合的教育体系和与市区同质的城市功能配套体系。瑞金广慈门诊医院和嘉亭荟城市生活广场等配套项目相继落成，医疗和商业等功能配套体系进一步完善。上海国际汽车城小联勤模式不断成熟完善，道路、绿化、区域安全检查机制逐步完善，市容持续改善，区域管理水平进一步提升。**文化品牌影响力进一步扩大**，通过举办中国汽车论坛、中国汽车工程学会年会暨展览会等大型产业论坛活动，持续推动汽车领域的国际、国内交流合

作。成功打造上海国际赛车场、上海汽车博物馆、EF PARK 动力方程公园、上海汽车会展中心、房车中国（上海）露营地、上海国际汽车城主题邮局等新地标，持续有效打造汽车产业高地品牌。

下一步，示范基地将以党的二十大报告指出的“建设现代化产业体系”“坚持把发展经济的着力点放在实体经济上，推进新型工业化”为指导思想，以产业集聚、创新创业、示范应用、跨界交流和人才集聚为关键要素，进一步优化产业环境，推动产业平台搭建、出行生态布局、产城融合深化与招商引资强化工作，在企业服务、载体建设和试点示范方面补齐短板、抢抓机遇、创新发展，充分发挥当地的经济、资源和市场潜力，持续推动传统汽车产业转型升级与信息化、工业化深度融合，全力推进新时代新型工业化。

五、聚焦现代前沿，打造世界级装备制造产业集聚区——装备制造 · 上海临港装备产业区

上海临港装备产业区以装备制造为主导产业，2010 年成为国家新型工业化产业示范基地（以下简称“示范基地”），并在发展质量评价中总体水平达到五星级。示范基地作为中国（上海）自由贸易试验区临港新片区的重要组成部分，坚持按照“体现国家战略、体现上海优势、体现国际竞争力”的要求，着力布局高端产业、持续推进创新成果转化、加速促进数字产业发展，形成了较为坚实的产业基础，向着实现产业高质量发展目标持续迈进。

（一）聚焦前沿方向，做好高端产业布局

聚力高端装备产业发展，示范基地以动力装置为核心的高端装备制造业，已形成覆盖航空、航天、船舶、汽车等的“海、陆、空”产业集聚区。同时，示范基地瞄准大国重器“皇冠上的明珠”，引进了中航、中船、中车、上海电气、上汽、西门子、康明斯等动力龙头，布局形成重、大、微等各型燃气轮机研制、试验、产业化及商业化体系。**优化集成电路产业布局，**示范基地初步形成覆盖芯片设计、工艺、材料、制造、测试等环节的集成电路全产业链生态体系。设计领域已有江波

龙、格科微、鲲游等企业；工艺领域集聚了中微、泛林、众鸿等企业，涉及刻蚀、涂胶显影、清洗、退火、扩散、氧化、沉积、传送、介质供应、测试等环节；材料领域引入了新昇、传芯、芯密等企业，涉及大硅片衬底、光掩膜、密封圈、抛光垫等材料；制造领域落地积塔、新微、格科微等具有特色工艺产线的企业。

（二）链接优质资源，促进创新成果转化

推动校企联合创新，示范基地内的上海交大智邦科技有限公司，由上海交通大学和临港集团共同出资组建，将高校的科研、人才优势与企业的产业化优势紧密结合，突破高端制造“卡脖子”难题，让国产装备实现从“可用”到“好用”的转变，破解国产数控机床的短板。**促进自主研发创新**，继 MG、荣威两大品系之后，示范基地进一步生产交付自主品牌车型——智己，牢牢把握“电动化、智能网联化、共享化、国际化”的发展机遇，加快推动创新优势向市场竞争优势的成果转化。**加强开放合作创新**，示范基地积极引进外资企业，落地了中国首个外商独资整车制造项目——“特斯拉上海超级工厂”，并创下“当年开工、当年竣工、当年投产、当年交付”的纪录，产业链本土化率超过 95%，2021 年全年交付 48.41 万辆，远超 2020 年的 14.45 万辆，实现同比增长 235%，占据其全球版图的“半壁江山”。

（三）迎接数字浪潮，助力数字产业发展

夯实数字基础底座，示范基地以国际最高标准、最高水平打造世界级信息基础设施。三大运营商正统筹推进数据枢纽平台与云数据中心建设；商汤科技上海新一代人工智能计算与赋能平台具备涵盖人工智能三要素——“算力、数据、算法”的服务能力，平台已投入试运营，项目全部建成后将成为国际一流的 AI 计算平台。**推动数字上层应用**，示范基地坚持对数字化转型进行不懈探索，推进智慧食堂、办公管理系统、业财一体化平台等服务和应用，为促进数字产业发展奠定基础。

下一步，示范基地将进一步发挥高端产业的引领功能，聚焦智能新能源汽车、高端装备、集成电路三大千亿级前沿产业，加快育链、强链、融链，为临港新片区加快构建世界级、开放型、现代化产业体系做出新的贡献。

六、聚焦“数字＋绿色＋安全”，争当中国石化化工示范标杆——石化化工（有机化工）· 上海化学工业区

上海化学工业区以石化化工（有机化工）为主导产业，2010 年成为国家新型工业化产业示范基地（以下简称“示范基地”），并在发展质量评价中总体水平达到五星级。示范基地积极培育精细化工产品、化工新材料等石油深加工产品，持续提升产业的绿色低碳、安全生产、数字化转型水平，大力推动化工产业高质量发展。

（一）建设创新绿洲“特色园”，推动企业创新发展

上海化工区创新中心规划面积 2.2 平方公里，重点构建科创研发、成果转化、科创服务三大板块，打造形成“**一廊**（北河生态廊）、**一带**（生态湿地景观带）、**三轴**（创研试产业轴、科创展示轴、北河路产业轴）、**三区**（办公研发区、中试小试区、中试生产区）、**多节点**”的空间结构。建设至今，创新中心先后投资 5 亿元，建成面积为 3.7 万平方米的创新载体。创新中心已落地成员 14 家，累计投资约 4.4 亿元，其中既有朗盛、罗姆、英威达、三井等外资企业研发应用中心，也有集成电路材料研究院、电子化学品创新研究院、慧翌钛系催化剂中试等科研院所、大学院校的科技成果转化平台，还包括生合万物、泽升科技、惠和化德、盛剑微电子等本土的优秀创新型企业。

（二）下好数字赋能“先手棋”，加快数字转型步伐

开展信息基础设施建设，制定推行新型基础设施建设行动方案，明确 4 个方面、16 项重点任务。推进园区移动网络、管道线路、机房、铁塔基站等信息基础设施建设，建成通信管道 54.925 沟公里、4G 基站 12 个、5G 基站 22 个、智慧电杆 218 座，5G/4G 网络覆盖实现无盲区，园区公共区域的优质信号覆盖率超过 95%，室外最高的网络下载速率超过 500Mbit/s。**深化数字化智能化应用**，召开数字化转型大会，回顾总结智慧园区建设的阶段性成效，评选表彰一批智慧园区建设先进集体、先进个人、优秀应用场景，发布“1+3+3+3”数字化转型支撑体系，

完善数字化转型的“四梁八柱”。开展智能工厂创建，推动新型网络部署应用从生产外围环节向生产内部环节延伸。华谊新材料被评为2021年国家级“智能制造标杆企业”，巴斯夫化工CCP装置巡检机器人成为巴斯夫全球第一个机器人巡检项目。

（三）绘好减污降碳“工笔画”，推动绿色低碳发展

积极服务国家的“双碳”战略目标，签署《中国石油和化学工业碳达峰与碳中和宣言》。编制园区“零碳”规划，探索园区碳达峰的五大途径：产业绿色低碳发展、数字化生产和组织方式变革、循环经济深化、清洁能源计划和CCUS（碳捕集、利用与封存）基地建设。开展园区氢能产业发展新场景、新模式、新业态的研究，编制《氢能产业发展研究报告》。完成2020年度及“十三五”工业系统节能目标责任评价考核，较好地达成了既定目标，获评“十三五”中国石油和化工典范榜绿色发展典范。

下一步，示范基地将基于上海市新型产业体系需求，积极推进轻质高强材料、新能源材料等的攻关应用，争当石化化工示范引领标杆。

七、科创策源、要素保障，争做新材料前沿领域发展先锋——新材料（钢铁）· 上海宝山

上海市宝山区以新材料（钢铁）为主导产业，2016年成为国家新型工业化产业示范基地（以下简称“示范基地”），并在发展质量评价中总体水平达到五星级。示范基地聚焦先进基础材料、关键战略材料、特色攻坚材料、前沿新材料等产业链高端核心领域，加强创新引领，以“赛道选择”为抓手，以科创策源和要素保障为“双轮驱动”，充分发挥“科技创新+高端产业”的引领及辐射带动效应，加快推动产业链协同、产业群集聚、产业能级提升。

（一）聚焦赛道选择，争做发展先锋

突破新材料前沿领域，面向国际前沿、国家战略、上海使命，示范基地大力

发展超导、超碳、超硅、超膜等新材料前沿领域。国际超导研发的国内首个公里级高温超导电缆示范工程已安全运行一年多时间。石墨烯功能型平台轻量化石墨烯铝合金项目落地成立公司，已建成国内外首条高产能的自动化生产线，其石墨烯晶圆的批量制备技术达到国际领先水平，有利于解决碳基电子器件实用化面临的技术障碍。示范基地内的骨干企业采用国内自主开发的深冷精馏制取精制高纯氪、氙的工艺流程，已建成首套氪氙精制装置；当前纳米隔热材料的国内市场占有率处于领先地位，千层 BOPET（双向拉伸聚酯）薄膜技术打破国外垄断局面。**加强传统技术升级，**示范基地注重发挥传统领域优势，做强做优高性能钢铁、耐蚀合金等特殊金属材料。宝钢股份的无取向硅钢产品结构优化项目已全线投产，是完全面向新能源汽车行业的高等级无取向硅钢专业生产线。

（二）用好科创策源，培育发展动能

对接高等院校优质资源，示范基地主动与复旦大学、上海大学等高等院校对接合作，有效发挥高等院校在新材料领域的技术研究优势。**发挥创新载体的孵化作用，**示范基地建立和引进 8 家国家级研发机构、31 家省级研发机构等创新载体，助力创新成果的转化应用。例如，示范基地联合中国科学院上海微系统与信息技术研究所建设硅光先进封装研发线，助力全国硅光产业及先进封装集成技术发展。环上大科技园九大核心基地实现品牌化运行，已构建成果孵化、中试加速到产业化的“内循环”创新链；成立全球低碳冶金创新联盟，合作开展基础性、前沿性低碳冶金技术研发。

（三）强化要素保障，服务发展大局

出台惠企政策，《宝山区加快建设上海科创中心主阵地 促进产业高质量发展政策》自 2021 年实施以来，在上海市首创“宝你惠”政策直通车，通过一口受理、全程网办模式，实现企业“零跑动”，全力支持包括新材料在内的主导产业发展，在全市取得良好反响。**设立产业基金，**拟在上海宝山国投私募基金旗下设立首支规模为 20 亿元的基金，重点投资包括新材料在内的主导产业领域，支持和促进重大产业项目落地，服务区域战略性新兴产业实现集聚式发展。**促进人才**

培养，举办“才涌三江筑梦科创”人才引领高质量发展推进会，发布人才工作十大行动计划，推出人才新政“25 条”，打造“人才宝”服务平台，举办樱花系列活动和讲堂，进一步增强新材料等领域科创人才集聚的磁场效应。

下一步，示范基地将充分发挥区位优势和资源集聚优势，着力构建以石墨烯等先进材料为核心的应用技术创新、中试及产业化服务能力，同时大力推进绿色低碳发展，打造具有国际影响力的先进材料产业创新示范集聚区。

八、创新策源、生态营造，打造全球生物医药产业高地——生物医药 · 上海张江高科技园区

上海张江高科技园区以生物医药为主导产业，2010 年成为国家新型工业化产业示范基地（以下简称“示范基地”），并在发展质量评价中总体水平达到五星级。围绕建设“上海具有全球影响力的科技创新中心的核心承载区”和“上海张江综合性国家科学中心”的战略目标，示范基地积极培育生物医药产业，聚焦生物医药高端研发和制造，持续强化创新策源功能，激发科创生态活力，深化张江品牌效应，为我国生物医药产业创新发展和接轨国际发挥了重要作用。

（一）强化创新策源功能，建设大科学设施和高水平研究机构

示范基地着眼世界科技前沿，**布局了**上海同步辐射光源、国家蛋白质科学研究（上海）设施、活细胞结构与功能成像等线站工程等一批国家重大科技基础设施，初步形成了生命科学领域的重大基础设施群；**集聚了**中国科学院上海药物研究所、张江复旦国际创新中心、浙江大学上海高等研究院、上海科技大学等一批一流的研究机构；**推进了**国家药品监督管理局审评检查长三角分中心、医疗器械技术审评检查长三角分中心落户张江高科技园区，加快创新药品和医疗器械研发上市，为承接国家战略需求和重大任务、实现生物医药领域技术突破奠定了坚实的基础。**重大科技成果持续涌现**，示范基地累计获批上市 1 类新药、创新医疗器械 30 余款，其中 2021 年度获批上市 1 类新药 6 款、创新医疗器械 5 款；诞生了

多个国际或国内“首发”“首创”，如国内首款 1 类生物制品 CAR-T 细胞治疗药物倍诺达®，国内首款获得美国、欧盟和日本认证的神经介入栓塞产品——Avenir™机械解脱弹簧圈。示范基地在细胞和基因治疗领域保持领先、集聚成势，诞生了国内第一款和第二款 CAR-T 细胞治疗药物。

（二）激发科创生态活力，构建产业创新全生命周期服务体系

示范基地围绕科创生态需求，**打造了**药谷平台、飞镖加速器等一批高水平孵化器，提供专业化公共实验室、公共融资平台、公共配套服务等创新生态所需要素；**集聚了**强生 JLABS@上海、罗氏中国加速器、西门子医疗器械创新中心等大企业开放创新中心，营造覆盖全生命周期的产业跨界融合垂直生态，助推国际一流创新资源赋能本土企业；**形成了**涵盖从新药探索、药物筛选、药理评估、临床研究、中试放大、注册认证到量产上市的全产业链、上百个专业技术服务平台，为创新创业者提供全链条、优质高效的专业化服务，研发人员只需一个包、一个想法，就可以轻装入驻、开展研究、快速发展。

（三）深化“张江药谷”品牌效应，搭建国际化对接交流平台

示范基地立足创新企业需求，**大力推进改革创新**，率先呼吁推动并实施上市许可持有人制度试点，率先在全国开展生物医药特殊物品入境联合监管改革试点，先后设立跨境科创监管服务中心、国家知识产权保护中心，形成了制度创新的一系列生动案例。**积极打造品牌活动**，围绕重点企业研究领域，举办“张江生命科学国际创新峰会”“张江细胞与基因治疗产业国际峰会”等品牌系列活动，联合专业机构分享前沿创新技术、发布全球战略合作平台、促进国内外合作交流，推进新技术、新业态、新模式发展，做优产业生态，向全球传播张江生物医药产业蓬勃发展的强烈信号。

下一步，示范基地将继续强化创新驱动力，加速整合和优化内外部资源，挖掘更多、更好的产业发展机会，促进创新成果快速涌现、新技术新模式率先突破，向实现“张江样板”的示范和辐射引领目标加速前进。

九、高水平开放合作，赋能产业链延伸发展——汽车产业（关键核心零部件）· 江苏太仓

江苏太仓以汽车产业（关键核心零部件）为主导产业，2018 年成为国家新型工业化产业示范基地（以下简称“示范基地”），并在发展质量评价中总体水平达到五星级。依托“临沪、对德”优势，示范基地抢抓长三角一体化发展机遇，加强开放合作，全力打造中国汽车核心零部件产业发展高地，加快向新能源汽车领域转型，持续吸附高端创新资源，大力推进产业高端发展。

（一）聚焦主导产业，加强产品供应

保障传统零部件供应，示范基地主导产品涵盖车身结构件、外观件、内饰件、动力总成部件、转向系统、车载电子六大类。多个传统核心零部件的市场占有率超过 30%，一辆整车近七成的零部件都能在示范基地内找到供应商。**促进新能源零部件发展，**示范基地深化汽车全产业链布局，抓住新能源汽车发展“风口”升级“蝶变”，与德企紧密合作，推动新能源和智能网联等未来汽车核心零部件的发展，其目标是，到 2025 年，新能源汽车动力总成的市场占有率超过 25%。

示范基地通过高水平开放合作，汽车核心零部件产业链要素逐步齐全，例如形成了以舍弗勒、博格华纳、新井精密部件为代表的动力系统；以慕贝尔、法雷奥为代表的底盘系统；以麦格纳、卓能、阿尔派电子为代表的电子电气系统；以博泽汽车、宝适、丰田通商为代表的车身及附件系统等；同时，通快、埃马克、巨浪、因代克斯、奥美特、德福埃斯六大德国机床厂商齐聚，进一步夯实装备制造基础。

（二）促进企业发展，激发集聚效能

助力企业协同发展，依托一批具有较强竞争力的高端装备骨干企业和专精特新中小企业，以科技创新、制度创新双轮驱动为动力，实现产业链上下游的延伸发展，做好上游原材料管控，加强与下游整车厂商的对接，打通产业链、价值链、合作链、创新链，全面提升产业集聚效能。**加强对外技术交流，**示范基地充分利用与德国的

合作基础，鼓励龙头企业从技术研发、产品升级、标准制定等方面拓展与德国汽车产业的交流，特别是加强新能源汽车的学习互鉴，推动对德合作走向新层级。

示范基地拥有规模以上企业 173 家，独角兽企业 1 家，专精特新“小巨人”企业 2 家，专精特新企业 16 家。示范基地将致力于打造以“高端数控机床+汽车行业专用设备+高速主轴、高精密轴承、涡轮增压器”等汽车关键核心零部件生产为主导的上下游产业集聚区。

（三）做好载体建设，促进产业创新

推动公共创新平台建设，示范基地成立和引进了一批国家级和省级新能源汽车技术实验室、技术创新中心、新型研发机构、工程研究中心、企业技术中心等创新平台，为企业创新发展加速。**引导企业技术中心落地**，示范基地加强与行业龙头企业对接，大力支持其研发总部落地，逐步从制造基地向研发中心、销售中心和区域总部升级，促使企业能力支撑区域创新发展。例如，依托舍弗勒等龙头企业建设研发中心、工程中心、创新中心等技术平台。

示范基地已成立了太仓市科技创业园、太仓大学科技园、娄城科技创业园等国家级科技企业孵化器，以及中德 MOBO 众创中心、中德智造众创空间等国家级众创空间。示范基地的科创载体逐步更新迭代，从空间赋能、政策赋能、资本赋能到产业赋能，从房东模式向产城融合模式不断优化，同时对一批老的科创载体进行功能升级，助推产业创新集聚区持续向高端化、智能化方向发展。

下一步，示范基地将继续立足区位优势，依托长三角区域一体化发展、长江经济带发展等国家重大战略叠加机遇，进一步做好开放合作，构建开放创新新格局、产业升级新机制、创新发展新模式，打造智能汽车产业体系，实现县域经济跨越式发展，为国内广大城市的县域创新发展提供重要的经验借鉴。

十、以产聚才、以才兴产、引育并重，打造智能电网产业科技创新高地——装备制造（智能电网装备）· 南京江宁区

南京江宁区以装备制造（智能电网装备）为主导产业，2013 年成为国家新型

工业化产业示范基地（以下简称“示范基地”），并在发展质量评价中总体水平达到五星级。示范基地有效发挥龙头企业的带动作用，围绕产业链部署创新链，积极打造产业科技创新高地，推动智能电网产业高质量发展。

（一）做强龙头企业，持续壮大产业创新牵引力

示范基地坚持把做大做强龙头企业作为战略重心，全力保障龙头企业发展所需要素，加大对龙头企业在税费减免、科技项目补贴、人才安置等方面的支持力度；充分发挥龙头企业的带动作用，围绕龙头企业招引配套项目，形成“葡萄串效应”；用好龙头企业科技带头人把握市场需求、企业痛点、专业技术的优势，促进政府决策更加精准满足企业需求。

2021 年，示范基地在江宁区委、区政府的坚强领导下，集聚了以南瑞集团、国电南自、四方亿能、南高齿、科远智慧、金智科技等龙头企业为代表的 152 家规模以上企业和 15 家上市公司，企业总数超过 300 家；形成了以江宁开发区为主，带动滨江开发区、东山企业研发园的“一核两翼”产业布局，特高压交直流输电、柔性交直流输电、大电网安全稳定控制、电网调度、继电保护等领域的自主核心技术达到国际领先水平。2021 年，示范基地智能电网规模以上企业产值同比增长 14.6%，产值超亿元的企业达到 69 家，其中产值在 10 亿元以上的企业 23 家；全区工业 50 强中，智能电网企业 22 家，产值同比增长 16.2%；国电南瑞南京控制系统有限公司、南京南瑞继保工程技术有限公司、南京高速齿轮制造有限公司 3 家企业的产值超百亿元。

（二）落实引育并重，全面增强产业创新驱动力

示范基地针对智能电网装备急需紧缺人才和关键核心技术的现状，加快围绕创新链部署人才链，高标准制定落实人才招引政策，高标准运营宁青驿站和国际人才街区等人才项目，为基地创新创业人才提供全方位服务；举办“双链融合 •智汇江宁”系列校企对接、“名企优才直通车”及青年大学生创业大赛等活动，形成“以产聚才、以才兴产、产才融合”的良性机制。示范基地内已聚集了由 6 名院士领衔的强大科技创新队伍，在核心技术、行业标准、发展潜力上居国内领先

地位，规模以上工业企业研发人员超9000人；每年依托东南大学、南京航空航天大学、河海大学等高校培养电力工程、电子、计算机、自动化等领域的专业技术人才近1000人，为智能电网产业的高质量发展提供了坚强的人才支撑和智力支持。

此外，示范基地深入推进创新驱动、增强发展新动力、促进深度融合发展、打造绿色制造体系，加速智能电网产业向数字化、网络化、智能化转型；深入落实南京市和江宁区新增规模以上企业奖励、专精特新企业资质奖励，应对新冠疫情的“暖心七条”“纾困八条”等一系列惠企助企政策，以“小升规”、专精特新企业培育为抓手，积极开展企业综合竞争力和企业家管理能力培育，先后3次组织企业参加“百企提升”专家巡诊，深入发动优质潜力企业入库培育，加快提档升级。截至2021年底，示范基地的省级专精特新企业中，智能电网企业达到11家，市级专精特新企业达到37家。

（三）创优载体平台，有效提升产业创新凝聚力

示范基地全力打造智能电网谷、智能电网产业园等产业发展载体，大力实施各项扶持举措，不断延长完善产业链，使资源要素加快向智能电网产业集聚。在重大支撑载体、公共服务平台、重点示范项目等多方面做好全方位服务，建成运营智能电网领域首个省级产品质检中心，建设开放1.1万平方米的智能电网博览馆，成为全国智能电网产业发展重要的展览展示公共平台，逐步引导智能电网产业从以工业制造为主，向制造、研发、销售、展示、培训、知识产权许可、标准制定、总部经济等高端形态转变，推动智能电网产业系统化转型升级。同时，示范基地大力推进产业链招商，不断优化企业服务，实施企业腾飞计划、倍增计划，以龙头项目引领产业发展，着力推进存量做大做强、增量链式集聚，积极构建创新服务平台，智能电网产业的集聚效应凸显，创新能力、产业规模和企业质量实现快速提升，为加快构建自主可控产业体系打下了坚实的基础。

依托南京智能电网产业联盟、中国智能电网产业技术创新战略联盟等资源，示范基地充分发挥域内高校、科研院所、龙头企业集中的优势，积极推动建设公共服务平台。江宁区与东南大学共建的环东南大学知识创新圈、江宁开发区与东南大学共建的国家大学科技园双创基地（江宁）、江宁经开科技发展有限公司出

资建设的中汽创智集团、位于江宁区未来网络小镇的网络通信与安全紫金山实验室、江苏南高智能装备创新中心有限公司牵头运行的高档数控机床与成套装备制造业创新中心等一批大型公共服务平台，为形成技术和产业高峰、加快构建国际竞争新优势、增强创新发展的长期动力提供了重要支撑。

下一步，示范基地将继续坚定不移地把创新摆在高质量发展的关键位置，推进产业科技创新体制机制改革向纵深发展，激发创新活力，提升创新效率，驱动产业向实现“国内领先、国际一流”目标快速迈进。

十一、科学延链、精准补链、长效强链，打造特钢新材料“江阴印记”——新材料（特钢制造）· 江苏江阴高新技术产业开发区

江苏江阴高新技术产业开发区以新材料（特钢制造）为主导产业，2022 年成为国家新型工业化产业示范基地（以下简称“示范基地”），并在发展质量评价中总体水平达到五星级。示范基地以“一区一战略产业”为指南，以产业精致化、高端化发展为目标，特钢新材料产业优势明显、链条完整、发展迅猛，着力打造世界一流的特钢新材料及其制品产业集聚区。

（一）厚植发展基础，延长产业链条

示范基地的特钢新材料产业发展依托江阴市的基础优势，充分发挥供应地毗邻优势，形成了“特钢新材料—高端制品—下游应用”的完整产业链，上游拥有兴澄特钢等高端原材料生产企业及生产设备配套企业，中游拥有法尔胜、贝卡尔特等高端特钢制品企业，下游集聚了 145 家创新型应用企业及一批服务型企业。示范基地构建了特钢产业本地协作配套群，开展链条间合作，主导产业可与区域内的其他产业从原料、零部件、装备、生产过程、仓储物流等各方面建立联系，由链式发展升级为更加稳定、高效的“产业网”发展。

示范基地内销售额超亿元的企业达 62 家，链上 500 余家中小企业优势特色明显，涌现出了一家国家级制造业单项冠军企业、26 家专精特新“小巨人”企业、87 家专精特新中小企业；企业间广泛协作，如贝卡尔特与当地 300 余家供应商形成了

稳定的合作关系；主要产品的市场竞争力强劲，高端轴承钢、高端汽车用钢等产品的国内市场占有率较高，胶带绳、桥梁缆索等产品在国际市场占据了一席之地。

（二）拓展制造＋服务，提升价值链条

为推动产业向价值链高端攀升，示范基地把稳龙头领航，辐射带动一批专精特新企业与龙头企业长效互联互通，引导开展现代供应链建设、产品全生命周期管理等创新服务，推动特钢新材料制造业与现代物流、科技服务、信息技术服务等服务业有机融合，使特钢产业从单一生产制造向“生产+服务”转型，从材料型深加工向营销型深加工、产业型深加工等高附加值模式跃升。

示范基地打造江阴新制造促进中心，为企业数字化转型提供工业软件与精益管理咨询服务，导入精益数字化管理的多家企业已取得阶段性成效，如天澄装备的制造周期缩短 20%，产能提升 15%，在制品库存减少 20%；海鹏特种车辆通过精益化改造，节省空间面积 30%，生产效率提升 20%。示范基地立足本地培育了工业互联网碳中和服务商——海澜智云，以工业互联网平台为载体，为制造业企业提供能源管理、工艺优化、设备诊断、智能运维、智慧安环等智能低碳工厂系统解决方案，并对产品原料、质量、碳足迹进行全产业链跟踪，该平台企业的用户超 6000 家，涉及特钢、煤化工等制造业行业，连接设备超 10 万台，累计为用户减少二氧化碳排放近 300 万吨。

（三）坚持体系建设，做强创新链条

示范基地大力推进特钢产业创新体系建设，以创新型企业为主体，以科技创新平台建设为抓手，以特钢新材料市场为导向，以产学研资相结合为路径，以科技成果转移转化为目标，从创新载体建设、人才支撑、开放合作、公共技术服务、知识产权保护与科技成果转化等多方面提升特钢新材料的竞争力。

示范基地拥有省级以上研发机构 24 家，其中国家金属线材制品工程技术研究中心已参与制定国际标准 2 项、国家标准 3 项，兴澄特钢研究院拥有世界领先的高档次、高精密度试验仪器设备 240 余台（套）。引育海内外高层次人才 5200 余人，其中诺贝尔奖获得者 6 人，国家级重大人才工程 A 类专家 31 人。与北京

中关村、上海张江、武汉东湖等创新高地合作成立跨区域协同创新联盟，围绕企业创新需求推进创新资源共享及产业链合作。推动国家船舶材料质量监督检验中心（江苏）等多家高水平技术服务机构为企业提供丰富、质优、价廉的技术检测服务。建立技术交易平台、知识产权公共服务平台等，为企业提供一站式服务，同时与麻省理工学院、中国科学院等 100 余家国内外知名高校、科研院所合作促进科技成果转化，取得了“研发投入超 90%用于产学研合作、技术创新成果超 90%来源于产学研合作、产学研合作成果产业化率超 90%”的成绩。

下一步，示范基地将进一步聚焦特钢新材料产业链，形成产业链完整、创新链赋能、价值链升值、市场链广泛的发展新优势，在我国特钢新材料产业版图上留下“江阴印记”。

十二、集聚发展、生态优化、智改数转、人才支持，着力打造国内一流的新一代信息技术产业集聚区——电子信息 · 江苏苏州工业园区

江苏苏州工业园区以电子信息为主导产业，2010 年成为国家新型工业化产业示范基地（以下简称“示范基地”），并在发展质量评价中总体水平达到五星级。示范基地锚定“开放创新的世界一流高科技园区”的目标定位，坚持创新开放，从集聚发展、生态优化、智改数转、人才支持等方面发力，力争成为国际知名、国内一流的新一代信息技术产业集聚区。

（一）致力创新链式发展，凝聚产业核心竞争力

示范基地的电子信息产业重点关注集成电路、新型显示、光子等领域，加快形成关键软硬件产业生态链。**集成电路领域**，形成以设计、晶圆制造、封装测试为核心的产业体系，产品涵盖模拟、逻辑芯片、各类动态随机存储器及快闪存储器，是首批国家集成电路产业园；其中，示范基地在微机电系统（MEMS）、化合物半导体等特色细分领域拥有较好的产业基础，是国内产业链较完整、企业集聚度较高、人才储备和技术开发水平较领先的区域之一。**新型显示领域**，围绕“原

材料—面板—模组—整机—设备”产业链生态，聚集多家全球顶尖液晶面板生产企业，产品涵盖各类尺寸的液晶面板，是国内重要的平板制造基地。**光子领域，**形成“光芯片光材料光服务为基础、光模块光制造齐头并进”的产业格局，培育了从材料生产到芯片制造全产业链的光芯片光器件企业、兼具创新性与规模效应的光模块企业，同时在关键材料领域形成了比较优势。

（二）优化创新生态体系，注入产业前行驱动力

为提升电子信息产业链供应链的创新能力，增强稳定性和竞争力，示范基地通过机制创新、要素集聚、平台搭建等途径，形成龙头企业、配套企业、高等院校、科研院所、第三方平台、金融机构等协同联动、竞合共生的生态发展格局。

示范基地高水平建设国家第三代半导体技术创新中心（苏州），持续推动姑苏实验室、纳米真空互联实验站等创新平台提升能级；引进中国人民大学、南京大学等知名高校 33 所，集聚科研院所 37 家，其中，中国科学院、中国医学科学院、中国电科等“国家队”成员 15 家；苹果、微软、百度、华为等全球知名企业在示范基地内设立研发中心、创新中心；累计投入 100 亿元，建设的各类创新载体总面积超过 1000 万平方米，汇集企业超 6000 家；建设微机电系统中试平台、国科数据中心等公共技术服务平台。示范基地深入布局建设共建研发机构，截至 2021 年累计孵化科技项目 930 余个，授权发明专利 2650 余件，与企业开展技术合作超 1000 项，有效推动创新成果转移转化。

（三）深化企业智改数转，增强产业创新支撑力

以“数字赋能、产业融合”理念为引领，深入实施数字经济创新发展战略，全面推动制造业智能化改造和数字化转型建设，着力推进新技术、新模式、新业态与实体经济深度融合。

示范基地实施智能制造“伙伴计划”，通过场景开放、行业交流、供需对接和人才培训等内容，促进行业资源利用与对接，建设“智改数转”生态；借助行业龙头、大院大所、综合服务商的行业资源和能力，通过政府采购和项目补助等方式，为企业“智改数转”提供免费诊断、深度辅导和方案设计服务，对接专业

服务商加速项目落地；鼓励企业采用新技术、新工艺、新设备，对生产设施、工艺条件和管理服务等进行智能化和数字化改造，建设一批综合效益显著的智能制造试点示范项目，引领企业智能化发展。2021 年，示范基地完成智改数转项目超 1400 个，带动技改投资超 100 亿元，规模以上工业企业的智改数转已实现全覆盖。

（四）充实人才后备梯队，提升产业协作自驱力

示范基地坚持以人为本带动各类创新资源汇聚，面向国际持续“招才引智”，建立了以“领军人才”“骨干人才”“青年人才”3 项主干政策为支撑，各专项人才政策为补充的“金鸡湖人才计划”体系，为“高精尖缺”人才搭建攀高登峰平台，同时建立健全青年人才普惠性支持措施，构筑面向未来的人才竞争新优势；积极融入全球主流创新网络，包括哈佛大学、牛津大学、麻省理工学院等一批国际一流院校在示范基地设立科研机构。截至 2021 年，基地拥有国家级重大人才引进工程专家约 200 人，外国高端人才超千人。此外，示范基地入选全国双创示范基地，成为全国 8 个全球化创业方向示范基地之一。

下一步，示范基地将继续做大做强核心产业链，以创新生态、数智化转型和开放合作赋能电子信息创新产业集聚区发展，打造世界级电子信息产业地标。

十三、深化产业协同发展，锻造物联网产业高质量发展的先锋力量——电子信息（物联网）· 杭州高新区（滨江）

杭州高新区（滨江）以电子信息（物联网）为主导产业，2012 年成为国家新型工业化产业示范基地（以下简称“示范基地”），并在发展质量评价中总体水平达到五星级。围绕“2025 年建成以视觉智能为引领的世界级物联网产业基地”的发展目标，示范基地从“产业链、创新链、服务链”三链条齐发力，开展全维全链闭环优化提升工作，着力推进产业协同化发展。

（一）做强产业链，推进上下游链条畅通

示范基地持续扩大主导产业优势，积极布局“物联网+”示范场景，贯通从

上游感知层到下游应用层的物联网全产业链，已形成了一条从关键控制芯片设计，到传感器和终端设备制造、物联网系统集成、网络通信设备、信息软件开发以及电子商务运用，再到网络运营服务、云计算、大数据应用、网络安全的先进制造业和数字经济融合发展的全产业链体系。

示范基地抢抓视觉智能、智能计算、集成电路、人工智能等竞争新赛道，培育形成数字安防、数字健康、数字金融、智能装备等十大产业集聚区；打造“中国视谷”“中国数谷”“物联网小镇”等一批物联网产业新地标，其中“中国视谷”是浙江省争创国家视觉智能创新中心、推进“数字安防—视觉智能—智能物联”产业有序跃迁的重要平台。

历经十余年的发展，示范基地的数字产业发展水平持续提升，取得了良好的经济效益，成为稳定区域经济增长的重要支撑。2021 年，示范基地地区生产总值达 2022.6 亿元，同比增长 11.3%，以不到全省 0.1%的土地面积，贡献了全省 2.8%的生产总值；其中，数字经济核心产业增加值为 1596.2 亿元，同比增长 16%，占示范基地地区生产总值的 78.9%；物联网产业营收达 1781.4 亿元，约占杭州市的 65.5%，有效带动云计算与大数据、集成电路、机器人等关联产业快速增长。

（二）优化创新链，加速产学研深度融合

示范基地坚持推进创新链产业链“两链”深度融合，建设以企业为主体、市场为导向，产学研深度融合的新型研发机构，鼓励多元创新主体部署基础研究、做强应用研究、深化协同创新，以高能级平台为支撑，带动企业开展技术攻关、科技创新，全面形成产学研一体化发展格局。

针对产业链关键环节核心技术、“卡脖子”技术难题等重大创新项目，政府按照企业研发投入的 20%予以资金补助，示范基地的“物联网+”领域技术始终走在行业前沿。已建立形成以国之重器“超高灵敏极弱磁场和惯性测量装置”为核心，浙江大学区块链与数据安全全国重点实验室等国家级创新平台及各类省级创新平台为支撑，北京航空航天大学杭州创新研究院、浙江大学滨江研究院等产业创新研究院为重点，51 个省重点实验室和企业研究院、600 余个省市研发中心为依托的创新平台体系。公安部一所检测中心、浙江省鲲鹏生态创新中心、杭州

人工智能计算中心等一批公共技术服务平台持续赋能示范基地高质量发展。

近年来，示范基地不断加大技术创新投入力度，连续 15 年研发经费支出占地区生产总值的比重保持在 10%左右；每万人发明专利拥有量，国家科技进步奖数量、技术发明奖数量，以及国际、国家、行业标准数量均居浙江省第一；年均新增各类人才 3.5 万人左右；年均新增专利授权量 1 万件以上，其中 90%以上来自企业。

（三）完善服务链，促进大中小企业协同

示范基地坚持以促进大中小企业协同发展为核心，以优化服务生态为抓手，搭建多元产业融合网、多类企业合作网，构建“支持龙头企业衍生裂变+壮大腰部企业梯队群落+深化创业企业陪跑计划”的大中小企业协同培育的特色路径。

在资金支持上，示范基地持续深化“1+*X*+*N*”产业支持政策，打出政策“组合拳”，赋能产业“加速跑”。启动集成电路、生物医药等专项政策修订，发布“助企开门红 18 条”“助企纾困稳增长 12 条”，2021 年下达惠企产业扶持资金 61.5 亿元，落实新增减税降费及退税缓税缓费政策资金 71.83 亿元。**在企业孵化上**，示范基地在全省率先发布《科技企业孵化器服务分级评价规范》，市级以上孵化载体累计达 117 家。**在协同发展上**，引导龙头企业衍生裂变，支持“链主型”企业组建产业链上下游共同体，现已形成以海康威视、新华三、大华股份、宇视科技等龙头企业为主体，超 500 家中小企业为支撑的多个平台企业生态圈，搭建“企业创新联合体+产业联盟+产业链技术对接会”的大中小企业沟通平台体系。

截至 2021 年底，示范基地已累计培育物联网相关产业世界 500 强企业一家、上市公司 29 家、独角兽企业 3 家、国家级制造业单项冠军企业 5 家、专精特新“小巨人”企业 11 家，国家级高新技术企业达到 1928 家、省级专精特新中小企业达到 47 家。

下一步，示范基地将持续深化产业链协同创新，做强产业核心竞争力，织密协作网络，深化产业协同发展，不断提升物联网产业的竞争力和影响力，锻造物联网产业高质量发展的先锋力量。

十四、四链同构、融合集聚，高质量建设轻纺（鞋服纸制品）产业示范基地——轻纺（鞋服纸制品）· 福建晋江经济开发区

福建晋江经济开发区以轻纺（鞋服纸制品）为主导产业，2020 年成为国家新型工业化产业示范基地（以下简称“示范基地”），并在发展质量评价中总体水平达到五星级。福建晋江经济开发区以建设示范基地为抓手，推动产业链、创新链、供应链、生态链“四链同构”和轻纺产业优化升级，带动引领园区高质量发展。

（一）突出特色集聚，筑牢产业链

实施“重龙头、强品牌、铸链条”专项行动，加速推动产业基础高端化、产业链现代化。**鞋服产业，聚焦强链补链延链。**以安踏、361° 等 19 家行业龙头带动产业链上下游企业集聚，园区企业涵盖聚酯切片、纱线、网布、染整到鞋机、面料、鞋材、鞋底、配饰、吊牌等产业链各个环节，构筑起从“一根丝”到“一双鞋”的全产业链。支持企业通过合资、收购等方式，开拓国际市场。安踏通过并购亚玛芬、斐乐等国际知名品牌，打开细分赛道，迈向国际化。**纸制品产业，发力新赛道新风口。**并行发力“生活必需+健康医疗”。在巩固提升卫生巾、纸尿裤等传统产品优势地位的基础上，引导企业拓展高档纸巾、厨房用纸、衬垫纸品、可降解纸张等品类，提升产业附加值，打造纸制品生产协同生态圈。

（二）突出协同融合，打通创新链

坚持创新驱动，科技创新与数智转型双向发力。培育国家级制造业单项冠军企业 3 家、国家级高新技术企业 62 家、科技“小巨人”企业 11 家、省级专精特新中小企业 7 家。**一方面，强化科技赋能。**健全“众创空间+孵化器+加速器+产业园”孵化体系，实施高新企业培育“熊猫计划”，建立专精特新企业培育“企业秘书”机制。引进华为（晋江）工业互联网云孵化中心、石墨烯技术研究院等公共科研平台，助力企业开展超百个产学研合作项目。**另一方面，加快数智转型。**鼓励企业攻坚智能物流、智能制造、绿色集成等行业关键技术和设备。推动

107 家企业实施数字化转型，380 余家企业“上云上平台”，315 家企业完成二级解析节点注册。华宇织造通过实施数字化转型，经编车间设备用电能耗降低 23.5%，工艺设计效率提升 30%，产品研制周期从平均 30 天缩减到 15 天，获评智能制造试点示范企业。

（三）突出绿色集约，升级供应链

坚持绿色发展理念，积极构建绿色制造体系。获评福建省绿色园区、福建省循环经济示范单位，15 家企业入围国家级、省级绿色制造示范单位，14 件产品入围绿色设计产品，13 家企业争创省级绿色供应链、绿色工厂。**一是坚持空间集约。**一方面，开展亩均效益评价。推行亩均产值、税收、用电量 3 张热力图，可视化辨识评估企业效益，实行差别化资源要素配置，不断提升集聚效益。另一方面，鼓励“零地增资扩产”。从扩大投资、法拍收储、合作转让等多维度发力，推动 148 家企业“零增地”改扩建，新增产业空间面积 451 万平方米。**二是创建绿色园区。**实施集中供热、余热回收利用等节能降碳项目，推进污水处理、废气处理等环保基础设施建设。园区清洁能源使用率达 42.63%，可再生能源使用率达 16.32%。**三是打造绿色工厂。**实施信泰科技鞋服纤维材料污水清洁印染等效益好、消耗低的产业项目，带动绿色技术推广应用、产业链供应链协同转型。鼓励 361°、盼盼食品等龙头企业与上下游企业共建绿色制造设计平台，实施绿色供应链管理。

（四）突出激发活力，优化生态链

持续深化“放管服”改革，完善产业生态环境，充分激发产业发展生机活力。**一是创新服务模式。**创新推出“双零”服务（服务企业零距离、服务项目零收费），“双员”联络（企业服务员、联络员）和“益企行动”，入园企业报批报建手续专人专班全程免费代办。项目策划到落地的周期由原先的 1 年缩短到 5 个月，报建手续办理时限由原先的 6 个月缩短到 2 个月，手续代办费用由原先的 15 万元左右降至零费用。“双零”服务入选中央广播电视总台发布的《2021 城市营商环境创新报告》，成为 2021 年度全国 41 个营商环境创新实践案例之一。**二是**

聚力空间重构。实施园区标准化建设专项行动，采取“国企+协会+龙头”“国企+第三方运营”“民企+供应链+上下游”等建设运营模式，策划建设 7 个连片标准化产业园、61 个标准化厂房项目，预计新增产业空间面积 700 万平方米。绿色高端面料整理微工业园项目，由福建晋江经济开发区规划，国企投资建设标准化厂房和配套设施，晋江市染整行业协会指导，龙头企业运营。**三是推动产城融合。**突出生产、生活、生态“三生”融合，布局建设产教融合基地、党建邻里中心、青年公寓等项目，打造高品质产业园区。福建晋江经济开发区产教融合基地，以泉州职业技术大学为牵头高校，盼盼食品为牵头企业，统筹各类职业技能培训、技能人才评价等资源，入选首批国家级市域产教联合体，是福建省唯一入选项目，也是全国县域唯一入选项目。

下一步，示范基地将持续发挥在产业集聚、品牌建设、市场规模等方面的优势，不断提升发展能级，助推轻纺产业高质量发展。

十五、“智造”引领，全面提升产业发展水平——装备制造（内燃机）· 山东潍坊高新技术产业开发区

山东潍坊高新技术产业开发区以装备制造（内燃机）为主导产业，2013 年成为国家新型工业化产业示范基地（以下简称“示范基地”），并在发展质量评价中总体水平达到五星级。示范基地的业务范围涵盖绿色动力、整车制造、传动系统、核心零部件、增值服务五大领域。近年来，示范基地全力推进装备制造向智能化、高端化转型，努力实现由“制造”向“智造”的转变。

（一）加大政策扶持力度，提高产业“智造”水平

山东潍坊高新技术产业开发区制定了《潍坊高新区支持高质量发展若干政策》《潍柴集团配套产业园入园政策》等政策文件，探索设立专项资金，撬动社会积极引导企业瞄准核心环节，强化协同攻关，掌握关键技术，提升智能制造水平，加快推动产业转型升级；综合运用股权投资、贷款贴息、奖励补贴、风险担保、信息共享等多种方式，支持企业智能化转型升级。

（二）坚持创新驱动，提升企业“智造”能力

示范基地实施龙头企业培育计划，支持行业龙头企业进一步加大科研、技改投入，运用高新技术和先进装备提升企业层次、优化产品结构，同时，积极引导企业瞄准核心环节，掌握关键技术，提升智能制造水平，加快推动产业转型升级。已建成内燃机与动力系统全国重点实验室、国家乘用车自动变速器工程技术研究中心、国家商用汽车动力系统总成工程技术研究中心等 12 个国家级企业创新载体、60 余个省级企业创新载体。

（三）搭建服务平台，助推企业“智造”转型

依托国家大中小企业融通型创新创业特色载体的建设，按照建平台、聚资源的发展理念，不断培强龙头企业、扶持中小企业，加强龙头企业与中小企业的协作，完善研发平台，深化产学研合作。已建立山东省 3D 打印暨先进制造中心、潍坊赛宝工业技术研究院等产业综合服务平台，将国内外装备制造业方面的最新技术成果与汽车制造、动力机械、高端装备等领域的重点企业对接，进行技术转移，助推产业集聚和转型升级。

（四）推进智能化技改，加速企业“智造”升级

推动企业实施新一轮高水平技改，建设智能化工厂、数字化车间，共有 6 个国家级智能制造项目，6 个省级、市级智能制造项目，5 个省级智能化技改专项资金支持项目。支持潍柴动力 H 平台发动机智能制造升级、华丰动力新型轻量化发动机核心零部件智能制造等重点项目建设，福田多功能汽车厂、凯信重机、天瑞重工等一批骨干企业的智能化技改升级项目纷纷“上马”，示范基地将逐步实现装备制造业的高端化、智能化和数字化。

下一步，示范基地将坚持创新驱动发展，完善产业发展服务平台，加大产业链招商力度，持续壮大装备制造产业实力。

十六、创新驱动、高端进军，打造光电子信息产业高地——电子信息（光电子）· 武汉东湖新技术开发区

武汉东湖新技术开发区以电子信息（光电子）为主导产业，2010 年成为国家新型工业化产业示范基地（以下简称“示范基地”），并在发展质量评价中总体水平达到五星级。围绕“2025 年成为具有全球影响力的光电子信息产业高地”的发展目标，示范基地加强创新引领，从产业布局、企业培育、技术攻关等方面积极开展工作。

（一）布局高端产业，抢占全球创新高地

示范基地的主导产业主要包括光通信、激光、光电显示、光电传感器等，产品涵盖“信息感知—信息传输—信息计算—信息存储—信息显示—信息应用”全方位和“光电材料—光电芯片—光电器件—光电模组—光电设备”全链条。

示范基地坚定向产业全球价值链中高端突破的决心，结合各产业实际，积极布局产业链重点环节和关键核心技术方向，打造产业的“世界级”竞争优势。经过多年的积累，示范基地规模效应明显、创新能力突出、产业特色鲜明、产业链完备，成为区域工业经济增长的强大支柱，其光纤光缆产业的国际市场占有率超过 25%，国内市场占有率超过 50%，销量连续多年居世界第一；作为全国最大的光电器件研发生产基地，国际市场占有率超过 12%；成为全国规模最大的中小尺寸显示面板基地，以及全国三大激光设备生产基地之一。

（二）培育重点企业，集聚优质创新资源

示范基地以锻造光电子信息全产业链为目标，围绕“紧紧扭住龙头，扶持配套小微企业上规模，支持优质企业专精特新发展，鼓励骨干企业上台阶”的思路，出台企业协作专项激励政策，打造优质企业梯队。

改革创新方面，支持大型国企推动国企改革三年行动，推进“非主业、非优势主业”剥离专项工作，聚焦光通信和数据通信板块、光电子和集成电路板块、网信安全和特通产业板块、智能化应用板块等主业发展，统筹重构

产业布局；**资源整合方面**，支持科技企业瞄准产业链关键环节和核心技术，实施高端并购、强强联合，形成光电子信息相关产品与服务一体化的完整产业链及多元化的业务模式；**培优服务方面**，通过专题培训、特色化服务、一对一诊断把关等方式，逐企梳理发展路径，推动专精特新中小企业“卡位入链”与“链主”企业协同发展，开展“光谷造”市场循环供需对接活动，把产业链断点、堵点变为企业新的利润增长点。

光电子信息领域，示范基地已培育出百亿级制造业企业7家、国家制造业单项冠军企业6家、国家专精特新“小巨人”企业近20家，汇集光电子信息企业突破1.5万家，形成了较完整的光电子信息产业集聚区。

（三）加强技术攻关，打造先进创新产品

示范基地针对产业链供应链重要环节，补短板、锻长板，采用协同创新机制，强化自主创新激励，实现一批关键核心技术的攻关突破。示范基地的龙头企业在全球6个国家建有创新中心，50多个国家设立海外研发生产基地，打磨具有国际竞争力的先进产品。示范基地积极融入全球创新网络，助力产业向高端迈进，其产品出口100多个国家和地区，业务覆盖全球40亿人口。

示范基地在技术创新上保持较大投入，知识成果快速累积。2021年示范基地的研发经费投入强度达8.7%，研发人员达到17.7万人，有效发明专利数约1.16万件。示范基地将持续加强原始创新、做好应用创新，以高水平光电子信息技术赋能行业发展。

下一步，示范基地将继续深入贯彻落实党中央、国务院的有关决策部署，加速推进示范基地提质增效升级，成为区域工业经济增长的强大支柱，以一域之“光”为全局添“彩”。

十七、擦亮制造业智能化转型新名片——装备制造（工程机械）· 长沙经济技术开发区

长沙经济技术开发区以装备制造（工程机械）为主导产业，2010年成为国家

新型工业化产业示范基地（以下简称“示范基地”），并在发展质量评价中总体水平达到五星级。示范基地拥有 3 家世界工程机械 50 强企业，集聚了产业链上下游的众多制造企业，锚定“建设全球高端装备制造业基地”的目标，紧扣主导产业的发展实际，率先探索制造业智能化转型新模式。

（一）模式革新，开拓智能化转型沃土

示范基地制造业体量大，龙头企业多，产业链生态丰富，转型升级需求迫切，拥有“智改数转”的沃土。自 2017 年以来，示范基地确立了打造国家智能制造示范区的战略目标，发布智能制造中长期发展规划，推动新一代信息技术与制造业深度融合若干政策、实施细则等一系列政策措施落地。为带动区域“智改数转”全面升级，示范基地率先在全国将“揭榜挂帅”机制运用到智能化转型工作中，梳理行业共性问题，设定榜单攻坚方向，与挂帅企业签订协议形成“创新合伙人”关系，智能化转型试点企业产值占规模以上企业产值的比重超 85%。挂帅企业承担的“揭榜”项目为制造业智能化转型创造了多个标杆，提供了丰富的经验。如三一集团拥有两家世界经济论坛认证的“灯塔工厂”，其中 18 号“灯塔工厂”通过 1540 个传感器和 200 台全联网机器人实时采集生产数据，每 45 分钟下线一台泵车，厂房单位土地的平均产值为 15.4 亿元/公顷，人均产值为 1471.1 万元，引领全球工程机械行业。

（二）技术突破，夯实智能化转型实力

示范基地持续探索智能化转型新赛道，强调企业技术创新的主体地位，引导工程机械行业企业与新一代信息技术融合，突破技术卡点，加快智能化转型进程。**实时孪生技术保障地下装备稳定运行。**铁建重工基于数字孪生、人工智能模型构建的地下工程装备系统，使装备“孪生体”的设备状态、开挖动作实现风险预估、毫秒级响应，为运行模拟、运维决策、健康预测和迭代优化等提供支持。系统应用于高原铁路宝灵山隧道、西延高铁、广州地铁等多种地质形态复杂、施工难度高的场景中，运行模拟准确率超 85%，地质环境预测成功率超 90%，施工效率提升 20%。**区块链技术保护高端装备知识产权。**天河国云

打造高端装备制造业供应链协同管理平台，利用区块链技术对设计图纸等供应链关键环节上链加密，解决企业供应链可信管理、质量存证与溯源等方面的难题，实现供应链关键环节全生命周期安全可溯源。**5G 远程控制技术保障高危场景安全施工。**山河智能研制出“5G+工程装备遥控系统”，开发了全球首创的“5G+智能旋挖钻机”，是行业内首家实现“5G+遥控挖掘机”“5G+智能钻机”的工程化应用的企业。5G 技术在凿岩钻机、挖掘机、矿用卡车等装备上实现批量应用，矿区 5G 网络的时延降至 15 毫秒内，可提供精准快速的多样化远程控制服务，破解应急救援、高危恶劣环境等情况下的施工难题。山河智能的装备在内蒙古、新疆、福建等地的 30 余座矿山作业，高端装备的高临场感远程控制成为现实。

（三）生态繁荣，激发智能化转型活力

在推动智能化转型过程中，作为转型主体的企业普遍面临不敢转、不会转、资源少、管理难的问题。示范基地在繁荣产业链生态上下功夫，使自身、企业、载体三者在转型中形成坚不可破的协同关系。

“链主”带动促融通。针对中小企业资源少、转型难的问题，示范基地推动“链主”企业基于业务发展需要，孵化系统解决方案服务商，带动链式转型；鼓励龙头企业搭建专业化平台，沉淀转型经验、形成技术标准，为上下游企业提供轻量化应用。**载体协同聚合力。**示范基地建设创新中心、产业联盟、协会等生态载体，引进培育 123 家优质服务商，构建了项目全流程智力支持体系。如示范基地打造湖南工业互联网创新中心，开展 5G、人工智能、数字孪生等新技术试验验证，形成数字孪生生产线智能监控、“个性化订单+柔性生产”“5G+机器视觉检测”等场景化解决方案，服务于三峡集团、中国一重、哈电集团、中国商发等全国知名企业。

下一步，示范基地将紧紧围绕以智能化转型推动高质量发展的路径，实现装备制造与新一代信息技术的融合创新，将制造业智能化转型这张名片越擦越亮。

十八、产业集聚、科技腾飞，建设世界级先进轨道交通装备产业集聚区——装备制造（轨道交通装备）· 湖南株洲高新技术产业开发区

湖南株洲高新技术产业开发区以装备制造（轨道交通装备）为主导产业，2010 年成为国家新型工业化产业示范基地（以下简称“示范基地”），并在发展质量评价中总体水平达到五星级。示范基地锚定“三高四新”蓝图，深入实施创新驱动发展战略，积极构建产业生态、聚焦科技创新、强化服务能力，全力打造世界级先进轨道交通装备产业集聚区。

（一）聚产业建项目，构建轨道交通产业生态

着力提升产业实力。示范基地做好“聚焦、裂变、创新、升级、品牌”文章，形成了国内自主创新程度最高、核心竞争力最强、影响力最大的轨道交通产业集聚区，打造了“中国制造”的亮丽名片。在示范基地内，用“喝一杯咖啡的时间”就能在方圆 25 平方公里内集齐一台电力机车所需的上万个零件。2021 年，示范基地的轨道交通装备产业集聚区规模已超 1300 亿元，集聚了上下游企业近 400 家，本地综合配套率超过 80%。

全力推进项目建设。示范基地为项目建设提供全生命周期的优质服务，将原先审批阶段的 8 个月缩短到 3 个月，大大提升了项目的建设效率。中车株机的涂装智能化改造等 12 个项目开工建设，时代装备等 13 个项目竣工投产，凯斯智能装备产业园、易沃智能制造等一批项目顺利推进。

（二）育主体建载体，激发科技创新发展活力

开展创新主体培育。建立优质中小企业梯度培育机制，实施高新技术企业“育苗计划”，持续完善高质量发展政策和瞪羚企业培育政策，引入专业机构服务高新技术企业、科技型中小企业培育，推动高新技术企业和科技型中小企业持续快速发展，高新技术企业达 450 家，科技型中小企业达 313 家。同时，聚焦关键基础材料、核心零部件、战略性新兴产业领域，引导中小企业走专精特新发

展之路，国家级专精特新“小巨人”企业已达37家。培育专精特新种子库、着力打造“小巨人”企业这一举措获省政府通报表彰。

推动创新载体建设。拥有国家级研发机构30家，省级研发机构199家，院士工作站16个。国创中心在国家级创新中心年度考核中成为唯一一个考核结果为“优秀”的平台，中车株机成为全省首家国家级智能制造标杆企业，中车株机的电力机车入选国家级制造业单项冠军产品。“复兴号”高原内电双源动车组在拉萨运行，国内首创新型城轨受电弓、首台全碳化硅牵引交流器等一批重大创新成果问世，中国首列出口欧洲的双层动车组在中车株机下线，等等。

（三）强支撑建品牌，推动产业发展提级换挡

强化重点领域支撑。在产业配套上，出台实施《关于促进株洲高新区（天元区）产业高质量发展的若干政策措施（暂行）》（现已废止）。在人才配套上，出台人才精准服务支持政策。在金融投资服务体系构建上，作为全省科技型企业知识价值信用贷改革4个首批试点园区之一，设立了规模为2000万元的科技型企业知识价值信用贷款风险补偿基金，已向38家企业发放贷款6040万元。

提升基地品牌力度。一是打造市场品牌，探索政企共建、工程总包模式，走出一条集设计、施工、产品采购、运营维保于一体的市场开拓新路子，积极抢占国内市场，积累轨道交通基建工程资源。二是打造产业品牌，高水平承办“2021中国国际轨道交通及装备制造产业博览会”，支持轨道交通抱团出海，提升示范基地的国际知名度和影响力。三是打造企业品牌，抓住中车株机取得160公里城际动车组整车生产资质的契机，帮助企业积极开拓国内市场，并争取省内重点轨道交通项目优先采购本地产品。

下一步，示范基地将以习近平总书记赋予湖南的“三高四新”战略为引领，以产业链现代化建设为重点，全力打造世界级先进轨道交通装备产业集聚区，为建设制造强国做出株洲贡献。

十九、链式思维、集聚发展，打造全球储能材料产业高地——新材料（电池材料）· 湖南宁乡高新技术产业开发区

湖南宁乡高新技术产业开发区以储能材料为主导产业，2015 年成为国家新型工业化产业示范基地（以下简称“示范基地”），并在发展质量评价中总体水平达到五星级。2021 年，示范基地的储能材料营业收入突破 300 亿元，产业规模实现高速增长。聚焦“2026 年成为产值过千亿元的全球储能材料产业高地”的发展目标，示范基地强化产业链思维，从顶层设计、产业集聚、企业培育、协同创新等方面积极开展工作。

（一）强化产业链思维，构建完整产业链条

示范基地借助中南大学等省内高校院所在储能材料产业方面的创新优势、资源优势，将储能材料作为主导产业重点培育，以全产业链思维谋划产业发展。组建储能材料产业链建设推进办公室，由示范基地党工委书记担任办公室主任，研究全球储能材料产业布局趋势，制定产业链全景图、现状图、目标企业分布地图，瞄准关键环节，加大政策支持力度，实现产业链向上下游延伸。先后引进培育、转化落地 55 家产业链各关键环节的重点企业，聚集了弗迪电池、邦普循环、巴斯夫杉杉、中科星城石墨、中材锂膜、法恩莱特新能源等一批行业龙头企业，构建了省内唯一的从前驱体到锂电池正极、负极、隔膜、电解液，到电芯及封装，再到废旧电池回收再利用的绿色闭环产业链。

（二）实施“策划式”引入，推进产业集聚发展

示范基地充分利用产业链研究、产业链配套优势，通过对产业细分领域产能、市场、技术、资本的精准研判分析，帮助目标企业谋划新投资项目。支持邦普循环、中科星城石墨、鹏博新材等企业在示范基地内扩建产能，扩大生产规模。通过策划配套招商，围绕示范基地内的龙头电芯企业——弗迪电池，引进集聚了法恩莱特新能源、镕锂新材、航盛新能源等一批上游关键环节配套企业，有力夯实产业链供应链。通过策划转型招商，成功策划邦盛集团等传统行业企业转向储能

材料产业新赛道。2021年以来，共引进储能材料产业项目25个，共计引资超300亿元，其中总投资120亿元的邦盛集团磷酸铁锂项目入选湖南省十大产业项目，同时引进了投资30亿元的鹏博新材正极材料优质项目，产业集聚效应不断增强。经过多年的集聚式发展，示范基地在产业链关键环节取得了全球性竞争优势，三元前驱体、钴酸锂、石墨负极材料、动力电池回收的国内市场占有率均位居前列，产品出口日本、韩国等国家。

（三）推出“股东式”服务，促进企业提质增效

创造性提出“以企业需求为导向，以企业满意为标准，为市场主体提供全方位、全过程、全生命周期的‘股东式’服务”，推动产业链、服务链、资金链、政策链、供应链深度融合，促进企业提质增效，提升示范基地集聚力。实施“企业点单、政府配菜”的要素保障服务机制，为电池材料企业高效供地1500亩，新增变电容量6.3万千伏安，投资1.5亿元建成配套污水处理厂，生物质集中供热项目投入使用。构建“产业基金+创投基金+风补基金+贷款担保”融资体系，成立规模为5亿元的产业引导基金，引入社会风投资本，对6家企业股权投资约1亿元，联合银行为45家企业提供风补基金贷款、低息担保贷款2.2亿元。出台支持企业提质增效的政策，在原地扩产、设备更新、智能化技改等方面给予企业扶持。搭建本地产销服务平台，出台本地采购补贴政策，累计落实补贴资金约5000万元，促成产业链上下游产销合作。通过高效服务保障，示范基地培育了两家产值达百亿元的企业、一家国家级制造业单项冠军企业和8家国家级专精特新“小巨人”企业。

（四）加强协同式创新，布局产业高端环节

以企业和高校为创新主体，以知识产权服务为纽带，突出协同创新，构建科技成果创造、保护、转化、产业化的创新链，集聚高端创新资源，布局产业链高端环节。建成湖南省大学科技产业园，吸引了5位院士专家创新创业，实现了25项行业前沿科技成果在园区产业化。创建湖南省知识产权（宁乡）综合服务中心，获批国家首批专利导航服务基地，聚焦高校高价值专利分析，促成企业与20余

家高校、院所建立战略合作，达成 32 起专利转让和产学研攻关合作，实现技术合同交易约 20 亿元。在协同创新驱动下，示范基地在高能量密度正极材料、硅碳负极材料、高端湿法隔膜、动力电池绿色循环等关键领域建立了行业技术领先优势，主导、参与制定国家、行业、地方标准 200 余项。

下一步，示范基地将全力推进强链补链延链，加快电池材料核心技术攻关，着力承接高校、院所科技成果在园区产业化，推动产业创新升级，全力打造具有全球影响力的电池材料示范基地。

二十、加快创新能力提升、夯实产业建圈强链，打造世界一流的电子信息产业基地——电子信息 · 成都高新技术产业开发区

成都高新技术产业开发区以电子信息为主导产业，2010 年成为国家新型工业化产业示范基地（以下简称“示范基地”），并在发展质量评价中总体水平达到五星级。聚焦“芯、屏、端、软、智、网、储”等重点领域，建立了完善的现代电子信息产业体系，形成了以“芯—屏—端—网”为主导的电子信息产业生态圈。

（一）产业特色鲜明，抢占全球创新高地

示范基地的集成电路、新型显示、智能终端和通信产业的规模和水平居中西部地区前列。**一是产业发展实力好**，芯片设计产业发展势头强劲，示范基地已聚集 IC 设计企业 150 余家，2021 年 IC 设计企业的销售规模达 103.5 亿元；新型显示产业建成了两条 4.5 代 LCD 产线，以及国内首条、全球第二条 6 代 AMOLED 产线，基本打通了从原材料到显示终端的全产业链，这使示范基地成为全国重要的新型显示及中小尺寸面板生产基地。**二是企业优势突出**，示范基地内的智能终端龙头企业发展势头强劲，西门子（成都）工厂、富士康成都科技园获评全球“灯塔工厂”，在京东方、天马微电子等面板龙头企业的带动下，汇聚上下游企业 40 余家；作为西部通信产业高地，拥有电子科技大学通信抗干扰技术全国重点实验室、华为全球五大研究中心之一的成都研究所、四川省 5G 通信集成天线系统工程技术研究中心等科研单位；光通信实力雄厚，聚集了索尔思、光恒通信等光模

块上市企业，光创联全球首发 Combo PON ONU 产品，示范基地已发展成为全国领先的光通信研发制造基地。

（二）产业建圈强链，集聚优质创新资源

“招链主、聚链属，持续壮大产业集聚区”，示范基地针对已落地龙头企业，梳理挖掘“有体量、有意向”的链主企业，加快关键项目和配套链属项目引进。**一是打造世界级“柔谷”**，围绕京东方等链主企业聚集 40 余家上下游配套企业，引进 LG、德山等发光材料领域全球排名前五企业，其他链属项目加快推进落地。**二是聚力打造“存储谷”**，引入存储芯片、内存封测等产业链项目 17 个。**三是围绕新兴“链主”，带动本地生态逐步完善**，促进奕斯伟、辰显光电等项目量产并合作筹划配套产业园，聚集本地配套生态。

“抓建圈、促创新，全面构建产业生态”，示范基地突出高能级平台打造，**一是持续推进创新平台建设**，促进技术成果转化和创新孵化。成功引入新型研发机构 3 家，引进 NI-TMS 测试平台等 4 个具有行业影响力的公共技术特色服务平台；**二是充分发挥公共技术平台效能**，提升 IC 设计产业的创新生态。围绕集成电路公共技术服务，建成集设计服务、流片服务、封测服务和配套服务于一体的全流程服务平台，全年对外服务 3 万余次，有效降低企业创新成本。

（三）产业要素提升，激发市场创新活力

示范基地坚持“走出去”和“请进来”相结合，2021 年成功签约引进京东方车载显示基地和华为成都智算中心两个 100 亿元级别项目，顺利招引芯源 MPS 亚太总部、纳思达（艾派克）模拟芯片总部、长虹中央研究院总部基地、莱宝尺寸液晶显示模组研发及生产基地等重点项目 50 余个。

瞄准重点领域和关键环节，做好重大项目及企业发掘、引进、培育，围绕链主、链属企业加强项目招引。就细分领域来看，集成电路方面，进一步做强设计环节，巩固射频、功率、IP/EDA 的优势地位，提升在传感、通信芯片、AI 领域的竞争力；紧盯项目机会，力争突破特色工艺及三代半导体制造缺失环节；加速补齐设备、材料上游短板，促进一批设备、材料配套厂商落地。新型显示方面，

进一步巩固强化有机发光材料、掩膜版、光学检测设备、触控模组、柔性电路板等现有上游配套，集中突破偏光片、柔性盖板材料 CPI/UTG、蚀刻设备、曝光显影设备等上游缺失环节，逐步完善新型显示上游生态。智能终端方面，加大传感器件、显示器件等基础电子制造，加大模组、连接器、功能性器件等精密器件制造环节的招商力度，面向上游重点环节的升级需求，结合高新技术产业开发区的智能终端产业链布局，提升高新技术产业开发区的终端产业能级。网络通信方面，依托现有光通信产业基础，重点招引光器件光模块龙头企业。高端装备方面，聚焦工业无人机、装备制造、高端仪器仪表等领域培育产业生态。

下一步，示范基地将继续增强产业生态集聚力、产业链建构力、产业要素运筹力，推进产业基础高级化和产业链现代化，提升产业链创新水平，推动电子信息产业高质量发展。

二十一、强集聚、创品牌、重创新，建设世界一流的智能家电产业区——家电及电子信息 · 山东青岛市

山东青岛市以家电及电子信息为主导产业，2010 年成为国家新型工业化产业示范基地（以下简称“示范基地”），并在发展质量评价中总体水平达到五星级。示范基地围绕“建成世界一流智能家电产业区”的发展目标，突出规划引领、强化品牌建设、坚持技术创新，率先开启了产业转型升级之路，形成了“先进制造实力+世界级品牌+创新研发能力”的发展新优势。

（一）聚焦集聚化发展，建设世界级产业园区

示范基地突出顶层设计，强化政策引领，调整优化产业布局，大力引进核心关键配套企业，完善提升产业链配套水平，构建现代化家电产业体系。一是以“建群强链”工程为抓手，编制出台《推进全市智能家电产业集群发展工作方案（征求意见稿）》《青岛市智能家电产业发展行动计划（2022—2024 年）》等系列政策文件，立足本地家电产业基础，把握高端智能家电发展趋势，推动智能家电产业带动集成电路、虚拟现实、新型显示等关联产业配套协同发展。二是围绕推动龙头企业“倍

增”工程，建立海尔、海信等大企业专班服务体系，鼓励和支持龙头企业制定新一轮发展规划，海尔、海信分别提出了“四年5000亿元”“五年3000亿元”发展规划，带动家电及电子信息产业规模扩大。三是发布《青岛市智能家电关键零部件投资导向目录（2022年本）》，明确核心零部件、电子零部件等4个大类、18个中类产品作为重点招引方向，引导企业围绕做大做强家电及电子信息产业开展项目投资，推动智能家电产业补链强链。

示范基地全面形成了以海尔、海信、澳柯玛等龙头企业为中心，以相关配套产业为基础的庞大产业集聚区。2021年，青岛市家电四大件产量超5500万台，约占全国总产量的9.1%，在国内主要家电生产城市中位列第一。

（二）聚焦品牌化升级，打造全球性家电品牌

示范基地将企业培育作为源头工作，建立需求导向扶持机制，精准高效推动企业加强品牌建设。一是支持龙头企业升级品牌价值，持续扩大市场规模。青岛市将每年7月17日设立为“青岛品牌日”，成为全国首个以城市之名、以人大常委会行使重大事项决定权的形式设立品牌日的城市。首届“青岛品牌日”推出了涵盖智能家电、电子信息制造业等各行业的30余场系列活动，集展示推介、精彩演绎、数字营销于一体，直接拉动企业增收超过7亿元。2021年，海尔智家冰箱线下、线上零售额份额分别达41.3%、37.8%，洗衣机线下、线上零售额份额分别达43.1%、40.4%；海信电视的全球市场占有率排名第三，国内市场占有率为20.9%，位居全国第一。二是支持龙头企业加速整合全球资源，增强高端产品和服务供给能力，依托行业协会、联盟，通过积极搭建各类展会平台帮助企业品牌产品“聚资源、拓市场”，连续举办中国国际消费电子博览会等高端展会，推动企业建立首席品牌官制度，设立品牌管理机构，构建卓著品牌，培育新路径。近年来，海尔、海信成功并购美国、日本、新西兰、意大利等国家的多个高端家电品牌，产业链的核心竞争力持续增强。

示范基地已拥有海尔、海信、澳柯玛、卡萨帝、统帅、科龙、容声等超过20个世界级、国家级高端家电品牌，其中，海尔连续14年蝉联全球大型家用电器第一品牌，澳柯玛荣获中国冷柜品牌口碑榜冠军。

（三）聚焦智能化转型，建设国家级创新高地

示范基地以传统家电向智能家电转型升级为目标，持续提升科技创新、转型升级的原始驱动力，实现创新能力的大幅跃升和前沿技术的加速突破。**一是坚持技术创新，实施“强芯锻链”工程**。推动海尔、海信、澳柯玛等龙头企业聚合中国家用电器研究院、中国电器科学研究院、科大讯飞等单位，采用“公司+联盟”的组织方式，率先创建家电行业的国家级制造业创新中心。创新中心协同龙头企业解决智能家电“缺芯”的痛点，整合上游芯片企业和产学研创新资源，搭建全流程研发、测试、验证体系；前瞻布局高端定制芯片及传感、泛终端操作系统与安全、家庭数字大脑 3 个行业痛点和难点，打造未来智慧家庭数字技术底座。二**是坚持数字转型，实施“平台赋能”工程**。打造“一超多专”平台矩阵、“一超”培育卡奥斯平台，赋能 4000 余家企业增值约 300 亿元；“多专”培育 40 个特定行业领域平台，建成家电行业工业互联网标识解析二级节点，加快推动互联网、大数据、人工智能等新一代信息技术与制造业深度融合。

示范基地拥有国家级技术创新载体 40 余个，聚集了 60 余家全国知名高校和科研机构，链接了全球 5 万多个技术创新资源中心；累计培育“灯塔工厂”3 家、智能工厂 52 家，“上云”企业达到 4 万家，获批立项的国家级工业互联网创新发展工程项目 15 个，全国首批“数字领航”企业达 3 家。

下一步，示范基地将继续以“建成世界一流智能家电产业集聚区”为重点发展目标，坚持政策引领，加大支持力度，推动家电及电子信息产业高质量发展。

二十二、聚焦“构建产业链循环”和“公共设施共享”，推动石化园区循环集约绿色发展——石化化工（炼化、合成材料）· 广东惠州大亚湾经济技术开发区

广东惠州大亚湾经济技术开发区以石化化工（炼化、合成材料）为主导产业，2018 年成为国家新型工业化产业示范基地（以下简称“示范基地”），并在发展质量评价中总体水平达到五星级。示范基地是国家重点发展的七大石化产业基地之

一，始终坚持炼化一体化、装置大型化、产品高端化的绿色发展理念，逐渐走出了石化园区“循环集约、绿色低碳”的经验之路。

（一）坚持高端化发展，实施靶向招商

示范基地瞄准世界500强、全球石化行业领先企业，重点洽谈电子化学品、高端化学品、化工新材料等优质石化中下游企业；实施投资项目评估体系，引导能耗指标要素向低能耗、高工业增加值的优质产业项目倾斜，已引进项目均采用领先技术，节能水平处于全球领先行列。

示范基地拥有58款国家绿色设计产品、5家国家级绿色工厂，荣获“国家绿色园区”“国家循环化改造重点支持园区”“全国首个安全生产应急管理创新试点化工园区”“智慧化工园区”等称号，2019年至2021年连续3年位列“中国化工园区30强”第一，综合实力已连续8年位居中国化工园区前列。

（二）坚持安全环保，筑牢绿色屏障

示范基地实行全封闭管理，建成占地233万平方米的绿化隔离带，坚守“开发建设是主线、安全环保是底线”的发展大原则。安全应急方面，示范基地建有全国首个国家危险化学品应急救援基地和石化区应急响应指挥中心，聘请专家队伍实行安全生产第三方协助监管。示范基地大力开展安全应急管理信息化、智能化建设，成立“智慧园区”运营中心，建成示范基地动态实时监控系统，可实现国家、省、市、区各相关部门间互联互通，政府与企业间联防联控。绿色低碳方面，示范基地建有深海排污管线、公共应急池及配套管网；建成5个大气自动监测站和7套重点部位预警监测装置，实时监测46种大气特征因子，可实现智能化预警和环境监管功能；积极开展环境管理状况评估等跟踪性评价工作，落实工业园区的规划环评、跟踪环评工作。

（三）坚持循环发展，构建循环链条

示范基地不断延伸、补齐石化产业中下游产业链，推动上游企业将基础化工产品输送给邻近下游企业，显著降低企业的仓储成本和运输风险，实现产品就地

转移，构建起企业之间、各产业链之间原料、中间体、主产品、副产品及废物的互供共享。比如，在生产物料的供应方面，示范基地对惠州石化和中海壳牌两家企业进行管道连接的规划设计，惠州石化的近 20 种炼油产品通过管道直接供应给中海壳牌进行下一步生产，隔墙供应物料连续两年实现两位数增长。在生产废物循环利用方面，中海壳牌的化工废气通过管道输送到基地内企业——凯美特的车间进行净化、提纯，生产出食品级的二氧化碳，使其最终成为可乐、雪碧等饮料的原料，每年可减少 10 万吨二氧化碳排放。示范基地已形成基础化工产品、化工新材料、精细化工 3 条循环经济产业链，各产业链的内部关联度达 95%，化工原料就地消化率达 80%。

（四）坚持整体推进，促进共建共享

公用工程对于石化类园区的高效生产、绿色低碳具有重要意义。示范基地统一规划、集中建设公用工程，引进世界一流公用工程企业，针对企业对水、电、气、热等的实际需求，统一提供生产、建设配套服务，提高能源、资源利用效率，最大限度地降低公用基础设施配套成本。比如，依托国能惠电和 LNG 电厂为企业集中供应电力和高压蒸汽，依托全球最大的气体供应商之一——林德为企业供应氮气、氧气等工业气体，依托全球第二大仓储物流公司——欧德油储提供第三方仓储和管廊服务，等等。园区管廊码头等公共设施齐全，配套公用管廊约 25 公里，已建成生产性码头 17 座，泊位 50 个，设计年吞吐能力 1.29 亿吨和 90 万标箱，建有污水处理厂 3 家，污水处理总能力为 10.5 万立方米/天。

下一步，示范基地将进一步以“绿色低碳、可持续发展”作为“十四五”时期转型升级的共同意识和重大战略，推动建设世界级绿色石化产业新高地。

二十三、抓项目、强链条、促创新，打造具有全球竞争力的移动智能终端产业发展试验田——电子信息（移动智能终端）· 广东惠州仲恺高新技术产业开发区

广东惠州仲恺高新技术产业开发区以电子信息（移动智能终端）为主导产业，

2013 年成为国家新型工业化产业示范基地（以下简称“示范基地”），并在发展质量评价中总体水平达到五星级。示范基地致力于打造更具竞争力的电子信息产业高地，瞄准“建设国内一流园区”的发展定位，坚持延链、补链、强链，发挥移动智能终端产业集聚发展的核心引擎作用，全力打造极具特色和全球竞争力的移动智能终端产业发展试验田。

（一）抓项目促投产，推动产业落地成效

为持续提升移动智能终端产业发展的承载力，示范基地合理规划、靶向发力，推动优质资源加快汇集。2021 年推动落地项目 89 个，计划总投资额为 634.6 亿元，预计总产值为 1514.9 亿元；投资强度、亩均产值同比增长 25%、18%，46 个市级以上重点项目投资完成 122.1 亿元，超额完成年度投资计划；江丰电子、三华总部、逗点生物等项目如期竣工，为经济高质量发展积蓄了强大动力。示范基地推动近 140 家企业启动智能化改造等技改项目，鼓励企业申报国家、省、市、区级各类技改专项，项目总投资额达 18.8 亿元，智能终端、超高清视频显示企业的自动化生产率整体提高到 50%以上。

（二）强链主重引领，实现产业耦合发展

示范基地立足智能终端、超高清视频显示、智慧能源、人工智能、激光与增材制造五大产业，瞄定延链、补链、强链的实际需求实施“链式招商”，通过首航新能源、赣锋锂业、海格云链等重大项目引进，形成较为完整的智能显示产业链。示范基地积极推动产业链上中下游耦合式发展，先后组织了 TCL、德赛、龙旗、拓邦电气、赣锋锂电等龙头企业参与的 20 多场产业链供需对接活动，参加活动的企业累计达 2300 家，外出参加中大型展览活动十余次。示范基地通过“恺企通”建立线上供需对接平台，“线上+线下”产业链对接活动持续开展。示范基地拥有百亿级企业 8 家、超十亿级企业 47 家，规模以上工业企业 857 家，重点国家级“小巨人”企业 2 家，国家级“小巨人”企业 13 家，专精特新中小企业 218 家。

（三）聚创新建载体，加快产业转型升级

在创新平台建设方面，示范基地拥有省级以上重点实验室 4 个、新型研发机构 10 家、工程技术研究中心 77 个、创新平台 132 个，规模以上工业企业研发机构达到 610 家。在孵化载体建设方面，2021 年，示范基地孵化载体已达到 21 家，其中国家级孵化器 5 个、国家众创空间 8 个，孵化载体面积合计超过 80 万平方米，在孵企业超过 700 家，累计毕业企业 441 家，累计获得知识产权授权 3223 件，其中发明专利授权 472 件，培育高新技术企业 85 家，上市企业 8 家。同时，示范基地搭建全国跨域孵化网络，在北京、深圳、台北、高雄等超大城市建设异地孵化器；搭建全球跨境孵化网络，在美国硅谷、波士顿，德国科隆等国际地区或城市建设海外孵化器。

下一步，示范基地将持续以移动智能终端产业高质量发展为主线，加快产业数字化转型升级改造，抢抓产业发展机遇，推动经济高质量发展，奋力开创全面建设国家一流高新区新局面。

二十四、坚持创新驱动发展，着力打造产业高端发展平台和创新高地——软件和信息服务 · 深圳软件园

深圳软件园以软件和信息服务为主导产业，2012 年成为国家新型工业化产业示范基地（以下简称“示范基地”），并在发展质量评价中总体水平达到五星级。示范基地致力于推进建设具备国际化新一代信息技术研发、转化等战略性新兴产业特征和企业总部特征的新一代产业园区，成为深圳未来引领产业高端发展的新平台和创新高地。

（一）着力优化产业布局，引导产业集聚式创新发展

优化布局，集聚发展。突出区域比较优势，推进产业差异化发展，在分工基础上形成特色优势、专业化优势、规模化优势、创新优势，达到优势互补、联动发展。依托重点龙头企业，汇集优势资源，发挥集聚示范效应，优化产业布局和

区域布局。示范基地着力推进产业区域集聚发展试点工作，打造产业发展高地，在集成电路、基础软件、工业软件、应用软件等领域，逐渐形成具有全球竞争力的优势产业集聚区。

（二）选准突破口集中攻关，突破“卡脖子”技术

扶优做强，创新发展。一是示范基地积极推动实施重大专项，突破关键技术瓶颈，建设完善的创新体系。利用“鹏城 IT 人”服务平台，创新项目组织实施方式，由高新技术龙头骨干企业牵头承担，高等院校、科研机构和中小型科技企业联合参与项目研发，撬动高校、科研机构、企业、社会资本多方发力，促进形成产教融合的联合体，与国家特色化软件学院紧密合作，逐步解决深圳市软件产业的“卡脖子”技术问题，支持“鹏城 IT 人”成为吸引全国高校优秀人才来深就业与校企合作的重要平台。二是在《深圳市科技创新“十四五”规划》中明确了“20+8”技术主攻方向，包括七大战略性新兴产业和八大未来产业，其中，新一代电子信息领域聚焦网络与通信、半导体与集成电路、超高清视频显示、智能终端等 5 个战略性新兴产业，重点在新型网络技术、芯片设计与制造、新型显示技术、智能终端软硬件等领域展开技术攻关。

（三）搭建公共服务保障平台，完善科学服务体系建设

平台建设，长足发展。示范基地举办了“2021 年中国 IT 产业校企合作大会”，组织示范性软件学院联盟高校及 IT 企业共百余家单位参会，共到场人工智能、互联网、大数据等前沿领域的优秀企业 100 余家（如 OPPO、冰川网络、大疆智能、海雀科技等），示范性软件学院联盟高校 70 余所（如武汉大学、哈尔滨理工大学、西安科技大学、北京交通大学等）。并通过“鹏城 IT 人”网站，以线上线下相结合的形式开展“深圳高新区 2021 年大学校园招聘会”，参会企业 305 家，提供就业岗位 13 000 余个。同时建设集成电路公共技术服务平台，其中公共 EDA（电子设计自动化）设计平台已服务设计企业 39 家，单机累计使用时间 423 个月，支持设计项目 42 个；IP 复用与 SoC 开发平台服务设计企业 3 家，支持项目 5 个，成功支持比亚迪半导体股份有限公司的车规多核 MCU（微控制

单元）项目。流片服务平台服务 14 家企业的 42 个项目。教育培训中心共开展 9 次线下培训，累计 626 名 IC 行业技术骨干参加。

下一步，示范基地将持续推进公共技术平台建设，促进产业共性服务升级，开展政策宣贯咨询服务，助力企业用足用好产业政策，推动科研仪器开放共享，助力区域产业研用合作，着力建设高水平软件和信息服务产业示范基地。

05

附件篇

一、国家新型工业化产业示范基地名录（分地区）

所在省（区、市）	示范基地名称	批次
北京市（9 个）	汽车产业 • 北京顺义区	第一批
	石化化工（炼化、合成材料、电子化学品）• 北京房山区	第一批
	装备制造（轨道交通装备）• 北京中关村科技园区丰台园	第二批
	软件和信息服务 • 北京中关村科技园区海淀园	第三批
	高技术转化应用 • 北京经济技术开发区	第三批
	电子信息（平板显示）• 北京经济技术开发区数字电视产业园	第四批
	食品 • 北京雁栖经济开发区	第五批
	生物医药 • 北京大兴区	第六批
	工业互联网 • 北京顺义区、海淀区、朝阳区、石景山区	第九批
天津市（12 个）	汽车产业 • 天津经济技术开发区	第一批
	石化化工（炼化、合成材料）• 天津滨海新区	第二批
	电子信息 • 天津经济技术开发区	第二批
	航空产业 • 天津空港工业园区	第二批
	资源综合利用 • 天津子牙循环经济产业区	第三批
	装备制造 • 天津临港经济区	第四批
	装备制造 • 天津北辰经济技术开发区	第五批
	软件和信息服务 • 天津滨海高新区软件园	第五批
	电子信息 • 天津西青经济技术开发区	第七批
	新能源（储能电池）• 天津滨海高新区华苑产业区	第八批
	产业转移合作 • 中新天津生态城	第八批
	生物医药 • 天津经济技术开发区	第十批
河北省（24 个）	装备制造（能源装备）• 河北保定高新技术产业开发区	第一批
	医药产业 • 石家庄高新技术产业开发区	第一批
	电子信息（太阳能光伏）• 河北邢台经济开发区	第二批
	钢铁（深加工）• 河北盐山经济开发区	第二批
	高技术转化应用 • 河北邯郸经济技术开发区	第三批
	无机非金属材料（玻璃制造及深加工）• 河北沙河经济开发区	第三批

续表

所在省（区、市）	示范基地名称	批次
河北省（24个）	石化化工（合成材料）• 河北沧州临港经济技术开发区	第四批
	电子信息 • 河北廊坊经济技术开发区	第四批
	装备制造（特种管材）• 河北邯郸冀南新区	第五批
	装备制造（轨道交通装备）• 河北唐山丰润区	第五批
	装备制造（矿山装备）• 河北张家口高新技术产业开发区	第六批
	纺织（羊绒制品）• 河北清河经济开发区	第六批
	食品 • 河北衡水经济开发区	第七批
	高技术转化应用 • 河北固安高新技术产业开发区	第七批
	钢铁（钢铁及深加工）• 河北迁安	第八批
	装备制造（整车及零部件）• 河北保定经济开发区	第八批
	大型数据中心（大数据类）• 河北张北云计算产业基地	第八批
	大数据 • 河北承德县高新技术产业开发区	第八批
	生物医药 • 石家庄经济技术开发区	第九批
	装备制造 • 河北秦皇岛经济技术开发区	第九批
	数据中心 • 河北怀来	第九批
	汽车产业（零部件）• 河北徐水经济开发区	第十批
	电子信息 • 河北鹿泉经济开发区	第十批
	装备制造（冰雪装备）• 河北张家口冰雪运动装备产业园	第十批
山西省（7个）	钢铁（不锈钢）• 山西太原市	第一批
	装备制造（能源装备）• 太原经济技术开发区	第一批
	装备制造（矿山装备）• 山西长治高新技术开发区	第四批
	有色金属（铝）• 山西运城	第七批
	高技术转化应用 • 山西长治经济技术开发区	第九批
	电子信息（新型电子元器件）• 山西转型综合改革示范区	第十批
	数据中心 • 山西大同灵丘经济技术发展园区	第十批
内蒙古自治区（9个）	有色金属（稀土新材料）• 内蒙古包头稀土高新技术产业开发区	第一批
	高技术转化应用 • 内蒙古包头青山区	第二批
	农产品深加工 • 内蒙古通辽科尔沁区	第二批
	食品（乳制品）• 内蒙古呼和浩特	第三批
	钢铁（钢铁及深加工）• 内蒙古包头昆都仑区	第四批

续表

所在省（区、市）	示范基地名称	批次
内蒙古自治区（9 个）	有色金属（铝）• 内蒙古霍林郭勒高新技术产业开发区	第六批
	循环经济（化工）• 内蒙古乌海高新技术产业开发区乌达产业园	第七批
	大数据 • 内蒙古和林格尔新区	第八批
	现代煤化工 • 内蒙古鄂尔多斯准格尔经济开发区大路产业园	第十批
辽宁省（13 个）	装备制造 • 沈阳经济技术开发区	第一批
	石化化工（芳烃）• 辽宁辽阳高新技术产业开发区	第一批
	电子信息 • 沈阳高新技术产业开发区	第三批
	钢铁（钢材精深加工）• 辽宁鞍山经济开发区	第三批
	石化化工（炼化、合成材料）• 辽宁盘锦辽滨沿海经济区	第三批
	装备制造（石油装备）• 辽宁盘锦经济开发区	第四批
	高技术转化应用 • 辽宁铁岭经济技术开发区	第四批
	汽车产业 • 沈阳欧盟经济开发区	第五批
	装备制造 • 辽宁抚顺经济开发区	第五批
	无机非金属材料（镁质耐火材料）• 辽宁营口大石桥	第六批
	新材料（菱镁新材料）• 辽宁海城菱镁新材料产业基地	第七批
	装备制造（测控仪器）• 辽宁丹东	第八批
	工业互联网 • 辽宁沈阳中德装备园、和平区、沈北新区	第十批
吉林省（7 家）	汽车产业 • 长春汽车经济技术开发区	第一批
	医药产业 • 吉林通化市	第一批
	石化化工（炼化）• 吉林化工园区	第二批
	装备制造（轨道交通装备）• 吉林长春绿园经济开发区	第三批
	食品 • 吉林梨树	第四批
	纺织（袜业）• 吉林辽源经济开发区	第八批
	新材料（碳纤维及差别化纤维）• 吉林经济技术开发区	第九批
黑龙江省（11 个）	食品产业 • 黑龙江哈尔滨市	第一批
	装备制造 • 黑龙江齐齐哈尔市	第一批
	装备制造 • 哈尔滨经济技术开发区	第二批
	高技术转化应用（装备制造）• 哈尔滨经济技术开发区	第三批
	轻工（林木产品制造）• 黑龙江穆棱经济开发区	第三批
	食品 • 黑龙江肇东经济开发区	第四批

续表

所在省（区、市）	示范基地名称	批次
黑龙江省（11个）	生物医药 • 哈尔滨利民经济技术开发区	第四批
	轻工（林木制品）• 黑龙江海林	第七批
	石化化工（精细化工）• 黑龙江安达	第七批
	新材料（石墨新材料）• 黑龙江鸡西经济开发区	第九批
	石化化工（炼化、合成材料、精细化工）• 黑龙江大庆高新技术产业开发区	第九批
上海市（20个）	石化化工（有机化工）• 上海化学工业区	第一批
	装备制造 • 上海临港装备产业区	第一批
	航空产业 • 上海市	第一批
	汽车产业 • 上海嘉定汽车产业园区	第二批
	生物医药 • 上海张江高科技园区	第二批
	电子信息 • 上海漕河泾新兴技术开发区	第二批
	高技术转化应用（民用航天）• 上海闵行区	第三批
	电子信息 • 上海金桥经济技术开发区	第三批
	装备制造 • 上海莘庄工业区	第四批
	软件和信息服务 • 上海浦东软件园	第四批
	电子信息（移动智能终端）• 上海浦东康桥工业区	第五批
	软件和信息服务 • 上海紫竹高新技术产业开发区	第五批
	装备制造 • 上海嘉定工业区	第六批
	新材料（先进高分子材料、新一代信息材料）• 上海青浦工业园区	第六批
	新材料（钢铁）• 上海宝山	第七批
	软件和信息服务 • 上海市北高新技术服务业园区	第七批
	大数据 • 上海静安区	第八批
	新材料（先进基础材料、关键应用材料）• 上海金山工业园区	第八批
	工业互联网 • 上海松江区	第八批
	数据中心 • 上海外高桥自贸区	第九批
江苏省（30个）	电子信息 • 江苏苏州工业园区	第一批
	装备制造（工程机械）• 江苏徐州经济技术开发区	第一批
	电子信息（传感网）• 江苏无锡高新技术产业开发区	第一批
	电子信息（光电显示）• 江苏昆山经济技术开发区	第一批
	电子信息 • 南京江宁经济开发区	第二批

续表

所在省（区、市）	示范基地名称	批次
江苏省（30 个）	船舶与海洋工程装备 • 江苏南通	第二批
	环保装备 • 江苏宜兴	第二批
	装备制造 • 江苏江阴临港经济开发区	第三批
	医药 • 江苏泰州医药高新技术产业开发区	第三批
	软件和信息服务 • 南京雨花软件园	第三批
	电子信息（光电子）• 江苏吴江经济技术开发区	第三批
	装备制造（智能电网装备）• 南京江宁区	第四批
	装备制造（轨道交通装备）• 江苏常州	第四批
	电子信息 • 苏州高新技术产业开发区	第五批
	纺织（家用纺织品）• 江苏南通	第五批
	高技术转化应用 • 江苏丹阳	第五批
	环保装备 • 江苏盐城环保产业园	第六批
	装备制造 • 江苏张家港经济技术开发区	第六批
	电子信息（新型电子元器件）• 江苏武进高新技术产业开发区	第七批
	航空产业（零部件）• 江苏镇江	第七批
	汽车产业（关键核心零部件）• 江苏太仓	第八批
	新材料（合成材料）• 江苏泰兴经济开发区	第八批
	医药 • 江苏连云港经济技术开发区	第八批
	大型数据中心（实时应用类）• 江苏南通国际数据中心产业园	第八批
	汽车产业（零部件）• 江苏常熟高新技术产业开发区	第九批
	装备制造 • 江苏海安经济技术开发区	第九批
	数据中心 • 江苏昆山花桥经济开发区	第九批
	新材料（特钢制造）• 江苏江阴高新技术产业开发区	第十批
	装备制造（新能源电力装备）• 江苏溧阳高新技术产业开发区	第十批
	工业互联网 • 江苏苏州工业园区、苏州相城区	第十批
浙江省（20 个）	纺织印染 • 浙江绍兴柯桥	第一批
	纺织（产业用纺织品）• 浙江海宁市	第一批
	装备制造（电工电气）• 浙江乐清	第二批
	电子信息（物联网）• 杭州高新区（滨江）	第三批
	装备制造 • 浙江新昌	第三批

续表

所在省(区、市)	示范基地名称	批次
浙江省（20个）	船舶与海洋工程装备·浙江舟山	第三批
	石化化工（合成材料）·浙江乍浦经济开发区	第四批
	纺织（真丝产品）·浙江嵊州	第四批
	纺织（针织品）·浙江义乌工业园区	第五批
	新材料（氟硅）·浙江衢州高新技术产业开发区	第五批
	医药·浙江台州	第六批
	电子信息·浙江嘉兴	第七批
	纺织（袜业）·浙江诸暨	第七批
	电子信息（光通信及智能终端）·浙江嘉善	第八批
	轻工（铅蓄电池）·浙江长兴经济技术开发区	第八批
	汽车产业·浙江台州	第八批
	家具及竹木制品·浙江安吉	第九批
	装备制造（泵与电机）·浙江温岭	第九批
	高技术转化应用·浙江海盐核电关联高新技术产业园区	第十批
	装备制造（智能电梯）·浙江湖州南浔经济开发区	第十批
安徽省（15个）	家电产业·合肥经济技术开发区	第一批
	汽车产业·安徽芜湖经济技术开发区	第一批
	有色金属（铜）·安徽铜陵经济开发区	第二批
	电子信息（新型平板显示）·合肥新站区	第三批
	软件和信息服务（智能语音）·合肥高新技术产业开发区	第三批
	高技术转化应用·安徽芜湖高新技术产业开发区	第三批
	新材料（硅基）·安徽蚌埠高新技术产业开发区	第四批
	家电·安徽滁州经济技术开发区	第四批
	钢铁（钢铁及深加工）·安徽马鞍山经济技术开发区	第五批
	装备制造（特种电缆）·安徽无为	第六批
	汽车（新能源汽车）·合肥包河工业园区	第六批
	资源循环利用·安徽阜阳界首高新技术产业开发区	第八批
	高技术转化应用·安徽蚌埠禹会区	第八批
	新材料（生物基材料）·安徽固镇经济开发区	第九批
	装备制造（智能测控设备）·安徽滁州高新技术产业开发区	第十批

续表

所在省（区、市）	示范基地名称	批次
福建省（12 个）	电子信息（显示器）• 福建福清融侨经济技术开发区	第一批
	纺织服装 • 福建泉州经济技术开发区	第二批
	软件和信息服务 • 福州软件园	第三批
	五金制品（水暖厨卫）• 福建南安经济开发区	第四批
	陶瓷制品 • 福建德化	第六批
	电子信息（物联网）• 福州经济技术开发区	第六批
	高技术转化应用 • 福建宁德	第七批
	电子信息（光电子）• 福建云霄县云陵工业开发区	第七批
	高技术转化应用 • 福建龙岩	第八批
	电子信息 • 福建莆田高新技术产业开发区	第八批
	轻纺（鞋服纸制品）• 福建晋江经济开发区	第九批
	新材料（不锈钢）• 福建福安湾坞不锈钢新材料产业园	第十批
江西省（17 个）	有色金属（铜加工）• 江西鹰潭市	第一批
	有色金属（稀土新材料）• 江西赣州经济技术开发区	第二批
	电子信息（太阳能光伏）• 江西新余高新技术产业园区	第二批
	陶瓷制品 • 江西景德镇	第三批
	高技术转化应用（直升机）• 江西景德镇	第三批
	纺织服装 • 江西九江共青城高新技术产业开发区	第四批
	电子信息 • 江西吉安	第五批
	中医药产业 • 江西樟树工业园区	第五批
	新材料（有机硅）• 江西永修云山经济开发区	第六批
	装备制造（输变电设备）• 江西崇仁高新技术产业园区	第六批
	家具 • 江西赣州南康区	第七批
	无机非金属材料（建筑陶瓷）• 江西省建筑陶瓷产业基地	第七批
	电子信息（光伏）• 江西上饶经济技术开发区	第八批
	电子信息（物联网）• 江西鹰潭	第八批
	电子信息（移动智能终端）• 江西南昌高新技术产业开发区	第九批
	数据中心 • 江西抚州高新技术产业开发区	第九批
	大数据 • 江西上饶高铁经济试验区	第十批
山东省（24 个）	电子信息 • 山东烟台经济技术开发区	第一批
	生物产业 • 山东德州市	第一批

续表

所在省（区、市）	示范基地名称	批次
山东省（24个）	汽车产业·山东明水经济技术开发区	第二批
	无机非金属材料（陶瓷、玻璃新材料）·山东淄博高新技术产业开发区	第二批
	太阳能光热应用装备·山东德州经济技术开发区	第二批
	有色金属（铝加工）·山东龙口	第三批
	装备制造（工程机械）·山东济宁高新技术产业开发区	第三批
	软件和信息服务·齐鲁软件园	第三批
	装备制造（内燃机）·山东潍坊高新技术产业开发区	第四批
	有色金属（铜）·山东阳谷	第四批
	装备制造（石油装备）·山东东营胜利经济开发区	第五批
	装备制造（工程机械）·山东临沂经济技术开发区	第五批
	石化化工（合成材料、氟硅材料）·山东聊城高新技术产业开发区	第六批
	食品·山东荣成	第六批
	汽车产业（零部件）·山东日照经济技术开发区	第七批
	食品·山东诸城经济开发区	第七批
	装备制造（智能农机）·山东潍坊坊子	第八批
	装备制造（机床）·山东滕州经济技术开发区	第八批
	医疗器械·山东威海火炬高技术产业开发区	第八批
	大数据·济南高新技术产业开发区	第九批
	电子信息（智能办公自动化设备）·山东威海火炬高技术产业开发区	第九批
	数据中心·山东枣庄高新技术产业开发区	第九批
	新材料（轻量化铝）·山东滨州邹平	第十批
	高技术转化应用·山东威海火炬高技术产业开发区	第十批
河南省（14个）	装备制造（节能环保装备）·河南洛阳高新技术产业开发区	第一批
	食品产业·河南汤阴县	第一批
	装备制造·郑州经济技术开发区	第二批
	食品·河南漯河经济技术开发区	第二批
	装备制造（起重机械）·河南长垣	第二批
	石化化工（尼龙新材料）·平顶山高新技术产业开发区	第三批
	有色金属（铝加工）·河南巩义市产业集聚区	第三批
	高技术转化应用·河南洛阳涧西区	第四批

续表

所在省（区、市）	示范基地名称	批次
河南省（14 个）	有色金属（铝）• 河南三门峡高新技术产业开发区	第四批
	装备制造（矿山装备）• 河南焦作高新技术产业开发区	第五批
	石化化工（烯烃及深加工、电子化学品）• 河南濮阳经济技术开发区	第六批
	汽车产业 • 河南中牟	第八批
	大数据 • 河南洛阳大数据产业园	第九批
	建材（绿色建材）• 河南汝阳产业集聚区	第十批
湖北省（18 个）	电子信息（光电子）• 武汉东湖新技术开发区	第一批
	汽车产业 • 武汉经济技术开发区	第一批
	汽车产业 • 湖北襄阳高新技术产业开发区	第二批
	高技术转化应用 • 湖北孝感高新技术产业开发区	第二批
	有色金属（铜）• 湖北黄石经济开发区	第二批
	高技术转化应用 • 湖北襄阳樊城区	第二批
	石化化工（磷化工）• 湖北宜昌经济技术开发区猇亭园区	第三批
	汽车 • 湖北十堰经济技术开发区	第四批
	软件和信息服务 • 武汉洪山区	第四批
	船舶与海洋工程装备 • 湖北武汉	第五批
	食品 • 武汉东西湖区	第五批
	汽车（专用车）• 湖北随州高新技术产业园区	第六批
	资源综合利用 • 湖北襄阳	第六批
	循环经济（化工）• 湖北武汉化学工业区	第七批
	高技术转化应用 • 湖北宜昌高新技术产业开发区	第八批
	装备制造（轻工机械）• 湖北京山经济开发区	第八批
	工业互联网 • 湖北武汉	第九批
	纺织（医用品）• 湖北仙桃高新技术产业开发区	第十批
湖南省（19 个）	装备制造（工程机械）• 长沙经济技术开发区	第一批
	装备制造（轨道交通装备）• 湖南株洲高新技术产业开发区	第一批
	钢铁（无缝钢管）• 湖南衡阳高新技术产业园区	第二批
	钢铁（精品薄板）• 湖南娄底经济技术开发区	第二批
	高技术转化应用 • 湖南株洲	第二批
	石化化工（炼化、合成材料）• 岳阳绿色化工高新技术产业开发区	第二批

续表

所在省（区、市）	示范基地名称	批次
湖南省（19个）	汽车产业·长沙雨花工业园区	第三批
	装备制造（能源装备）·湖南湘潭高新技术产业开发区	第三批
	高技术转化应用·湖南平江工业园区	第三批
	高技术转化应用·湖南湘潭雨湖区	第四批
	装备制造·湖南益阳高新技术产业开发区	第四批
	工业物流·长沙金霞经济开发区	第五批
	新材料（电池材料）·湖南宁乡高新技术产业开发区	第六批
	陶瓷制品·湖南醴陵经济开发区	第六批
	电子信息·湖南浏阳经济技术开发区	第七批
	有色金属（铝加工）·湖南望城经济技术开发区	第八批
	农副产品深加工（绿色食品）·湖南祁阳	第八批
	资源循环利用（再制造）·湖南浏阳经济技术开发区	第九批
	装备制造（工程机械）·湖南常德高新技术产业开发区	第十批
广东省（21个）	工业设计·广州经济技术开发区	第一批
	电子信息（光电显示）·广东佛山市	第一批
	汽车产业·广州花都区	第二批
	工业设计·广东佛山顺德区	第二批
	航空产业·广东珠海航空产业园	第二批
	装备制造（模具制造）·广东揭东经济技术开发区	第二批
	医药·珠海高新区三灶科技工业园区	第三批
	软件和信息服务·广州天河软件园	第三批
	轻工（灯饰）·广东中山市古镇	第三批
	电子信息（移动智能终端）·广东惠州仲恺高新技术产业开发区	第四批
	生物医药·广东中山高技术产业开发区	第四批
	电子信息（通信设备）·广东东莞松山湖高新技术产业开发区	第五批
	陶瓷制品·广东潮州枫溪区	第五批
	食品·广东江门	第六批
	高技术转化应用·广东湛江高新技术产业开发区	第七批
	海洋工程装备·广东珠海经济技术开发区	第七批
	石化化工（炼化、合成材料）·广东惠州大亚湾经济技术开发区	第八批

续表

所在省（区、市）	示范基地名称	批次
广东省（21 个）	装备制造（智能装备）• 广州黄埔区	第八批
	大数据 • 广东琶洲人工智能与数字经济试验区	第九批
	汽车产业（新能源汽车）• 广州番禺汽车城	第十批
	工业互联网 • 广东省佛山市	第十批
广西壮族自治区（5 个）	汽车产业 • 广西柳州市	第一批
	有色金属（铝）• 广西百色工业园区	第二批
	装备制造（内燃机）• 广西玉林玉州区	第二批
	装备制造（工程机械）• 广西柳州柳南区	第四批
	电子信息 • 广西桂林	第五批
海南省（2 个）	石化化工（烯烃、芳烃）• 海南洋浦经济开发区	第一批
	软件和信息服务 • 海南生态软件园	第五批
重庆市（16 个）	摩托车产业 • 重庆九龙工业园区	第一批
	电子信息（物联网）• 重庆南岸区	第二批
	有色金属（铝加工）• 重庆西彭工业园区	第二批
	装备制造 • 重庆江津工业园区	第二批
	食品 • 重庆涪陵工业园区	第三批
	高技术转化应用 • 重庆璧山工业园	第四批
	汽车 • 重庆北部新区	第四批
	石化化工（合成材料、有机化工）• 重庆长寿经济技术开发区	第五批
	装备制造（机器人）• 重庆永川工业园区	第七批
	高技术转化应用 • 重庆两江新区工业开发区	第七批
	汽车产业 • 重庆合川区	第八批
	食品（粮油加工）• 重庆江津工业园区	第九批
	大数据 • 重庆两江新区	第九批
	电子信息（集成电路）• 重庆高新技术产业开发区	第十批
	工业互联网 • 重庆两江新区、重庆经开区、北碚区、江津区	第十批
	软件和信息服务 • 重庆仙桃国际大数据谷	第十批
四川省（26 个）	电子信息 • 成都高新技术产业开发区	第一批
	钢铁（钒钛）• 四川攀枝花	第一批
	装备制造 • 四川德阳市	第一批

续表

所在省（区、市）	示范基地名称	批次
四川省（26个）	电子信息（数字视听）• 四川绵阳高新技术产业开发区	第一批
	高技术转化应用 • 四川绵阳科技城	第二批
	汽车产业 • 成都经济技术开发区	第二批
	食品（国优名酒）• 四川宜宾	第二批
	高技术转化应用 • 四川广元	第二批
	食品（名优白酒）• 四川泸州白酒产业园区	第三批
	装备制造（节能环保装备）• 四川自贡高新技术产业开发区	第三批
	石化化工（化肥）• 四川达州高新技术产业园区	第四批
	钢铁（不锈钢及深加工）• 四川乐山沙湾区	第五批
	无机非金属材料（绿色建材）• 成都青白江经济开发区	第六批
	装备制造（油气开采装备）• 四川德阳高新技术产业开发区	第六批
	电子信息（光电子）• 四川遂宁经济技术开发区	第七批
	节能环保 • 四川金堂	第七批
	装备制造（航空动力与轨道交通）• 成都新都工业园	第八批
	高技术转化应用 • 四川泸州（长江）经济开发区	第八批
	大数据 • 成都崇州经济开发区	第八批
	产业转移合作 • 四川广安高新技术产业园区	第八批
	电子信息（智能终端）• 四川宜宾临港经济技术开发区	第九批
	装备制造 • 四川内江经济技术开发区	第九批
	产业转移合作 • 四川南部经济开发区	第九批
	生物医药 • 四川成都医学城	第十批
	高技术转化应用 • 四川自贡航空产业园区	第十批
	数据中心 • 四川雅安经济技术开发区	第十批
贵州省（13个）	食品（国优名酒）• 贵州仁怀	第二批
	南方数据中心（大数据类）• 贵州贵安综合保税区（贵安电子信息产业园）	第八批
	大数据 • 贵阳高新技术产业开发区	第九批
	有色金属（锰钡汞系）• 贵州大龙经济开发区	第八批
	钢铁（钢铁及机械装备）• 贵州六盘水钟山区	第六批
	石化化工（磷化工）• 贵州福泉市	第一批
	有色金属（铝）• 贵州苟江经济开发区	第九批

续表

所在省（区、市）	示范基地名称	批次
贵州省（13 个）	高技术转化应用 • 贵州遵义经济技术开发区	第五批
	石化化工（磷化工）• 贵州开阳	第四批
	高技术转化应用 • 贵阳经济技术开发区	第二批
	医药 • 贵阳乌当区	第七批
	产业转移合作 • 贵州独山经济开发区	第八批
	汽车产业 • 贵州毕节经济开发区	第七批
云南省（9 个）	石化化工（磷化工）• 云南安宁工业园区	第一批
	有色金属（锡）• 云南个旧产业园区	第二批
	新材料（稀贵金属）• 昆明高新技术产业开发区	第三批
	高技术转化应用 • 昆明经济技术开发区	第三批
	有色金属（锌铅锑等冶炼）• 云南祥云财富工业园	第四批
	循环经济（煤化工）• 云南曲靖煤化工工业园区	第五批
	生物医药 • 云南玉溪红塔工业园区	第五批
	有色金属（铝加工）• 云南富源工业园区	第九批
	生物医药 • 昆明高新技术产业开发区	第九批
西藏自治区（2 个）	高原绿色食品 • 拉萨经济技术开发区	第二批
	资源综合利用 • 西藏藏青工业园区	第十批
陕西省（14 个）	高技术转化应用（航天）• 陕西西安市	第一批
	汽车产业 • 西安经济技术开发区	第一批
	航空产业 • 陕西西安市	第一批
	电子信息 • 西安高新技术产业开发区	第二批
	农产品深加工 • 陕西杨凌农业高新技术产业示范区	第二批
	有色金属（钛）• 陕西宝鸡高新技术产业开发区	第三批
	汽车产业（专用车及零部件）• 陕西蔡家坡经济技术开发区	第三批
	高技术转化应用（航空）• 陕西汉中航空产业园	第四批
	石化化工（煤化工）• 陕西榆林榆神工业区	第四批
	软件和信息服务 • 西安高新区软件园	第五批
	大数据 • 陕西西咸新区沣西	第六批
	高技术转化应用 • 西安兵器工业科技产业基地	第六批
	富硒食品 • 陕西安康高新技术产业开发区	第七批
	装备制造（增材）• 陕西渭南高新技术产业开发区	第八批

续表

所在省（区、市）	示范基地名称	批次
甘肃省（8个）	有色金属（铜镍钴）• 甘肃金昌经济技术开发区	第一批
	有色金属及化工（铜锌冶炼、化工）• 甘肃白银高新技术产业园区	第二批
	钢铁（特种钢材）• 甘肃嘉峪关工业园区	第二批
	高技术转化应用 • 兰州经济技术开发区	第三批
	装备制造（能源装备）• 甘肃酒泉经济技术开发区	第六批
	生物医药 • 兰州高新技术产业开发区	第八批
	大数据 • 甘肃兰州新区	第九批
	数据中心 • 甘肃兰州新区丝绸之路西北大数据产业园	第十批
青海省（2个）	石化化工（盐湖化工、金属新材料）• 青海柴达木循环经济试验区	第一批
	有色金属（晶体硅、铜加工）• 西宁东川工业园区	第四批
宁夏回族自治区（6个）	新材料（钽铌、电池材料）• 宁夏石嘴山高新技术产业开发区	第一批
	食品（农副产品加工）• 宁夏吴忠金积工业园区	第二批
	装备制造 • 银川经济技术开发区	第三批
	农副产品加工 • 宁夏贺兰工业园区	第四批
	钢铁（电解锰）• 宁夏中宁工业园区	第六批
	石化化工（煤基新材料）• 宁夏宁东能源化工基地	第九批
新疆维吾尔自治区（9个）	装备制造（能源装备）• 乌鲁木齐经济技术开发区	第一批
	电子信息（太阳能光伏）• 乌鲁木齐高新技术产业开发区	第二批
	石化化工（炼化、合成材料）• 新疆奎屯—独山子经济技术开发区	第三批
	装备制造（能源装备）• 新疆昌吉高新技术产业园区	第三批
	石化化工（炼化、合成材料）• 新疆克拉玛依高新技术产业开发区	第三批
	纺织 • 新疆库尔勒经济技术开发区	第四批
	石化化工（炼化）• 新疆库车	第六批
	有色金属及化工（铜、铝、氯碱）• 新疆阜康产业园	第六批
	有色金属（硅及铝）• 新疆准东经济技术开发区	第十批
新疆生产建设兵团（2个）	石化化工（合成树脂、烧碱）• 新疆石河子经济技术开发区	第二批
	高技术转化应用 • 新疆兵团第一师阿拉尔经济技术开发区	第十批
辽宁省大连市（7个）	装备制造 • 大连市大连湾临海装备制造业聚集区	第一批
	电子信息 • 大连经济技术开发区	第二批
	软件和信息服务 • 大连高新技术产业园区	第三批

续表

所在省（区、市）	示范基地名称	批次
辽宁省 大连市 （7 个）	装备制造（轴承）• 大连瓦房店	第四批
	装备制造（智能装备制造）• 大连金普新区	第五批
	装备制造（互感器）• 大连互感器产业园	第八批
	石化化工（精细化工）• 大连长兴岛经济技术开发区	第九批
浙江省 宁波市 （6 个）	石化化工（炼化、合成材料）• 宁波石化经济技术开发区	第一批
	家电产业 • 浙江余姚	第二批
	高技术转化应用 • 宁波鄞州区	第三批
	装备制造 • 宁波经济技术开发区	第七批
	汽车产业 • 宁波杭州湾新区	第八批
	石化化工（有机化工）• 宁波大榭开发区	第九批
福建省 厦门市 （3 个）	电子信息（光电显示）• 厦门火炬高技术产业开发区	第一批
	装备制造 • 厦门集美台商投资区	第二批
	软件和信息服务 • 厦门软件园	第四批
山东省 青岛市 （6 个）	家电及电子信息 • 山东青岛市	第一批
	船舶与海洋工程装备 • 青岛经济技术开发区	第二批
	软件和信息服务 • 青岛软件园	第三批
	装备制造（轨道交通装备）• 青岛城阳区	第四批
	纺织服装 • 青岛即墨	第五批
	食品 • 青岛平度经济开发区	第六批
广东省 深圳市 （4 个）	电子信息 • 深圳高新区深圳湾园区	第一批
	软件和信息服务 • 深圳软件园	第三批
	电子信息 • 深圳坪山区	第八批
	工业互联网 • 深圳宝安区	第九批

二、国家新型工业化产业示范基地名录（分行业）

行业	细分行业	示范基地名称	地区	批次
装备制造工业（120个）	汽车（含摩托车）（31个）	汽车产业·北京顺义区	北京	第一批
		汽车产业·天津经济技术开发区	天津	第一批
		汽车产业·长春汽车经济技术开发区	吉林	第一批
		汽车产业·安徽芜湖经济技术开发区	安徽	第一批
		汽车产业·武汉经济技术开发区	湖北	第一批
		汽车产业·广西柳州市	广西	第一批
		摩托车产业·重庆九龙工业园区	重庆	第一批
		汽车产业·西安经济技术开发区	陕西	第一批
		汽车产业·上海嘉定汽车产业园区	上海	第二批
		汽车产业·山东明水经济技术开发区	山东	第二批
		汽车产业·湖北襄阳高新技术产业开发区	湖北	第二批
		汽车产业·广州花都区	广东	第二批
		汽车产业·成都经济技术开发区	四川	第二批
		汽车产业·长沙雨花工业园区	湖南	第三批
		汽车产业（专用车及零部件）·陕西蔡家坡经济技术开发区	陕西	第三批
		汽车·湖北十堰经济技术开发区	湖北	第四批
		汽车·重庆北部新区	重庆	第四批
		汽车产业·沈阳欧盟经济开发区	辽宁	第五批
		汽车（新能源汽车）·合肥包河工业园区	安徽	第六批
		汽车（专用车）·湖北随州高新技术产业园区	湖北	第六批
		汽车产业（零部件）·山东日照经济技术开发区	山东	第七批
		汽车产业·贵州毕节经济开发区	贵州	第七批
		装备制造（整车及零部件）·河北保定经济开发区	河北	第八批
		汽车产业（关键核心零部件）·江苏太仓	江苏	第八批
		汽车产业·宁波杭州湾新区	浙江	第八批
		汽车产业·浙江台州	浙江	第八批
		汽车产业·河南中牟	河南	第八批
		汽车产业·重庆合川区	重庆	第八批

续表

行业	细分行业	示范基地名称	地区	批次
装备制造工业（120 个）	汽车（含摩托车）（31 个）	汽车产业（零部件）• 江苏常熟高新技术产业开发区	江苏	第九批
		汽车产业（零部件）• 河北徐水经济开发区	河北	第十批
		汽车产业（新能源汽车）• 广州番禺汽车城	广东	第十批
	船舶（5 个）	船舶与海洋工程装备 • 江苏南通	江苏	第二批
		船舶与海洋工程装备 • 青岛经济技术开发区	山东	第二批
		船舶与海洋工程装备 • 浙江舟山	浙江	第三批
		船舶与海洋工程装备 • 湖北武汉	湖北	第五批
		海洋工程装备 • 广东珠海经济技术开发区	广东	第七批
	航空（6 个）	航空产业 • 上海市	上海	第一批
		航空产业 • 陕西西安市	陕西	第一批
		航空产业 • 天津空港工业园区	天津	第二批
		航空产业 • 广东珠海航空产业园	广东	第二批
		航空产业（零部件）• 江苏镇江	江苏	第七批
		装备制造（航空动力与轨道交通）• 成都新都工业园	四川	第八批
	工程机械（6 个）	装备制造（工程机械）• 江苏徐州经济技术开发区	江苏	第一批
		装备制造（工程机械）• 长沙经济技术开发区	湖南	第一批
		装备制造（工程机械）• 山东济宁高新技术产业开发区	山东	第三批
		装备制造（工程机械）• 广西柳州柳南区	广西	第四批
		装备制造（工程机械）• 山东临沂经济技术开发区	山东	第五批
		装备制造（工程机械）• 湖南常德高新技术产业开发区	湖南	第十批
	轨道交通装备（6 个）	装备制造（轨道交通装备）• 湖南株洲高新技术产业开发区	湖南	第一批
		装备制造（轨道交通装备）• 北京中关村科技园区丰台园	北京	第二批
		装备制造（轨道交通装备）• 吉林长春绿园经济开发区	吉林	第三批
		装备制造（轨道交通装备）• 江苏常州	江苏	第四批
		装备制造（轨道交通装备）• 青岛城阳区	山东	第四批
		装备制造（轨道交通装备）• 河北唐山丰润区	河北	第五批
	能源装备（13 个）	装备制造（能源装备）• 河北保定高新技术产业开发区	河北	第一批
		装备制造（能源装备）• 太原经济技术开发区	山西	第一批
		装备制造（能源装备）• 乌鲁木齐经济技术开发区	新疆	第一批

续表

行业	细分行业	示范基地名称	地区	批次
装备制造工业（120个）	能源装备（13个）	太阳能光热应用装备·山东德州经济技术开发区	山东	第二批
		装备制造（能源装备）·湖南湘潭高新技术产业开发区	湖南	第三批
		装备制造（能源装备）·新疆昌吉高新技术产业园区	新疆	第三批
		装备制造（石油装备）·辽宁盘锦经济开发区	辽宁	第四批
		装备制造（智能电网装备）·南京江宁区	江苏	第四批
		装备制造（石油装备）·山东东营胜利经济开发区	山东	第五批
		装备制造（输变电设备）·江西崇仁高新技术产业园区	江西	第六批
		装备制造（油气开采装备）·四川德阳高新技术产业开发区	四川	第六批
		装备制造（能源装备）·甘肃酒泉经济技术开发区	甘肃	第六批
		装备制造（新能源电力装备）·江苏溧阳高新技术产业开发区	江苏	第十批
	矿山装备（3个）	装备制造（矿山装备）·山西长治高新技术开发区	山西	第四批
		装备制造（矿山装备）·河南焦作高新技术产业开发区	河南	第五批
		装备制造（矿山装备）·河北张家口高新技术产业开发区	河北	第六批
	环保装备（5个）	装备制造（节能环保装备）·河南洛阳高新技术产业开发区	河南	第一批
		环保装备·江苏宜兴	江苏	第二批
		装备制造（节能环保装备）·四川自贡高新技术产业开发区	四川	第三批
		环保装备·江苏盐城环保产业园	江苏	第六批
		节能环保·四川金堂	四川	第七批
	其他装备（22个）	装备制造（电工电气）·浙江乐清	浙江	第二批
		装备制造（起重机械）·河南长垣	河南	第二批
		装备制造（模具制造）·广东揭东经济技术开发区	广东	第二批
		装备制造（内燃机）·广西玉林玉州区	广西	第二批
		装备制造（轴承）·大连瓦房店	辽宁	第四批
		装备制造（内燃机）·山东潍坊高新技术产业开发区	山东	第四批
		装备制造（特种管材）·河北邯郸冀南新区	河北	第五批
		装备制造（智能装备制造）·大连金普新区	辽宁	第五批
		装备制造（特种电缆）·安徽无为	安徽	第六批
		装备制造（机器人）·重庆永川工业园区	重庆	第七批

续表

行业	细分行业	示范基地名称	地区	批次
装备制造工业（120 个）	其他装备（22 个）	新能源（储能电池）• 天津滨海高新区华苑产业区	天津	第八批
		装备制造（测控仪器）• 辽宁丹东	辽宁	第八批
		装备制造（互感器）• 大连互感器产业园	辽宁	第八批
		装备制造（智能农机）• 山东潍坊坊子	山东	第八批
		装备制造（机床）• 山东滕州经济技术开发区	山东	第八批
		装备制造（轻工机械）• 湖北京山经济开发区	湖北	第八批
		装备制造（智能装备）• 广州黄埔区	广东	第八批
		装备制造（增材）• 陕西渭南高新技术产业开发区	陕西	第八批
		装备制造（泵与电机）• 浙江温岭	浙江	第九批
		装备制造（冰雪装备）• 河北张家口冰雪运动装备产业园	河北	第十批
		装备制造（智能电梯）• 浙江湖州南浔经济开发区	浙江	第十批
		装备制造（智能测控设备）• 安徽滁州高新技术产业开发区	安徽	第十批
	装备制造（23 个）	装备制造 • 沈阳经济技术开发区	辽宁	第一批
		装备制造 • 大连市大连湾临海装备制造业聚集区	辽宁	第一批
		装备制造 • 黑龙江齐齐哈尔市	黑龙江	第一批
		装备制造 • 上海临港装备产业区	上海	第一批
		装备制造 • 四川德阳市	四川	第一批
		装备制造 • 哈尔滨经济技术开发区	黑龙江	第二批
		装备制造 • 厦门集美台商投资区	福建	第二批
		装备制造 • 郑州经济技术开发区	河南	第二批
		装备制造 • 重庆江津工业园区	重庆	第二批
		装备制造 • 江苏江阴临港经济开发区	江苏	第三批
		装备制造 • 浙江新昌	浙江	第三批
		装备制造 • 银川经济技术开发区	宁夏	第三批
		装备制造 • 天津临港经济区	天津	第四批
		装备制造 • 上海莘庄工业区	上海	第四批
		装备制造 • 湖南益阳高新技术产业开发区	湖南	第四批
		装备制造 • 天津北辰经济技术开发区	天津	第五批
		装备制造 • 辽宁抚顺经济开发区	辽宁	第五批

续表

行业	细分行业	示范基地名称	地区	批次
装备制造工业（120个）	装备制造（23个）	装备制造•上海嘉定工业区	上海	第六批
		装备制造•江苏张家港经济技术开发区	江苏	第六批
		装备制造•宁波经济技术开发区	浙江	第七批
		装备制造•河北秦皇岛经济技术开发区	河北	第九批
		装备制造•江苏海安经济技术开发区	江苏	第九批
		装备制造•四川内江经济技术开发区	四川	第九批
原材料工业（94个）	钢铁（15个）	钢铁（不锈钢）•山西太原市	山西	第一批
		钢铁（钒钛）•四川攀枝花	四川	第一批
		钢铁（深加工）•河北盐山经济开发区	河北	第二批
		钢铁（精品薄板）•湖南娄底经济技术开发区	湖南	第二批
		钢铁（无缝钢管）•湖南衡阳高新技术产业园区	湖南	第二批
		钢铁（特种钢材）•甘肃嘉峪关工业园区	甘肃	第二批
		钢铁（钢材精深加工）•辽宁鞍山经济开发区	辽宁	第三批
		钢铁（钢铁及深加工）•内蒙古包头昆都仑区	内蒙古	第四批
		钢铁（钢铁及深加工）•安徽马鞍山经济技术开发区	安徽	第五批
		钢铁（不锈钢及深加工）•四川乐山沙湾区	四川	第五批
		钢铁（钢铁及机械装备）•贵州六盘水钟山区	贵州	第六批
		钢铁（电解锰）•宁夏中宁工业园区	宁夏	第六批
		钢铁（钢铁及深加工）•河北迁安	河北	第八批
		新材料（特钢制造）•江苏江阴高新技术产业开发区	江苏	第十批
		新材料（不锈钢）•福建福安湾坞不锈钢新材料产业园	福建	第十批
	有色金属（26个）	有色金属（稀土新材料）•内蒙古包头稀土高新技术产业开发区	内蒙古	第一批
		有色金属（铜加工）•江西鹰潭市	江西	第一批
		有色金属（铜镍钴）•甘肃金昌经济技术开发区	甘肃	第一批
		有色金属（铜）•安徽铜陵经济开发区	安徽	第二批
		有色金属（稀土新材料）•江西赣州经济技术开发区	江西	第二批
		有色金属（铜）•湖北黄石经济开发区	湖北	第二批
		有色金属（铝）•广西百色工业园区	广西	第二批
		有色金属（铝加工）•重庆西彭工业园区	重庆	第二批
		有色金属（锡）•云南个旧产业园区	云南	第二批

续表

行业	细分行业	示范基地名称	地区	批次
原材料工业（94 个）	有色金属（26 个）	有色金属及化工（铜锌冶炼、化工）• 甘肃白银高新技术产业园区	甘肃	第二批
		有色金属（铝加工）• 山东龙口	山东	第三批
		有色金属（铝加工）• 河南巩义市产业集聚区	河南	第三批
		有色金属（钛）• 陕西宝鸡高新技术产业开发区	陕西	第三批
		有色金属（铜）• 山东阳谷	山东	第四批
		有色金属（铝）• 河南三门峡高新技术产业开发区	河南	第四批
		有色金属（锌铅锑等冶炼）• 云南祥云财富工业园	云南	第四批
		有色金属（晶体硅、铜加工）• 西宁东川工业园区	青海	第四批
		有色金属（铝）• 内蒙古霍林郭勒高新技术产业开发区	内蒙古	第六批
		有色金属及化工（铜、铝、氯碱）• 新疆阜康产业园	新疆	第六批
		有色金属（铝）• 山西运城	山西	第七批
		有色金属（铝加工）• 湖南望城经济技术开发区	湖南	第八批
		有色金属（锰钡汞系）• 贵州大龙经济开发区	贵州	第八批
		有色金属（铝）• 贵州苟江经济开发区	贵州	第九批
		有色金属（铝加工）• 云南富源工业园区	云南	第九批
		新材料（轻量化铝）• 山东滨州邹平	山东	第十批
		有色金属（硅及铝）• 新疆准东经济技术开发区	新疆	第十批
	石化化工（33 个）	石化化工（炼化、合成材料、电子化学品）• 北京房山区	北京	第一批
		石化化工（芳烃）• 辽宁辽阳高新技术产业开发区	辽宁	第一批
		石化化工（有机化工）• 上海化学工业区	上海	第一批
		石化化工（炼化、合成材料）• 宁波石化经济技术开发区	浙江	第一批
		石化化工（烯烃、芳烃）• 海南洋浦经济开发区	海南	第一批
		石化化工（磷化工）• 贵州福泉市	贵州	第一批
		石化化工（磷化工）• 云南安宁工业园区	云南	第一批
		石化化工（盐湖化工、金属新材料）• 青海柴达木循环经济试验区	青海	第一批
		石化化工（炼化、合成材料）• 天津滨海新区	天津	第二批
		石化化工（炼化）• 吉林化工园区	吉林	第二批
		石化化工（炼化、合成材料）• 岳阳绿色化工高新技术产业开发区	湖南	第二批

续表

行业	细分行业	示范基地名称	地区	批次
原材料工业（94个）	石化化工（33个）	石化化工（合成树脂、烧碱）•新疆石河子经济技术开发区	新疆生产建设兵团	第二批
		石化化工（炼化、合成材料）•辽宁盘锦辽滨沿海经济区	辽宁	第三批
		石化化工（尼龙新材料）•平顶山高新技术产业开发区	河南	第三批
		石化化工（磷化工）•湖北宜昌经济技术开发区猇亭园区	湖北	第三批
		石化化工（炼化、合成材料）•新疆奎屯—独山子经济技术开发区	新疆	第三批
		石化化工（炼化、合成材料）•新疆克拉玛依高新技术产业开发区	新疆	第三批
		石化化工（合成材料）•河北沧州临港经济技术开发区	河北	第四批
		石化化工（合成材料）•浙江乍浦经济开发区	浙江	第四批
		石化化工（化肥）•四川达州高新技术产业园区	四川	第四批
		石化化工（磷化工）•贵州开阳	贵州	第四批
		石化化工（煤化工）•陕西榆林榆神工业区	陕西	第四批
		石化化工（合成材料、有机化工）•重庆长寿经济技术开发区	重庆	第五批
		石化化工（合成材料、氟硅材料）•山东聊城高新技术产业开发区	山东	第六批
		石化化工（烯烃及深加工、电子化学品）•河南濮阳经济技术开发区	河南	第六批
		石化化工（炼化）•新疆库车	新疆	第六批
		石化化工（精细化工）•黑龙江安达	黑龙江	第七批
		石化化工（炼化、合成材料）•广东惠州大亚湾经济技术开发区	广东	第八批
		石化化工（精细化工）•大连长兴岛经济技术开发区	辽宁	第九批
		石化化工（炼化、合成材料、精细化工）•黑龙江大庆高新技术产业开发区	黑龙江	第九批
		石化化工（有机化工）•宁波大榭开发区	浙江	第九批
		石化化工（煤基新材料）•宁夏宁东能源化工基地	宁夏	第九批
		现代煤化工•内蒙古鄂尔多斯准格尔经济开发区大路产业园	内蒙古	第十批
	新材料（14个）	新材料（钽铌、电池材料）•宁夏石嘴山高新技术产业开发区	宁夏	第一批
		新材料（稀贵金属）•昆明高新技术产业开发区	云南	第三批

续表

行业	细分行业	示范基地名称	地区	批次
原材料工业（94 个）	新材料（14 个）	新材料（硅基）• 安徽蚌埠高新技术产业开发区	安徽	第四批
		新材料（氟硅）• 浙江衢州高新技术产业开发区	浙江	第五批
		新材料（先进高分子材料、新一代信息材料）• 上海青浦工业园区	上海	第六批
		新材料（有机硅）• 江西永修云山经济开发区	江西	第六批
		新材料（电池材料）• 湖南宁乡高新技术产业开发区	湖南	第六批
		新材料（菱镁新材料）• 辽宁海城菱镁新材料产业基地	辽宁	第七批
		新材料（钢铁）• 上海宝山	上海	第七批
		新材料（先进基础材料、关键应用材料）• 上海金山工业园区	上海	第八批
		新材料（合成材料）• 江苏泰兴经济开发区	江苏	第八批
		新材料（碳纤维及差别化纤维）• 吉林经济技术开发区	吉林	第九批
		新材料（石墨新材料）• 黑龙江鸡西经济开发区	黑龙江	第九批
		新材料（生物基材料）• 安徽固镇经济开发区	安徽	第九批
	建材（6 个）	无机非金属材料（陶瓷、玻璃新材料）• 山东淄博高新技术产业开发区	山东	第二批
		无机非金属材料（玻璃制造及深加工）• 河北沙河经济开发区	河北	第三批
		无机非金属材料（镁质耐火材料）• 辽宁营口大石桥	辽宁	第六批
		无机非金属材料（绿色建材）• 成都青白江经济开发区	四川	第六批
		无机非金属材料（建筑陶瓷）• 江西省建筑陶瓷产业基地	江西	第七批
		建材（绿色建材）• 河南汝阳产业集聚区	河南	第十批
消费品工业（73 个）	纺织（14 个）	纺织（产业用纺织品）• 浙江海宁市	浙江	第一批
		纺织印染 • 浙江绍兴柯桥	浙江	第一批
		纺织服装 • 福建泉州经济技术开发区	福建	第二批
		纺织（真丝产品）• 浙江嵊州	浙江	第四批
		纺织服装 • 江西九江共青城高新技术产业开发区	江西	第四批
		纺织 • 新疆库尔勒经济技术开发区	新疆	第四批
		纺织（家用纺织品）• 江苏南通	江苏	第五批
		纺织（针织品）• 浙江义乌工业园区	浙江	第五批
		纺织服装 • 青岛即墨	山东	第五批
		纺织（羊绒制品）• 河北清河经济开发区	河北	第六批

续表

行业	细分行业	示范基地名称	地区	批次
消费品工业（73个）	纺织（14个）	纺织（袜业）•浙江诸暨	浙江	第七批
		纺织（袜业）•吉林辽源经济开发区	吉林	第八批
		轻纺（鞋服纸制品）•福建晋江经济开发区	福建	第九批
		纺织（医用品）•湖北仙桃高新技术产业开发区	湖北	第十批
	轻工（14个）	家电产业•合肥经济技术开发区	安徽	第一批
		家电产业•浙江余姚	浙江	第二批
		轻工（林木产品制造）•黑龙江穆棱经济开发区	黑龙江	第三批
		陶瓷制品•江西景德镇	江西	第三批
		轻工（灯饰）•广东中山市古镇	广东	第三批
		家电•安徽滁州经济技术开发区	安徽	第四批
		五金制品（水暖厨卫）•福建南安经济开发区	福建	第四批
		陶瓷制品•广东潮州枫溪区	广东	第五批
		陶瓷制品•福建德化	福建	第六批
		陶瓷制品•湖南醴陵经济开发区	湖南	第六批
		轻工（林木制品）•黑龙江海林	黑龙江	第七批
		家具•江西赣州南康区	江西	第七批
		轻工（铅蓄电池）•浙江长兴经济技术开发区	浙江	第八批
		家具及竹木制品•浙江安吉	浙江	第九批
	食品（25个）	食品产业•黑龙江哈尔滨市	黑龙江	第一批
		食品产业•河南汤阴县	河南	第一批
		农产品深加工•内蒙古通辽科尔沁区	内蒙古	第二批
		食品•河南漯河经济技术开发区	河南	第二批
		食品（国优名酒）•四川宜宾	四川	第二批
		食品（国优名酒）•贵州仁怀	贵州	第二批
		高原绿色食品•拉萨经济技术开发区	西藏	第二批
		农产品深加工•陕西杨凌农业高新技术产业示范区	陕西	第二批
		食品（农副产品加工）•宁夏吴忠金积工业园区	宁夏	第二批
		食品（乳制品）•内蒙古呼和浩特	内蒙古	第三批
		食品•重庆涪陵工业园区	重庆	第三批
		食品（名优白酒）•四川泸州白酒产业园区	四川	第三批

续表

行业	细分行业	示范基地名称	地区	批次
消费品工业（73 个）	食品（25 个）	食品・吉林梨树	吉林	第四批
		食品・黑龙江肇东经济开发区	黑龙江	第四批
		农副产品加工・宁夏贺兰工业园区	宁夏	第四批
		食品・北京雁栖经济开发区	北京	第五批
		食品・武汉东西湖区	湖北	第五批
		食品・山东荣成	山东	第六批
		食品・青岛平度经济开发区	山东	第六批
		食品・广东江门	广东	第六批
		食品・河北衡水经济开发区	河北	第七批
		食品・山东诸城经济开发区	山东	第七批
		富硒食品・陕西安康高新技术产业开发区	陕西	第七批
		农副产品深加工（绿色食品）・湖南祁阳	湖南	第八批
		食品（粮油加工）・重庆江津工业园区	重庆	第九批
	医药（20 个）	医药产业・石家庄高新技术产业开发区	河北	第一批
		医药产业・吉林通化市	吉林	第一批
		生物产业・山东德州市	山东	第一批
		生物医药・上海张江高科技园区	上海	第二批
		医药・江苏泰州医药高新技术产业开发区	江苏	第三批
		医药・珠海高新区三灶科技工业园区	广东	第三批
		生物医药・哈尔滨利民经济技术开发区	黑龙江	第四批
		生物医药・广东中山高技术产业开发区	广东	第四批
		中医药产业・江西樟树工业园区	江西	第五批
		生物医药・云南玉溪红塔工业园区	云南	第五批
		生物医药・北京大兴区	北京	第六批
		医药・浙江台州	浙江	第六批
		医药・贵阳乌当区	贵州	第七批
		医药・江苏连云港经济技术开发区	江苏	第八批
		医疗器械・山东威海火炬高技术产业开发区	山东	第八批
		生物医药・兰州高新技术产业开发区	甘肃	第八批
		生物医药・石家庄经济技术开发区	河北	第九批

续表

行业	细分行业	示范基地名称	地区	批次
消费品工业（73 个）	医药（20 个）	生物医药·昆明高新技术产业开发区	云南	第九批
		生物医药·天津经济技术开发区	天津	第十批
		生物医药·四川成都医学城	四川	第十批
电子信息产业（52 个）	电子信息（25 个）	电子信息·江苏苏州工业园区	江苏	第一批
		家电及电子信息·山东青岛市	山东	第一批
		电子信息·山东烟台经济技术开发区	山东	第一批
		电子信息·深圳高新区深圳湾园区	广东	第一批
		电子信息·成都高新技术产业开发区	四川	第一批
		电子信息·天津经济技术开发区	天津	第二批
		电子信息·大连经济技术开发区	辽宁	第二批
		电子信息·上海漕河泾新兴技术开发区	上海	第二批
		电子信息·南京江宁经济开发区	江苏	第二批
		电子信息·西安高新技术产业开发区	陕西	第二批
		电子信息·沈阳高新技术产业开发区	辽宁	第三批
		电子信息·上海金桥经济技术开发区	上海	第三批
		电子信息·河北廊坊经济技术开发区	河北	第四批
		电子信息·苏州高新技术产业开发区	江苏	第五批
		电子信息·江西吉安	江西	第五批
		电子信息·广西桂林	广西	第五批
		电子信息·天津西青经济技术开发区	天津	第七批
		电子信息（新型电子元器件）·江苏武进高新技术产业开发区	江苏	第七批
		电子信息·浙江嘉兴	浙江	第七批
		电子信息·湖南浏阳经济技术开发区	湖南	第七批
		电子信息·福建莆田高新技术产业开发区	福建	第八批
		电子信息·深圳坪山区	广东	第八批
		电子信息·河北鹿泉经济开发区	河北	第十批
		电子信息（新型电子元器件）·山西转型综合改革示范区	山西	第十批
		电子信息（集成电路）·重庆高新技术产业开发区	重庆	第十批

续表

行业	细分行业	示范基地名称	地区	批次
电子信息产业（52 个）	终端设备（8 个）	电子信息（数字视听）• 四川绵阳高新技术产业开发区	四川	第一批
		电子信息（移动智能终端）• 广东惠州仲恺高新技术产业开发区	广东	第四批
		电子信息（移动智能终端）• 上海浦东康桥工业区	上海	第五批
		电子信息（通信设备）• 广东东莞松山湖高新技术产业开发区	广东	第五批
		电子信息（光通信及智能终端）• 浙江嘉善	浙江	第八批
		电子信息（移动智能终端）• 江西南昌高新技术产业开发区	江西	第九批
		电子信息（智能办公自动化设备）• 山东威海火炬高技术产业开发区	山东	第九批
		电子信息（智能终端）• 四川宜宾临港经济技术开发区	四川	第九批
	显示产业（10 个）	电子信息（光电显示）• 厦门火炬高技术产业开发区	福建	第一批
		电子信息（显示器）• 福建福清融侨经济技术开发区	福建	第一批
		电子信息（光电子）• 武汉东湖新技术开发区	湖北	第一批
		电子信息（光电显示）• 广东佛山市	广东	第一批
		电子信息（光电子）• 江苏吴江经济技术开发区	江苏	第三批
		电子信息（新型平板显示）• 合肥新站区	安徽	第三批
		电子信息（平板显示）• 北京经济技术开发区数字电视产业园	北京	第四批
		电子信息（光电子）• 福建云霄县云陵工业开发区	福建	第七批
		电子信息（光电子）• 四川遂宁经济技术开发区	四川	第七批
		电子信息（光电显示）• 江苏昆山经济技术开发区	江苏	第一批
	光伏（4 个）	电子信息（太阳能光伏）• 河北邢台经济开发区	河北	第二批
		电子信息（太阳能光伏）• 江西新余高新技术产业园区	江西	第二批
		电子信息（太阳能光伏）• 乌鲁木齐高新技术产业开发区	新疆	第二批
		电子信息（光伏）• 江西上饶经济技术开发区	江西	第八批
	物联网（5 个）	电子信息（传感网）• 江苏无锡高新技术产业开发区	江苏	第一批
		电子信息（物联网）• 重庆南岸区	重庆	第二批
		电子信息（物联网）• 杭州高新区（滨江）	浙江	第三批
		电子信息（物联网）• 福州经济技术开发区	福建	第六批
		电子信息（物联网）• 江西鹰潭	江西	第八批

续表

行业	细分行业	示范基地名称	地区	批次
高技术转化应用（39个）	高技术转化应用（39个）	高技术转化应用（航天）• 陕西西安市	陕西	第一批
		高技术转化应用 • 内蒙古包头青山区	内蒙古	第二批
		高技术转化应用 • 湖北襄阳樊城区	湖北	第二批
		高技术转化应用 • 湖北孝感高新技术产业开发区	湖北	第二批
		高技术转化应用 • 湖南株洲	湖南	第二批
		高技术转化应用 • 四川绵阳科技城	四川	第二批
		高技术转化应用 • 四川广元	四川	第二批
		高技术转化应用 • 贵阳经济技术开发区	贵州	第二批
		高技术转化应用 • 北京经济技术开发区	北京	第三批
		高技术转化应用 • 河北邯郸经济技术开发区	河北	第三批
		高技术转化应用（装备制造）• 哈尔滨经济技术开发区	黑龙江	第三批
		高技术转化应用（民用航天）• 上海闵行区	上海	第三批
		高技术转化应用 • 宁波鄞州区	浙江	第三批
		高技术转化应用 • 安徽芜湖高新技术产业开发区	安徽	第三批
		高技术转化应用（直升机）• 江西景德镇	江西	第三批
		高技术转化应用 • 湖南平江工业园区	湖南	第三批
		高技术转化应用 • 昆明经济技术开发区	云南	第三批
		高技术转化应用 • 兰州经济技术开发区	甘肃	第三批
		高技术转化应用 • 辽宁铁岭经济技术开发区	辽宁	第四批
		高技术转化应用 • 河南洛阳涧西区	河南	第四批
		高技术转化应用 • 湖南湘潭雨湖区	湖南	第四批
		高技术转化应用 • 重庆璧山工业园	重庆	第四批
		高技术转化应用（航空）• 陕西汉中航空产业园	陕西	第四批
		高技术转化应用 • 江苏丹阳	江苏	第五批
		高技术转化应用 • 贵州遵义经济技术开发区	贵州	第五批
		高技术转化应用 • 西安兵器工业科技产业基地	陕西	第六批
		高技术转化应用 • 河北固安高新技术产业开发区	河北	第七批
		高技术转化应用 • 福建宁德	福建	第七批
		高技术转化应用 • 广东湛江高新技术产业开发区	广东	第七批
		高技术转化应用 • 重庆两江新区工业开发区	重庆	第七批

续表

行业	细分行业	示范基地名称	地区	批次
高技术转化应用（39 个）	高技术转化应用（39 个）	高技术转化应用•安徽蚌埠禹会区	安徽	第八批
		高技术转化应用•福建龙岩	福建	第八批
		高技术转化应用•湖北宜昌高新技术产业开发区	湖北	第八批
		高技术转化应用•四川泸州（长江）经济开发区	四川	第八批
		高技术转化应用•山西长治经济技术开发区	山西	第九批
		高技术转化应用•浙江海盐核电关联高新技术产业园区	浙江	第十批
		高技术转化应用•山东威海火炬高技术产业开发区	山东	第十批
		高技术转化应用•四川自贡航空产业园区	四川	第十批
		高技术转化应用•新疆兵团第一师阿拉尔经济技术开发区	新疆生产建设兵团	第十批
软件和信息服务业（18 个）	软件和信息服务（18 个）	软件和信息服务•北京中关村科技园区海淀园	北京	第三批
		软件和信息服务•大连高新技术产业园区	辽宁	第三批
		软件和信息服务•南京雨花软件园	江苏	第三批
		软件和信息服务（智能语音）•合肥高新技术产业开发区	安徽	第三批
		软件和信息服务•福州软件园	福建	第三批
		软件和信息服务•齐鲁软件园	山东	第三批
		软件和信息服务•青岛软件园	山东	第三批
		软件和信息服务•广州天河软件园	广东	第三批
		软件和信息服务•深圳软件园	广东	第三批
		软件和信息服务•上海浦东软件园	上海	第四批
		软件和信息服务•厦门软件园	福建	第四批
		软件和信息服务•武汉洪山区	湖北	第四批
		软件和信息服务•天津滨海高新区软件园	天津	第五批
		软件和信息服务•上海紫竹高新技术产业开发区	上海	第五批
		软件和信息服务•海南生态软件园	海南	第五批
		软件和信息服务•西安高新区软件园	陕西	第五批
		软件和信息服务•上海市北高新技术服务业园区	上海	第七批
		软件和信息服务•重庆仙桃国际大数据谷	重庆	第十批
其他（11 个）	工业设计（2 个）	工业设计•广州经济技术开发区	广东	第一批
		工业设计•广东佛山顺德区	广东	第二批

续表

行业	细分行业	示范基地名称	地区	批次
其他（11个）	资源综合利用（8个）	资源综合利用·天津子牙循环经济产业区	天津	第三批
		循环经济（煤化工）·云南曲靖煤化工工业园区	云南	第五批
		资源综合利用·湖北襄阳	湖北	第六批
		循环经济（化工）·内蒙古乌海高新技术产业开发区乌达产业园	内蒙古	第七批
		循环经济（化工）·湖北武汉化学工业区	湖北	第七批
		资源循环利用·安徽阜阳界首高新技术产业开发区	安徽	第八批
		资源循环利用（再制造）·湖南浏阳经济技术开发区	湖南	第九批
		资源综合利用·西藏藏青工业园区	西藏	第十批
	工业物流（1个）	工业物流·长沙金霞经济开发区	湖南	第五批
产业转移合作（4个）	产业转移合作（4个）	产业转移合作·中新天津生态城	天津	第八批
		产业转移合作·四川广安高新技术产业园区	四川	第八批
		产业转移合作·贵州独山经济开发区	贵州	第八批
		产业转移合作·四川南部经济开发区	四川	第九批
大数据（12个）	大数据（12个）	大数据·陕西西咸新区沣西	陕西	第六批
		大数据·河北承德县高新技术产业开发区	河北	第八批
		大数据·内蒙古和林格尔新区	内蒙古	第八批
		大数据·上海静安区	上海	第八批
		大数据·成都崇州经济开发区	四川	第八批
		大数据·济南高新技术产业开发区	山东	第九批
		大数据·河南洛阳大数据产业园	河南	第九批
		大数据·广东琶洲人工智能与数字经济试验区	广东	第九批
		大数据·重庆两江新区	重庆	第九批
		大数据·贵阳高新技术产业开发区	贵州	第九批
		大数据·甘肃兰州新区	甘肃	第九批
		大数据·江西上饶高铁经济试验区	江西	第十批
数据中心（11个）	数据中心（11个）	大型数据中心（大数据类）·河北张北云计算产业基地	河北	第八批
		大型数据中心（实时应用类）·江苏南通国际数据中心产业园	江苏	第八批
		南方数据中心（大数据类）·贵州贵安综合保税区（贵安电子信息产业园）	贵州	第八批

续表

行业	细分行业	示范基地名称	地区	批次
数据中心（11 个）	数据中心（11 个）	数据中心·河北怀来	河北	第九批
		数据中心·上海外高桥自贸区	上海	第九批
		数据中心·江苏昆山花桥经济开发区	江苏	第九批
		数据中心·江西抚州高新技术产业开发区	江西	第九批
		数据中心·山东枣庄高新技术产业开发区	山东	第九批
		数据中心·山西大同灵丘经济技术发展园区	山西	第十批
		数据中心·四川雅安经济技术开发区	四川	第十批
		数据中心·甘肃兰州新区丝绸之路西北大数据产业园	甘肃	第十批
工业互联网（8 个）	工业互联网（8 个）	工业互联网·上海松江区	上海	第八批
		工业互联网·北京顺义区、海淀区、朝阳区、石景山区	北京	第九批
		工业互联网·湖北武汉	湖北	第九批
		工业互联网·深圳宝安区	广东	第九批
		工业互联网·辽宁沈阳中德装备园、和平区、沈北新区	辽宁	第十批
		工业互联网·江苏苏州工业园区、苏州相城区	江苏	第十批
		工业互联网·广东省佛山市	广东	第十批
		工业互联网·重庆两江新区、重庆经开区、北碚区、江津区	重庆	第十批